GUANLIXUE
JICHU

主　编◎徐洪灿

副主编◎刘　琨　　潘媛媛

参　编◎宋　薇　林　梓　许　恺
　　　　吕春英　胡琴娟

中等职业教育通用基础教材系列

管理学基础 （第三版）

中国人民大学出版社
·北京·

图书在版编目（CIP）数据

管理学基础/徐洪灿主编：--3版．--北京：中
国人民大学出版社，2024.1
中等职业教育通用基础教材系列
ISBN 978-7-300-31807-3

Ⅰ.①管… Ⅱ.①徐… Ⅲ.①管理学-中等专业学校
-教材 Ⅳ.①C93

中国国家版本馆CIP数据核字（2023）第109462号

中等职业教育通用基础教材系列

管理学基础（第三版）
主　编　徐洪灿
副主编　刘　琨　潘媛媛
参　编　宋　薇　林　梓　许　恺　吕春英　胡琴娟
Guanlixue Jichu

出版发行	中国人民大学出版社			
社　　址	北京中关村大街31号		**邮政编码**	100080
电　　话	010 - 62511242（总编室）		010 - 62511770（质管部）	
	010 - 82501766（邮购部）		010 - 62514148（门市部）	
	010 - 62515195（发行公司）		010 - 62515275（盗版举报）	
网　　址	http://www.crup.com.cn			
经　　销	新华书店			
印　　刷	北京溢漾印刷有限公司		**版　　次**	2011年9月第1版
开　　本	787 mm×1092 mm　1/16			2024年1月第3版
印　　张	14.25		**印　　次**	2025年8月第3次印刷
字　　数	323 000		**定　　价**	38.00元

前　言

　　管理学的研究对当今世界所有领域和层面的影响变得更加突出，推进管理学以及管理学教育的发展也因此变得非常重要。将管理学作为一门学科进行系统的研究，是最近一两百年的事。但是，管理实践却和人类的历史一样悠久，至少可以追溯到几千年以前。生活在幼发拉底河流域的苏美尔人，早在公元前 5000 年就开始了最原始的管理记录活动，这也是有据可考的人类历史上最早的管理活动。

　　世界上所有的文明古国都早在几千年前就对自己的国家进行了有效的管理，并建立了庞大、严密的组织，完成了许多今天看来仍是十分宏伟的建筑工程。中国的万里长城和秦始皇兵马俑、埃及的金字塔都可证明：在几千年前人类已能组织、指挥、协调、控制数万乃至数十万的劳动力，历时多年去完成经过周密计划的宏大工程，其管理才能令人折服。

　　在科学技术突飞猛进、企业竞争日趋激烈的今天，市场经济和知识经济不仅要求现代企业的管理者必须是顺应潮流、把握瞬息万变的市场的复合人才，还要求管理者具备丰富的专业知识，必须有能力运用领导、组织、决策、沟通、协调、激励等管理手段，这样才能成功地运营一家企业，为社会创造财富。管理活动是人类社会实践最基本的活动之一，与科学技术的进步、经济的繁荣、社会的发展有着密切的关系。现代企业的管理活动又具有层次多、内容复杂、形式多样等特性。因此，以资源优化配置和合理利用为出发点，运用系统化、科学化、人本化方法对企业管理活动的多元性、复杂性、动态性和权变性进行深入研究，具有十分重要的理论和实践意义。

　　为了更好地体现教育教学改革过程中的最新成果，更好地满足新时代中等职业院校经济管理类专业对"管理学基础"课程教与学的需要，我们根据学科发展和企业管理的实际变化对教材再次进行适当的修订。删除了第二版中第七章组织文化，按照第二版编写体系新增第十章创新的内容。在本次教材的修订中，我们努力运用理论与实际相结合的方法，运用相关理论对企业管理中的实际问题进行分析，努力对企业管理实践中出现的新问题进行总结并提炼出一些新的思路和方法。希望通过此次修订能够及时反映管理理论的最新发展。修订过程中，我们参阅并借鉴了相关书籍和文献资料，在此谨向这些书籍和文献的作者表示最诚挚的谢意！

　　由于知识和经验不足，本书的错误和遗漏在所难免，恳请使用教材的师生提出批评和建议，以使本书在不断的修订中得到充实和完善。

徐洪灿

目录
CONTENTS

第一章 管理概述 / 1
+ 第一节 管理的内涵 / 2
+ 第二节 管理者 / 6

第二章 管理思想与理论的发展 / 17
+ 第一节 早期管理思想 / 18
+ 第二节 古典管理理论 / 23
+ 第三节 行为管理理论 / 28
+ 第四节 现代管理理论——管理理论丛林 / 31

第三章 决策与决策方法 / 45
+ 第一节 决策概述 / 46
+ 第二节 决策的类型 / 47
+ 第三节 决策的理论 / 49
+ 第四节 决策的过程 / 51
+ 第五节 决策的影响因素 / 54
+ 第六节 决策方法 / 58

第四章 计划工作 / 71
+ 第一节 计划的概念及性质 / 72
+ 第二节 计划的类型 / 75
+ 第三节 计划的编制过程 / 77
+ 第四节 计划的实施 / 79

第五章 组织与组织设计 / 94
+ 第一节 组织概述 / 95

✦ 第二节 职务设计 / 97
✦ 第三节 组织中的职权关系 / 101
✦ 第四节 组织结构 / 105

第六章 人力资源开发与管理 / 115
✦ 第一节 人力资本与人力资源 / 116
✦ 第二节 人力资源计划 / 118
✦ 第三节 员工的招聘与甄选 / 121
✦ 第四节 员工培训 / 125
✦ 第五节 绩效评估 / 128
✦ 第六节 员工薪酬及劳动法律关系 / 131

第七章 领 导 / 146
✦ 第一节 领导概述 / 147
✦ 第二节 领导理论 / 152
✦ 第三节 领导者的修养与领导艺术 / 159

第八章 激 励 / 164
✦ 第一节 激励概述 / 165
✦ 第二节 激励理论 / 167
✦ 第三节 激励方式 / 172

第九章 控 制 / 177
✦ 第一节 控制概述 / 178
✦ 第二节 控制的过程 / 182
✦ 第三节 控制方法 / 185

第十章 创 新 / 192
✦ 第一节 创新概述 / 193
✦ 第二节 创新的基本内容 / 198
✦ 第三节 创新的原则与支柱 / 205
✦ 第四节 创新的方法与策略 / 209
✦ 第五节 创新的过程 / 214

参考文献 / 220

✦ 学习目标

理解管理的定义；

熟悉管理各职能间的相互关系；

理解管理各职能的表现形式；

解释管理的双重属性；

了解管理者的角色类型；

掌握管理的三大技能及各技能在不同管理层次中的要求；

掌握管理者与领导者的区别与联系；

通晓成功管理者的素养。

第一节　管理的内涵

一、管理的定义

管理的定义有多种。美国管理学家福莱特曾给管理下了一个经典的定义："管理是通过其他人来完成工作的艺术。"这一定义把管理视作艺术，强调了人的因素在管理中的重要性。但要对管理有较全面的了解，这一定义显然是不够的。

下面我们援引具有代表性的学者对管理所下的定义，并据此给出本书对管理的定义。

古典管理理论的代表人物之一、法国著名的矿业工程师亨利·法约尔认为，管理是一种具有特殊职能的活动。他以大企业的整体为研究对象，指出管理是企业经营的六种活动（技术活动、商业活动、财务活动、安全活动、会计活动和管理活动）之一，包括计划、组织、指挥、协调和控制五个主要职能。

行为科学理论则把管理理解为协调人际关系、激发人的积极性，以求达成共同目标的一种活动。行为科学理论认为人的行为是由动机决定的，动机是由需要引起的，管理就是要解决人的行为、动机和需要三者之间的关系。

经验主义学派的代表人物之一、"现代管理学之父"彼得·德鲁克对管理作了较为全面的论述。他认为，管理是一种工作，因此它有其技能、有其工具、有其技术；管理是一门学科，是到处可运用的系统化知识；管理也是一种文化，它包含在价值、风格、信仰与传统之中；管理还是一种任务，它主要不在于"知"，而在于"行"。

美国管理学者罗宾斯和库尔塔认为，"管理这一术语是指和其他人一起并通过其他人来有效地完成工作的过程"。这一定义把管理视作过程，既强调了人的因素，又强调了管理的双重目标，即完成工作和讲求效率。

综合上述定义，本书对管理的定义是：管理是指通过信息获取、决策、计划、组织、领导、控制、创新等职能活动，来分配与协调人力、物力、财力资源，以期更好地实现组织目标的过程。

二、管理的内涵

管理的内涵比较丰富，可作如下解释。

（1）管理的载体是组织。组织包括国家机关、政治党派、社会团体、各类企事业单位以及宗教组织等。

（2）管理的本质是活动与过程。所谓活动是指管理的各个职能活动；所谓过程是指通过协调多种资源来实现目标的过程。

（3）管理的对象是资源。资源包括人力资源、物力资源、财力资源。在这三大资源中，人力资源发挥着极大的作用。在任何类型的组织中，都同时存在人与人、人与物的关系，但人与物的关系最终仍表现为人与人的关系，任何资源的分配与协调实际上都是以人为中心的，所以管理要以人为中心。

（4）管理的职能活动包括信息获取、决策与计划、组织、领导、控制、创新。之所以将"信息获取"列为管理的职能之一，是因为信息在现代管理活动中占有非常重要的地位。

（5）管理是为了实现既定目标。该目标仅凭个人的力量是无法实现的，这也是建立组织的原因。任何组织都有其存在的目的，组织可以小到几个人大到几万、几十万、几千万人。

三、管理各职能的关系及表现形式

（一）管理各职能之间的关系

管理各职能之间的关系可以通过图1-1表现出来。

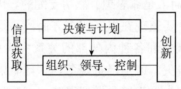

图1-1　管理各职能之间的关系

（二）管理各职能的表现形式

（1）管理者在决策前及决策过程中需要适时、适地地获取适量的信息，以提高决策的质量。

（2）决策职能通过方案的产生与抉择表现出来，计划职能通过计划的制订表现出来。决策与计划职能是其他管理职能的前提与依据。

（3）组织职能通过组织结构的设计和人员的配备表现出来。

（4）领导职能通过领导者和被领导者在组织中的关系表现出来。

（5）控制职能通过对偏差的识别和纠正表现出来。组织、领导、控制职能旨在保证决策与计划的顺利实施。

（6）创新职能是通过组织提供的服务或产品的更新和完善以及其他管理职能的变革和改进表现出来的，是管理职能的灵魂和生命，贯穿各种管理职能和各个组织层次之中。

四、管理是科学性与艺术性的统一

管理是一门科学，因为它与其他学科一样，具有客观性、实践性、理论系统性和真实性。管理的客体是人、财、物等基本要素，管理就是通过有效地利用这些要素来实现组织的目标。作为管理行为主体的管理者，不仅要熟悉管理的对象及其运动规律，还必须掌握管理理论、方法和手段，并运用这些去进行管理的实践活动。管理首先是对人的管理，要选好人、用好人、培养好人，这就有赖于社会学、心理学、教育学、法学等学科的理论和方法；其次是对财和物的管理，这就需要用到经济学和数学；再次，管理是通过信息的传递来实现的，计算机是信息处理的现代化手段，因而信息学、计算机科学在管理中都发挥着重要的作用。管理学实际上就是在上述学科的基础上综合发展而成的。不仅如此，为了使管理有效，对一些专业化的管理，管理者还必须熟悉相应的专业技术知识，如产品知识、生产工艺、经营战略等，通过决策与计划、组织、领导、控制等使各种要素和各项专业技术更好地发挥作用，提高工作效率和经济效益。

但是，管理的科学性又与其他学科不同，它同时具有很强的艺术性。管理的许多内容不能以逻辑的一般形式表达出来，更不能用定量的数学模型来表示，只能以形象思维的形式来实现，这就是艺术的基本特征。人们从事管理活动需要熟练地运用知识并通过巧妙的技能来达到某种效果，这些技能包括经验、才识、思维力和创造力，这些就是艺术。管理的重心在于"人"，而人是靠思想、感情支配的，因此，管理工作必然带有浓厚的艺术色彩。现代管理艺术主要表现在以下四个方面：一是统筹艺术，即善于从全局考虑问题，能综合运用主客观条件和各种内外部的关系去实现总体目标。二是决断艺术，即善辨是非曲直、权衡利弊得失、区别轻重缓急，并且能果断决策。三是用人艺术，即要知人善任、任人唯贤，讲究为人正道，做到得其心而致其力。四是应变艺术，即处变不惊、因势利导，能积极、主动地处理问题，变不利为有利。

管理的科学性与艺术性刻画出了管理的本质。科学性是指分析问题的方法论，其中包括大量的专家、实业家在实践中形成的规律和原则。但管理又是一门不精确的科学，只有"更好"，没有"最好"；在决策过程中，追求的是合理解、满意解，而非最优解。

我们认为，管理的科学性与艺术性不是互相排斥而是互相补充的：忽视管理的科学性，只强调管理的艺术性，将会使艺术性变为随意性；反之，忽视艺术性，管理学则会变为僵死的教条。总之，二者均来自实践，并在实践中得到统一。

五、管理的双重属性

马克思在分析资本主义管理的性质和职能时指出：凡是直接生产过程具有社会结合过程的形态，而不表现为独立生产者的孤立劳动的地方，都必然会产生监督劳动和指挥劳动。不过它具有双重性。马克思论述的管理的双重性的主要内容是：（1）任何社会的管理都具有双重性，即管理的自然属性和管理的社会属性；（2）管理的双重性表现为合理组织生产力和维护生产关系两种管理职能；（3）"指挥劳动"是同生产力直接相联系的，是由共同劳动的社会化性质产生的，是进入社会化大生产的一般要求和组织劳动协作过程的必要条件，体现了管理的自然属性；（4）"监督劳动"是同生产关系直接相联系的，是由共同劳动所采取的社会结合方式的性质产生的，是维护社会生产关系和实现社会生产目的的重要手段，体现了管理的社会属性。

（一）自然属性

管理的自然属性是由共同劳动的社会化性质决定的、与生产力相联系的、不以人们的意志为转移也不因社会制度不同而改变的一种客观存在的性质。正如马克思在百余年前的论证：一切规模较大的直接社会劳动或共同劳动，都或多或少地需要指挥，以协调个人的活动，并执行生产总体的运动（不同于这一总体的独立器官的运动）所产生的各种一般职能。一个单独的提琴手是自己指挥自己，一个乐队就需要一个乐队指挥。

人类的任何活动都需要管理，这是由人类的共同劳动的社会化性质决定的。管理是人类社会活动的客观需要。如果没有管理，社会的生产、交换、分配活动都不可能正常进行，社会劳动过程就会发生混乱。管理也是生产力。任何社会、任何企业，其生产力水平的高低取决于各种经济资源是否得到有效利用以及社会劳动者的积极性是否得到充分发挥，而这两者都依赖于管理。对具有同样资源和劳动力的社会和企业，之所以表现出不同的生产力水平和经营管理效果，其原因主要在于管理水平不同。因此，管理是生产力。

由于管理贯穿于各种社会活动中，从这一点上讲体现的是管理的一般职能，但是这些一般职能是需要通过管理的基本职能来表现的。

（二）社会属性

管理的社会属性是由共同劳动所采取的社会综合方式的性质决定的，是同生产关系直接相联系的，是由维护社会生产关系和实现社会生产这一目的决定的一种性质。管理的社会属性实际上体现的就是"为谁管理"的问题。在漫长的人类历史中，管理历来是为统治者实现社会生产目的而服务的，因此，管理就必然是维护生产关系的。

马克思曾对资本主义社会作过深刻的论述：资本家的管理不仅是一种由社会劳动过程的性质产生并属于社会劳动过程的特殊职能，它同时也是剥削社会劳动过程的职能，因而也是由剥削者和他所剥削的原料之间不可避免的对抗决定的。

随着社会经济的发展，在资本主义社会，管理的社会属性不能简单地体现为资本家剥削工人的工具。管理者在行使管理职能时，既要满足资本家及所有股东对利润的追求，又要满足员工物质和精神的需要；既要保证企业发展的需要，又要考虑到广大消费者的利益；既要追求企业的最大利润，又要处理好企业与社会的利益关系。但是，从本质上讲，管理仍没有改变剥削性，只是披上了一层公平和民主的面纱，从形式上看更巧妙了。

在社会主义社会中，管理的社会属性体现为任何组织和个人在行使管理职能时，都要从全社会的整体利益出发，自觉地践行局部利益服从整体利益、个人利益服从组织利益。我国随着经济体制改革的深入，所有制的形式正在向多元化方向发展，但是，管理

的社会属性并没有发生根本改变。管理是为人民服务的，管理的目的就是使人与人之间的关系，国家、集体和个人之间的关系更加和谐。任何管理者都应当成为人民的公仆，人民应当真正成为社会组织的主人。

管理双重性的理论是指导人们认识和掌握管理特点和规律、实现管理目标的有力武器。只有认识和掌握管理的双重属性特征，才能分清不同社会制度下管理的共性和个性，正确处理学习与创新的关系。

第二节 管理者

管理者是组织中这样的成员，他告诉别人该做什么以及怎样去做。在组织中，很容易将管理者、操作者区分开来，后者是指组织中这样的成员，他们直接从事一项工作和任务并且没有人向他们报告。但是今天再这样简单地区分管理者和操作者就不行了。组织以及工作正在变化的性质模糊了管理者与操作者之间的界限，许多传统的职位现在都包括了管理性的活动，特别是在团队中。例如，团队成员通常需要制定计划、决策以及控制他们自己的绩效。正是由于这些非管理者的雇员承担了过去管理者的一部分职责，所以我们不能够再用过去的定义来描述今天的各种管理情境。

一、管理者的定义

对管理者的理解也如同对管理的理解一样，其定义在管理学界一直有争议。在管理实践的早期，管理者被定义为"对其他人的工作负有责任的人"。彼得·德鲁克认为：管理者并不是由他的权力和职位所决定的，管理者之所以成为管理者，在于他对组织贡献的责任。

本书采用罗宾斯和库尔塔对管理者的定义：管理者应该是通过协调其他人的活动达到与别人一起或者通过别人实现组织目标的人。

二、管理者的类型

按照管理者在组织中所处的地位划分，管理者可以分为高层管理者、中层管理者和基层管理者（或一线管理者），见图1-2。

高层管理者处于组织的最上层。他们的主要任务是制定组织的总体目标和发展战略，

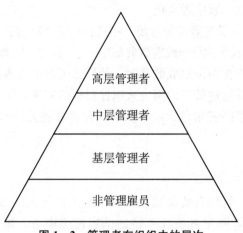

图 1 - 2　管理者在组织中的层次

把握组织的大政方针，对整个组织的管理负有全面责任。如公司的总裁、董事长、CEO（首席执行官）、COO（首席运营官）、CFO（首席财务执行官），学校的校长，医院的院长等，都是高层管理者。

中层管理者处在组织的中间层次上。他们的职责是贯彻高层管理者作出的决策，监督和协调基层管理者的管理工作，起到承上启下的作用。如大公司的地区经理、分部（事业部）负责人、生产主管、车间主任等，都是中层管理者。

基层管理者又称为一线管理者，是组织的最底层管理人员。基层管理者的主要职责是直接指挥非管理雇员的现场作业活动。如工厂里的班组长、小组长、主管等，都是基层管理者。

三、管理者的角色

20 世纪 60 年代末期，亨利·明茨伯格经过大量的观察和研究，在其 1973 年出版的《管理工作的本质》一书中将管理者的角色归纳为三大类，即人际关系角色、信息传递角色、决策制定角色，如图 1-3 所示。

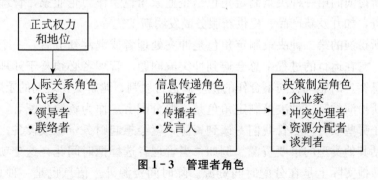

图 1 - 3　管理者角色

（一）人际关系角色

人际关系角色归因于管理者的正式权力。管理者所扮演的三种人际关系角色分别是

代表人角色、领导者角色、联络者角色。

作为所在单位的领导，管理者必须行使一些具有礼仪性质的职责。例如，管理者有时必须参加社会活动，如出席社区的集会或宴请重要客户等。这时，管理者扮演着代表人角色。

由于管理者直接对所在单位的成败负责，他们必须在单位内扮演领导者角色。这时，管理者和员工一起工作并通过员工的努力来确保目标的实现。

管理者还必须扮演联络者角色。没有联络，管理者就无法与别人一起工作，也无法与外界建立联系。

（二）信息传递角色

在信息传递角色中，管理者负责确保和其一起工作的人能够得到足够的信息。管理职责的性质决定了管理者既是其所在单位的信息传递中心，也是别的单位的信息传递中心。

管理者必须扮演的第一种信息传递角色是监督者角色。监督的目的是获取信息。管理者可通过各种方式获取一些有用的信息，如通过密切关注组织自身状况以及外部环境的变化，通过接触下属、利用个人关系网等方式来获取信息。这些信息有助于管理者识别潜在的机会和威胁。

管理者扮演的第二种信息传递角色是信息传播者。作为信息传播者，管理者把监督获取的大量信息分配出去，传递给有关员工。管理者有时也会因特殊目的而隐藏特定的信息。

管理者的最后一种信息传递角色是发言人角色。管理者必须把信息传递给外界，例如，必须向董事和股东说明组织的财务状况和战略方向，必须向消费者保证组织在切实履行社会责任，以及必须让政府官员对组织遵守法律的良好表现感到满意。

（三）决策制定角色

在决策制定角色中，管理者处理信息并得出结论。管理者负责作出决策并分配资源，以保证决策方案的实施。

管理者所扮演的第一种决策制定角色是企业家角色。作为企业家，管理者对发现的机会进行投资，如开发新产品、提供新服务或发明新工艺等。

管理者所扮演的第二种决策制定角色是冲突处理者或混乱驾驭者。一个组织不管被管理得多好，它在运行的过程中总会遇到冲突或问题。管理者必须善于处理冲突和解决问题，如平息客户的怒气、同不合作的供应商进行谈判、调解员工之间的矛盾等。

管理者所扮演的第三种决策制定角色是资源分配者。作为资源分配者，管理者决定组织资源用于哪些项目。尽管我们一谈到资源，就会想起财务资源或设备，但这里的组织资源还包括其他类型的重要资源。例如，当管理者选择把时间花在这个项目而不是那个项目上时，他实际上是在分配时间资源。除时间资源外，信息也是一种重要的资源。管理者是否在信息获取上为他人提供便利通常决定着项目的成败。

管理者所扮演的最后一种决策制定角色是谈判者角色。管理者把大量的时间花在谈判上，谈判对象包括员工、供应商、客户和其他组织。无论是何种类型的组织，其管理者为确保组织目标的实现都必然要进行谈判工作。

四、管理者的技能

尽管管理者的种类很多，工作也各不相同，但他们发挥作用的大小，以及能否进行有效的管理工作，在很大程度上取决于他们所具备的管理技能。技能是来源于知识、信息、实践和资质等的一种特殊的能力。根据罗伯特·卡茨的研究，管理者通常需具备三类技能。

（一）技术技能

技术技能是指管理者掌握并熟悉特定专业领域中的过程、惯例、技术和工具的能力。如监督建筑人员的管理者必须懂建筑业务。

技术技能对于各种管理层次的重要性可以用图1-4来表示。技术技能对于基层管理者最重要，对于中层管理者较重要，对于高层管理者较不重要。

（二）人际技能

人际技能是指成功地与别人打交道并与别人沟通的能力。管理者的人际技能包括对下属的领导能力和处理各种关系的能力。

人际技能对于各种管理层次的重要性可以用图1-4来表示。人际技能对于所有管理层次的重要性大体相同。

（三）概念技能

概念技能是指产生新想法并加以处理，以及将关系抽象化的思维能力。具有概念技能的管理者往往把组织看作一个整体，并且了解组织各个部分的相互关系。

概念技能对于各种管理层次的重要性可以用图1-4来表示。概念技能对于高层管理者最重要，对于中层管理者较重要，对于基层管理者较不重要。

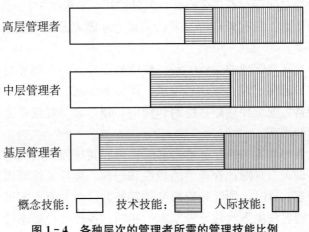

图1-4 各种层次的管理者所需的管理技能比例

五、管理者与领导者的区别

约翰·科特是世界领导与变革领域的权威，哈佛大学商学院终身教授。科特最重要的思想有下列两项：

其一，他认为企业文化与长期经营绩效有巨大的正相关性。文化变革是耗时且极端复杂的。中国企业少有长久的企业文化，通常是强人退休后企业随之走向败亡之路。科特用大量的数据支持企业文化与经营绩效之间的关系，值得深思。大多数职业经理人对变革的认识仅仅停留在"谁动了我的奶酪"的程度，远远不足以真正推动变革。

其二，他认为管理与领导是两个截然不同的概念。管理者的工作是计划与预算、组织及配置人员、控制并解决问题，其目的是建立秩序；领导者的工作是确定方向、整合相关者、激励和鼓舞员工，其目的是产生变革。中国企业管理者一向对"管理"和"领导"区分不清，大家经常说的"我的领导"或"本公司领导"其实指的都是管理者，对于名词认识不清自然扮演不好相应的角色。

管理和领导的相似之处在于两者都涉及对要做的事情作出决定，建立一个能完成某项计划的人际关系网络，并尽力保证任务得以完成。然而，两者之间仍然存在差异性，主要体现在以下几个方面：

首先，管理趋向于注重一个相对短的时间范围，强调微观方面；而领导注重更长的时间范围，注重宏观方面。

其次，在组织中，管理注重人员专业化，通过挑选或培训，让合适的人担任各项工作，要求服从安排；而领导则注重整体性，使整个群体朝着正确方向前进，实现预期的目标。

再次，管理常通过控制和约束解决问题；而领导则多采用激励和鼓舞，侧重于授权、扩展，并不时通过创新来激发群体的积极性。

最后，领导与管理的根本区别体现在它们各自的功用不同，领导能带来有用的变革，而管理则是为了维持秩序。

虽然管理与领导之间存在着许多差异，但是，在一个组织中，二者都是不可或缺的。二者是一个相对的概念。只有处理好二者的关系，才能充分发挥它们的功能。为此，需要从以下三方面入手：

其一，要兼顾领导与管理的矛盾关系。管理的许多方面和领导是有强烈对比乃至矛盾的，如领导注重长远和宏观、运动和发展、冒险和创新、信任和鼓舞，管理注重近期和微观、稳定和维持、安全和规矩、控制和约束。领导者与管理者需要注意这两方面的辩证关系，使之能够平衡。

其二，要注意领导和管理的互补性。有时管理和领导强调的内容不同，如管理强调组织结构，领导强调人力资源；管理关注原则和纪律，领导关注原因和革新；管理关注结果，领导关注希望。这时，领导和管理又是互补的，两方面均不可忽视。彼得·德鲁克认为，有效的管理者和优秀的领导者基本上相同。现代社会要求管理者和领导者不仅要善于管理，而且要善于领导。

其三，领导和管理虽然是各自独立、自成系统，但是成功而且有效的行为方式要求二者在具体运行过程中相结合。只有同时实现"强管理"和"强领导"的组织才能在激烈的竞争中获得生存和发展，二者缺一不可，"领导过度，管理不足"和"管理过度，领导不足"对组织来讲都是有害的。

六、成功管理者的素养

要做好自己所承担的管理工作并获得成功，当然要学好有关管理学的基本思想、原理和方法，指导自己的管理工作实践，在实践中加以创造性运用，不断总结，不断提高。做到这一点是完全必要的，但是还需要具备以下素养。

（一）优秀的品德

一个人具有什么样的品德，核心是他有什么样的价值观。价值观是抽象的，它体现了每个人对周围客观存在的、影响自身发展的各种事物的重要性的看法和评价，从他的思想观念和行为准则上表现出来。中华民族的腾飞是一个较长时间的过程。振兴中华，匹夫有责。作为管理者更要有强烈的使命感和紧迫的责任感，把"小我"融入振兴中华、实现中国梦的伟业中去，把远大的理想落实到本职工作中，怀着强烈的进取心，在管理工作的岗位上有所作为，踏踏实实，勇挑重担，克服重重困难，在工作中作出贡献。

（二）丰富的知识

管理是一门综合性的学科，在学习管理时要涉及许多学科。在管理工作的实践中，也要接触到管理学科和其他学科的知识。

以企业为例，要做好管理工作就要熟悉与本企业相关的许多工程技术方面的知识。计算机在企业中的应用越来越广泛，办公自动化、管理信息系统、决策支持系统等已经成为管理工作中不可缺少的组成部分，这就需要管理者熟练使用计算机，学习工作中的业务知识。管理者还要有心理学方面的知识，用于协调上下、左右的关系，做好人际沟通工作；另外还要掌握政治、经济方面的知识，了解党的方针、政策和国家的有关法规，进而把握经济发展的规律。

特别要强调的是掌握法律知识。市场经济在某种意义上可以说是法治经济，在市场经济体制中的企业与企业间、企业与消费者间的关系和行为要靠法律来规范。我国在历史上是一个法制不够健全的国家，在"文化大革命"以后，特别是近年来，全国人大加紧制定各项法律，各省市人大也纷纷出台了许多地方性的条例，在全国持续开展了法制教育，这都是为了使国家和经济能在一个健全的法律体系中正常运行。与企业有关的法律，如公司法、合同法、反不正当竞争法、专利法等越来越健全。企业要在法律允许的范围内运行，需要管理者自觉学习法律方面的知识，同时也要会运用法律武器来维护企业的正当权益。在市场经济错综复杂的环境中，企业被人钻了法律的空子而上当受骗的案例不在少数，因此管理者需要认真学习法律知识。

也许你会认为，你是从事管理而不是成为一名律师，不可能熟知各种法律条文。但是管理工作需要管理者学习法律方面的知识从而建立法制观念，这样能够有效地避免一些问题，而且在问题出现时也能知道如何解决。

（三）良好的心理素质

一个人具有很高的智商和很强的能力未必能在事业中获得成功，这说明还有一个因素——心理素质——在起着很重要的作用。而这一点往往容易被管理者所忽略。

一名管理者在日常生活中可能由于疏忽而造成失误；也可能在与同事交往中，一片好意却被人误解；也可能遇到了新问题，在新产品开发、开拓新市场、采用新方法时能大胆创新但未获成功；或者在解决困难的过程中遇到了挫折，在与对手竞争中遭到了失败。诸如此类，举不胜举。此时，首先遇到的问题是：在困难、误解、风险、失败、挫折面前你能否承受住巨大的压力。能，则还有前进和成功的可能；否，为压力所压垮，什么也谈不上。在人的一生中，遭受挫折和失败是常事，但不是人人都能以良好的心理素质来承受各种压力，再加上一些客观原因，所以事业上的成功者少之又少。

在不顺时，要具有很强的自我控制能力。自己的好主意、好办法，不能被别人接受，甚至遭到拒绝；下级未能按指示办，把事情办砸了；在工作、生活中遇到了不顺心的事；到了一个新环境，人生地不熟，焦虑不安……这时人的情绪往往波动较大，就需要有很强的自我控制能力，控制情绪、控制言行。

在工作中要承受压力、要能自我控制，在个人生活、家庭生活中也是如此。但是一个人不可能永远在压力下生活，这就需要自我调节、有张有弛，以积极乐观的态度看待人生、看待竞争和压力，适时调节自己的生活，参加一些娱乐活动，休几天假以养精蓄锐，适当地转移自己的关注点，翻阅几本书、做些手工等。

除了具有优秀的品质、丰富的知识和良好的心理素质外，作为一名管理者，注重自己的穿着、仪表、举止和谈吐也是十分必要的。

（四）重视实践

成功的管理者不是天生的。我们应当承认一个人的天赋在成长过程中所起的作用，但是更需强调后天教育与实践的作用。在学校里接受教育，学习各种知识，打好基础；走上工作岗位后，也可以继续深造。因此，接受教育是成长过程中不可缺少的，但又不是为了学习而学习，要学以致用。从这一点上说，实践是成长的关键。

管理者要在事业中获得成功，必须在管理工作的实践中经受磨炼，积累经验和教训，将在实践中总结出的经验和教训用来指导实践，并在实践中不断深化。

复习思考题

一、填空题

1. 亨利·明茨伯格的一项被广为引用的研究成果表明，管理者扮演着十种角色，可归为_____、_____、_____三大类。

2. 1978年诺贝尔经济学奖的获得者赫伯特·西蒙提出，管理就是_____。

3. 根据罗伯特·卡茨的研究，管理者需要具备三大技能，分别是_____、_____和_____。

4. 管理的目的是_____。

5. 控制的实质就是为了使实际活动符合_____。

6. 管理双重属性指的是管理既具有_____又具有_____属性。

7. 管理者的决策制定角色包括_____、_____、_____和_____。

8. 管理的_____职能通过方案的产生与抉择表现出来，_____职能通过组织结构的设计和人员的配备表现出来，_____职能通过领导者和被领导者的关系表现出来，_____职能通过对偏差的识别和纠正表现出来。

9. 现代管理艺术主要表现在_____、_____、_____和_____。

10. 通常人们所说的外行领导内行，说明了_____技能比_____技能更为重要。

二、选择题

1. 管理者在处理与组织成员和其他利益相关者的关系时，他们就在扮演（　　）。

A. 人际关系角色　　B. 信息传递角色　　C. 决策制定角色

2. 为了保证目标及为此而制订的计划得以实现，就需要有（　　）职能。

A. 计划　　　　　　B. 组织　　　　　　C. 领导　　　　　　D. 控制

3. 在同不合作的供应商进行谈判的时候，管理者扮演的是（　　）。

A. 企业家角色　　B. 冲突处理者角色　C. 资源分配者角色　D. 谈判者角色

4. 对于基层管理而言，最重要的是（　　）。

A. 技术技能　　　　B. 人际技能　　　　C. 概念技能　　　　D. 信息技能

5. 作为（　　），管理者把重要的信息传递给工作小组成员；作为（　　），管理者把信息传递给单位或者组织以外的个人。

A. 监督者　　　　　B. 传播者　　　　　C. 发言人　　　　　D. 联络者

6. 在作出是否收购其他企业的决策前，管理者必须从多个角度出发全面分析拟购企业目前的状况及可能的发展余地等情况，这时管理者需要的技能主要是（　　）。

A. 诊断技能　　　　B. 人际技能　　　　C. 概念技能　　　　D. 技术技能

7. 管理人员通过一系列基本管理职能来实现组织目标，下列选项中不属于管理职能范畴的是（　　）。

A. 组织　　　　　　B. 控制　　　　　　C. 领导　　　　　　D. 经营

8. 对管理最形象的描述是（　　）。

A. 艺术　　　　　　B. 科学　　　　　　C. 艺术和科学　　　　D. 上述均不是

9. 以下不属于管理职能的是（　　　）。

A. 组织活动　　　　B. 控制活动　　　　C. 有效获取资源　　D. 计划与决策

10. 处于高层的管理者，其对于概念技能、人际技能、技术技能的需要按重要性排序应为（　　　）。

A. 概念技能、技术技能、人际技能　　　　B. 技术技能、概念技能、人际技能

C. 概念技能、人际技能、技术技能　　　　D. 人际技能、技术技能、概念技能

11. 管理的双重属性是指（　　　）。

A. 艺术性与科学性　　　　　　　　　　B. 基础性与边缘性

C. 自然属性与社会属性　　　　　　　　D. 普遍性与重要性

12. 管理人员与一般工作人员的根本区别在于（　　　）。

A. 需要与他人配合完成组织目标　　　　B. 需要从事具体的文件签发审阅工作

C. 需要对自己的工作成果负责　　　　　D. 需要协调他人的努力以实现组织目标

13. 企业管理者可以分成基层、中层、高层三种，高层管理者主要负责制定（　　　）。

A. 日常程序性决策　　　　　　　　　　B. 长远全局性决策

C. 局部程序性决策　　　　　　　　　　D. 短期操作性决策

14. 管理者在作为组织的官方代表对外联络时，他扮演的是（　　　）的角色。

A. 信息情报方面　　　B. 决策方面　　　C. 人际关系方面　　　D. 业务经营方面

15. 通常我们所说的外行领导内行，说明了（　　　）。

A. 技术技能比人际技能重要　　　　　　B. 人际技能比技术技能重要

C. 人际技能比概念技能重要　　　　　　D. 概念技能比技术技能重要

三、判断题

1. 管理学研究的是管理活动的普遍规律，是各专业管理的理论基础。（　　　）

2. 高层管理人员花在决策上的时间相对更多一些。（　　　）

3. 中层管理人员往往处理现场管理、指导操作等技术性工作较多。（　　　）

4. 组织中向外界发布信息的管理角色称为发言人角色。（　　　）

5. 计划工作之后自然就会需要组织工作来发挥作用。（　　　）

6. 管理的有效性在于充分利用各种资源，以最少的消耗正确地实现组织目标。（　　　）

7. 管理人员的沟通联络活动属于决策方面的角色。（　　　）

8. 技术技能是指领导、激励下属的能力。（　　　）

9. 管理的基本活动在任何组织中都普遍存在，但营利性组织比非营利性组织更需要加强管理。（　　　）

10. 高层管理人员必须对组织活动的各个方面都有所了解。（　　　）

11. 基层管理人员大部分时间用于对工人进行直接的监督管理。（　　　）

12. 一个管理人员应具备的管理技能有领导技能、人际技能和技术技能三种。（　　　）

13. 企业员工的士气越高，企业的经济效益也必定越好。（　　　）

四、简答题

1. 管理的定义和内涵分别是什么？

2. 管理包括哪些职能？各职能之间有什么样的关系？

3. 管理各职能的表现形式如何？
4. 如何理解管理的双重属性？
5. 管理者的角色包括哪些？
6. 管理者的技能在组织管理层级中的情况如何？
7. 领导与管理的区别和联系分别是什么？
8. 成功的管理者通常需要具备哪些方面的素养？

案例分析一

问题出在哪里

面对产品销售业绩的不断下滑，总公司派杨仁峰出任营销部经理。杨经理决心集中力量狠抓市场，把销售业绩搞上去。目前他面临的首要的问题是如何认识和把握市场环境与形势。市场环境如此复杂，有国家大政方针、经济形势的影响，有行业竞争、顾客需求的影响，有企业自身优势和劣势……杨经理被搞得眼花缭乱，一时不知如何下手。他费了好大的劲儿，总算能较好地把握市场行情与营销业务了。但是，营销业绩始终起色不大，最近他还遭到了总公司某领导的批评。杨经理上任前，营销部只有5个营销员。他们素质高，都很能干，相互信任，关系融洽，每个人都能自觉地尽全力去开展营销工作，业绩一直不错。但是，随着公司事业的发展、营销业务与区域的拓展，营销员快速增加到20余名，且分布在范围广大的9个地区。人员构成也复杂了，有的人根本没有从事过营销工作。现在杨经理本人也忙得不可开交。他今天去这个地区明天又赶到另一个地区，可是他走后那个地区的业绩依旧；他要求营销人员主动寻找客户、大力开拓市场，而营销员们大喊没钱不好办事，困难重重；他提出营销员必须提高素质、掌握并大力宣传本企业及其产品的优势，可是营销员却以工作太忙为由不肯学习；他为了刺激营销员多卖产品提出要按销售额提成，可大家又反映各地区差异太大无法确定提成比例……同时，大量的沟通与协调工作，特别是人际冲突，着实令其头痛。有的员工之间就因为一点小事而争吵不断，影响了正常工作。杨经理整天应付这些人的纠缠与"告状"，弄得有时候饭都吃不上。他至今也未全面掌握整个市场与营销的程序与实务，不知从何处着手，甚至开始怀疑自己的能力。

经过深入的调查和冷静的分析，他初步理出了自己的思路：要应对这些难题和挑战，真正实施有效的管理，就必须了解管理者的基本职能，把握工作业务的基本流程与管理实务，最重要的就是要提高自身的管理技能。可是，到底需要具体怎么做呢？杨仁峰迫不及待地想得到答案。

问题：
1. 杨经理的管理对象有哪些？请简要分析其特点。
2. 杨经理对营销员的管理出现了哪些问题？有人说根本原因在于管理机制的陈旧，你赞成这种意见吗？你所理解的管理机制是什么？
3. 针对杨经理所面临的问题，请给他提出一些建议。

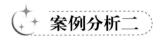

为何要学习管理学

一、管理普遍需要

我们生活中的每一天都在与不同的组织打交道。管理良好的组织会有忠诚的顾客基础，会不断成长和繁荣。管理不善的组织，它们的顾客基础在萎缩，相应的营业收入也在下降。通过学习管理，我们能够认识到不良的管理并且采取措施纠正它，也能够认识到哪些是优秀的管理方法并且学会运用它。

二、工作现实需要

学习管理的另一个原因是工作现实需要。一旦你从学校毕业开始职业生涯，你将要么是管理者要么是被管理者。对于那些计划进入管理行列的人来说，了解管理过程将构成自己的管理技能基础；对于那些不想成为管理者的人来说，仍然要和管理者打交道。经验表明，通过学习管理学，你能够对你的上司的行为有更多的认识，对你的组织的工作有更深入的洞察。你可以不必渴望成为管理者，但你仍然可以从管理的课程中获取许多有价值的知识。

问题：
你准备如何学习管理学？

第二章
管理思想与理论的发展

✦ 学习目标

了解古今中外早期管理思想史；
理解泰罗及其科学管理理论的主要内容；
阐述组织管理理论的主要观点；
掌握亨利·法约尔一般管理的十四条原则；
熟悉霍桑实验的四个阶段及人际关系学说的主要观点；
了解行为科学的发展；
认清现代管理理论的状况及发展趋势。

第一节　早期管理思想

一、古代的管理思想

（一）外国古代的管理思想

管理思想来源于人类社会的管理实践，它是随生产力的发展而发展起来的。原始社会的生产力水平极其低下，管理水平也是与之相适应的。随着人类社会的进步，管理思想也有了较大的发展，世界上一些文明古国都对早期的管理思想作出了巨大的贡献。

古埃及人建造了世界八大奇迹之一的金字塔。一座大金字塔要耗用 230 多万块大石头，动用 10 万多人力，费时 20 年才能建成。完成这样巨大的工程，不仅需要技术方面的知识，更需要组织管理技能。

古希腊也留下了许多宝贵的管理思想。公元前 370 年，古希腊学者色诺芬对制鞋过程中分工的描述与后来泰罗的"科学管理原理"非常接近，尽管他们所处的时代相差 2 200 多年。古希腊人在发展工商业中认识到了提高劳动生产效率的问题。他们主张在劳动中推行标准动作，并采用音乐伴奏的方法，将速度引入劳动中，以提高劳动的效率。古希腊著名学者对管理问题的研究至今对管理理论的发展仍有重要影响。苏格拉底和亚里士多德等有识之士提出了管理活动的普遍意义，并将管理活动与技术知识及经验区别开来，承认管理是一种独立存在的活动。

欧洲文艺复兴时期，管理实践活动的日益频繁为管理思想提供了坚实的基础。意大利思想家尼科罗·马基雅维利在他的著作《君主论》和《谈话录》中最早提出了关于领导的理论和思想。他在这些著作中指出，领导应依赖群众的支持，领导应使组织产生高度凝聚力。而且他认识到了提高领导效能和提高领导者的素质问题。15 世纪意大利威尼斯的兵工厂是当时世界上最大的工厂，在现代联合加工厂和汽车装配线之前就已采用了流水生产线的方式进行生产，并使用标准化配件，全厂设有若干职能部门，每一部门都有专人负责，所有职工按业绩决定晋升。当时的这些管理实践体现了职能制和分权管理的思想。

（二）中国古代的管理思想

中国作为四大文明古国之一，自古以来就有着丰富的管理思想。

在 3 000 多年前（公元前 17 世纪）中国的商代，君王就可以统辖、指挥几十万军队作战，管理上百万分工不同的奴隶进行生产劳动；朝廷中的管理机构也相当复杂，设有百官辅佐国王进行统治，百官大体分为政务官、宗教官、事务官三类。到了公元前 11 世纪的周朝，中央设有"三公""六卿""五官"。"三公"即太师、太傅、太保，是国家的总管。"六卿"即太宰、太宗、太史、太祝、太士、太卜，分管朝廷中的政务和宗族谱系、起草文书、编写史书、策命大夫、祭祀等。"五官"即司徒、司马、司空、司士、司寇，分别掌管土地、军赋、工程、群臣爵禄、刑罚等。周朝还制定了许多管理国家的典章制度，提出了"明德慎罚"的管理思想；为了适应诸侯王国之间政治、军事活动的需要，还建立了驿站制度，在中央到全国主要都城的大道上每隔 15 千米（30 里）设一个驿站，备良马固车，专门负责传递官府文书、接待往来官吏和运送货物等，形成了全国性的信息网络，信息传递的速度可以达到平均每天 250 千米（500 里），这可称为世界上最早的管理信息系统；在土地资源的管理方面实行了著名的"井田制"。

西周时期的《周礼》对封建国家的管理体制进行了理想化的设计，内容涉及政治、经济、财政、教育、军事、司法和工程等方面。该书对封建国家的经济管理的论述和设计都达到了相当高的水平。

早在 2 000 多年前的春秋时代，杰出的军事家孙武著有《孙子兵法》一书。该书共13 篇，篇篇闪烁着智慧的光芒，"知彼知己，百战不殆"这句名言就是一例。这种辩证的策略思想在书中比比皆是。孙武的策略思想不仅在军事上而且在管理上也具有相当大的指导意义和参考价值。日本和美国的一些大公司甚至把《孙子兵法》作为培训的必备图书。

战国时代的军事家孙膑运用运筹学和对策论的思想，帮助田忌在赛马中胜了齐王。齐王和田忌赛马，各出三匹马，每匹马只出场一次，共赛三场，胜数多者获胜。齐王具有优势，因为两人的三匹马以速度快慢排序后，齐王的三匹马都分别比田忌的三匹马快一些，如果这样比赛，齐王肯定以 3∶0 获胜。田忌请孙膑帮忙，孙膑为田忌出主意，以己方最慢的马对齐王最快的马，以己方最快的马对齐王第二快的马，以己方第二快的马对齐王最慢的马，结果田忌以 2∶1 的比分获胜。

中国古代管理思想在古代许多著作中都有体现，如《周礼》《孙子兵法》《墨子》《老子》《管子》《齐民要术》《天工开物》等。

二、近代的管理思想

（一）外国近代的管理思想

18 世纪英国及其他一些资本主义国家出现了产业革命之后，工厂成为资本主义生产的主要方式，近代的管理思想伴随着工厂制度的出现而形成。1769 年机械师瓦特发明的蒸汽机得到了广泛的运用，手工生产转变为机械生产，工厂这一新的组织形式代替了以家庭为单位的手工作坊。工厂的出现，要求机械大工业管理必须采用新的科学方法，那种依靠个人的主观经验和臆断行事的方法显然不适合工业革命后工厂制度所代表的生产力发展的要求，因此，一些先行者开始了对工厂管理的探究。英国理查德·阿克莱特于

1769 年和 1771 年设立的毛纺织厂是世界上最早的工厂之一。他们在连续生产、厂址选择、工厂纪律、劳动分工，以及机器、材料、人员和资本之间如何协调等方面，都有创造。1800 年英国的索霍制造厂开始有了工作设计，按充分利用机器的要求进行劳动分工和专业化，制定完善的工资支付办法，进行完善的记录和成本的核算等管理工作。这一时期，尽管管理思想不够系统、全面，也没有形成系统的管理理论和学派，但由于工厂管理实践的结果，管理思想已得到了相应的发展，在西方特别是欧洲出现了一些早期的管理人物与思想。

1. 亚当·斯密

英国著名古典政治经济学家亚当·斯密在 1776 年发表的《国富论》一书中，以制针为例说明劳动分工的好处：（1）分工可以使劳动者专门从事一种单纯的操作，从而提高熟练程度、增进技能；（2）分工可以减少劳动者的工作转换，节约通常由一种工作转到另一种工作所损失的时间；（3）分工可以使劳动简化，使劳动者的注意力集中在一种特定的对象上，有利于发现比较方便的工作方法，促进工具的改良和机器的发明。亚当·斯密的分工观点适应了当时社会对迅速扩大劳动分工以促进工业革命发展的要求，成为资本主义管理的一条基本原理。

2. 小瓦特和博尔顿

蒸汽机发明者瓦特的儿子小瓦特和其合作者马修·博尔顿在 1800 年接管了一家铸造厂后，小瓦特就着手改革该厂的组织和管理，博尔顿则特别关注营销活动。他们采取了不少有效的管理方法，建立了许多管理制度，如：（1）在生产管理和销售方面根据生产流程的要求，配置机器设备，编制生产计划，制定生产作业标准，实行零部件生产标准化，研究市场动态，进行预测；（2）在成本管理方面，建立起详细的记录和先进的监督制度；（3）在人事管理方面，制定工人和管理人员的培训和发展规划；（4）进行工作研究，并按工作研究结果确定工资的支付办法；（5）实行由职工选举的委员会来管理医疗费制度等福利制度。

3. 罗伯特·欧文

19 世纪初，英国著名的空想社会主义者罗伯特·欧文在其经营的一家大纺织厂中做了一些实验。实验主要是针对当时在工厂制度下工人劳动条件和生活水平都相当低下这一情况而进行的。实验内容包括改善工作条件、缩短工作时间、提高工资、改善生活条件、发放抚恤金等。实验的目的是探索对工人和工厂所有者双方都有利的方法和制度。罗伯特·欧文开创了在企业中重视人的地位和作用的先河，有人因此尊称他为"人事管理之父"。

4. 亨利·汤

美国耶鲁-汤尼制造公司的总经理亨利·汤在 1889 年发表的《收益分享》一文中，提出采取收益分享制度才能克服由利润分享制度带来的不公平。收益分享，实质上是按某一部门的业绩来支付该部门职工的报酬。这样就可避免某一部门业绩好而另一部门业绩差时，实行利润分享制度使前者利益受损这一不合理现象。他提出的具体办法是：

（1）每个职工享有一种"保证工资"；（2）每个部门按科学方法制定工作标准并确定生产成本，该部门超过定额时，由该部门职工和管理阶层各得一半收益；（3）定额应在3～5年内维持不变，以免降低工资。

5. 弗雷德里克·哈尔西

弗雷德里克·哈尔西对管理的贡献也体现在工资制度方面。1891年，他向美国机械工程师协会提交了论文《劳动报酬的奖金方案》。论文指出了当时普遍使用的三种报酬制度的弊端：计时制对员工积极性的发挥无激励作用；计件制常因雇主降低工资率而扼杀工人提高产量的积极性；利润分享导致部门间良莠不分，有失公允。他认为，亨利·汤的收益分享虽有改进，但在同一部门中不公平问题依然存在。因而，他提出了自己的奖金方案。该方案是按每个工人来设计的：（1）给予每个工人每天的"保证工资"；（2）以该工人过去的业绩为基准，超额者发给约为正常工资率1/3的奖金。哈尔西认为，他所提出的制度与当时其他的工资制度相比有许多优点：不管工人业绩如何，均可获得一定数额的计日工资；工人增加产量，就可得到奖金，从而消除了因刺激工资而引起的常见的劳资纠纷；工人奖金仅为超出部分的1/3，即使工人增产1倍也不至于太高，雇主因为会从中获益2/3就不会总想降低工资率；以工人过去的业绩为基准，能够鼓励工人比过去进步；工人所要超越的是他本人过去的业绩，而不是根据动作和时间研究制定出来的标准。

6. 卡尔·冯·克劳塞维茨

德国军事战略理论家卡尔·冯·克劳塞维茨以军队为对象，论述了管理决策等问题。他认为企业是类似于打仗的人类竞争的一种形式，明确提出了以科学而不是以预感为依据来作决策、以分析而不是以直觉为依据进行管理的思想。

（二）中国近代的管理思想

中国近代的管理思想的主要代表是民族资本主义经济中体现的经济管理思想。1840年鸦片战争爆发后，随着帝国主义列强势力的侵入，旧中国的自然经济逐渐瓦解，在殖民主义势力比较强大、生产力比较发达的沿海地区的一些大中城市逐步建立起资本主义生产关系。在中国民族资本主义工业发展的过程中，形成了一系列经营管理思想，主要表现在以下几个方面。

1. 重视生产管理和产品质量

例如，汉阳的周恒顺机器厂因积极倡导"精工明料"，在生产上建立了一套严格的质量管理制度而闻名于世。

2. 尽力降低成本，增强商品的竞争力

例如，章华毛纺厂厂长刘鸿生在他经营的企业中首先推行了一套完整的成本会计制度，作为加强管理的措施。当时几家商业银行在对企业做了调查之后说，"厉行成本会计"是"最有价值"的事，主张"此种严密之算法，各厂急宜仿行"。

3. 实施严格的规章制度

当时民族资本企业中的种种规章制度，归纳起来主要包括：要求职工听从指挥，服从调遣；要求职工不得玩忽职守；要求职工提高工作效率和端正工作态度。由于有了这些较成功的经营管理思想，所以出现了一批经营有方、产品质量过硬、知名度很高的企业和产品。例如，上海大隆机器厂制造的棉纺机器，五洲肥皂厂生产的"固本"牌肥皂，亚浦耳灯泡厂生产的灯泡等，均因质量优良，在国内外市场上赢得了广泛的消费者。

4. 加强人才培养，合理使用人才

其采取的主要措施是：自办职业学校和专科学院，培养技术人才；举办脱产或半脱产的训练班、补习班等培训职工；选派有发展前途的技术人员、管理人员、资本家子女到国外深造学习；建立研究机构，出版专业刊物，研究并宣传企业管理等。管理者本人应该是内行专家而且必须知人善任。例如，范旭东坚持"事业的真正基础是人才"，用重金聘请有成就的工程师作为企业管理的骨干，使永利制碱厂取得了震惊世界的成就。

5. 注重资金积累并灵活有效地运用资金

其采取的主要措施是：少发股息，少分红利，增加企业资金；投资联号企业或创办企业，在资金上相互支持。

6. 服务热情周到

民生航运公司的卢作孚提出了"服务高于一切"的口号，深受客户和货主的欢迎，影响很大。

7. 注重人和

近代成功的企业家多注重人和，创办申新纱厂的大企业家荣德生治厂以《大学》之"明德"、《中庸》之"明诚"对待下属，"管人不严，以德服人""自治有效"。他说用人"必先正心诚意，实事求是，庶几有成。若一味唯利是图，小人在位……不自勤俭，奢侈无度，用人不当，则有业等于无业也"。

和则兴邦，和则生财。"和"强调的是人际关系融洽、和谐。天时、地利、人和是人们普遍认为的成功的三要素。其中的人和是发挥天时、地利作用的先决条件，"天时不如地利，地利不如人和"。所以孔子提倡"礼之用，和为贵"，管子强调"上下不和，虽安必危"，为求事业成功，务必"和协辑睦""上下和同"。

人和，不仅要团结顺从自己的人，而且要善于团结敢于提出反对意见的人。在这方面，唐太宗堪称楷模。他不仅重用拥护自己的人，而且重用反对过自己的魏征，且"从谏如流"，常思己短己过，广泛团结人才，形成了一个高效能的人才群体结构，为"贞观之治"提供了组织保证。

以上所介绍的这些有代表性的管理实践、管理思想，虽然都主要反映在某个人、某个企业的单一管理实践和个别论述中，但它对于促进生产、加强早期企业管理和对以后的管理理论及学派的形成都有积极的影响和作用。

第二节 古典管理理论

古典管理理论形成于 19 世纪末和 20 世纪初的欧美，它主要分为科学管理理论和组织管理理论。尽管其表现形式不同，但其实质都是采用当时所掌握的科学方法和科学手段对管理过程、管理职能和管理方法进行探讨和实验，形成的一些以科学方法为依据的理论、原则和方法。

一、科学管理理论

科学管理理论着重研究如何提高单个工人的生产率，其代表人物主要有泰罗、吉尔布雷斯夫妇以及甘特等。

（一）泰罗的贡献

泰罗 1911 年写了一本书叫《科学管理原理》，这本书是其一生管理思想和经验的总结，同时也奠定了其在管理学界的地位，被后人尊称为"科学管理之父"。他出生于美国费城一个富有的律师家庭，中学毕业后考上了哈佛大学法律系，但不幸因眼疾而被迫辍学。1875 年，泰罗进入费城的一家机械厂当学徒工，1878 年转入费城的米德维尔钢铁公司当技工，1884 年升任总工程师。1898—1901 年泰罗受雇于宾夕法尼亚的伯利恒钢铁公司。1901 年以后他把大部分时间用在写作和演讲上，1906 年担任美国机械工程师协会会长。

泰罗的科学管理理论主要包括以下几方面。

1. 工作定额

要制定出有科学依据的、合理的日工作量就必须进行时间和动作研究。方法是把工人的操作分解为基本动作，再对尽可能多的工人测定完成这些基本动作所需的时间。同时选择最适用的工具、机器确定最适当的操作程序，消除错误的和不必要的动作，将最后得出的最有效的操作方法作为标准。最后，将完成这些基本动作的时间汇总，加上必要的休息时间和其他延误时间，就可以得到完成这些操作的标准时间，据此制定一个工人的"合理的日工作量"。这就是所谓的工作定额原理。

泰罗在伯利恒钢铁公司进行了著名的"搬运生铁块"实验。该公司有 75 名工人负责把 92 磅重的生铁块搬运到 30 米远的铁路货车上。他们每人每天平均搬运 12.5 吨，日工资 1.15 美元。泰罗找了一名工人进行实验，观测搬运的姿势、行走的速度、持握的位置以及休息时间的长短对其搬运量的影响。结果表明，存在一个合理的搬运生铁块的方法。在这种方法下，工人 57% 的时间用于休息。按照这样的方法搬运，每个工人的日搬运量将达到 47～48 吨，工人的日工资提升至 1.85 美元。

2. 标准化原理

要使工人掌握标准化的操作方法，使用标准化的工具、机器和材料，并使作业环境标准化。这就是所谓的标准化原理。

泰罗在伯利恒钢铁公司做过著名的"铁锹"实验。当时公司的铲运工人拿着自家的铁锹上班，这些铁锹各式各样、大小不等。堆料场中的物料有铁矿石、煤粉、焦炭等，每个工人的日工作量为 16 吨。泰罗经过观察发现，由于物料的比重不一样，一铁锹的负载大不一样。如果是铁矿石，一铁锹有 38 磅；如果是煤粉，一铁锹只有 3.5 磅。那么一铁锹到底负载多少才合适呢？经过实验，最后确定一铁锹 21 磅对于工人是最适合的。根据实验的结果，泰罗针对不同的物料设计不同形状和规格的铁锹。以后工人上班时都不用自带铁锹，而是根据物料情况从公司领取特制的标准铁锹，工作效率得到了大大提高。堆料场中的工人从 400～600 名降为 140 名，平均每人每天的操作量提高到 59 吨，工人的日工资从 1.15 美元提高到 1.88 美元。这是工具标准化的典型事例。

3. 能力与工作相适应

为了提高劳动生产率，必须为工作挑选"一流"的工人。"一流"的工人是指：最适合做这种工作，而且也愿意去做这种工作的人。要根据人的能力把他们分配到相应的工作岗位上，鼓励他们努力工作并进行培训，教会他们科学的工作方法，使他们成为"一流"的工人。

4. 差别计件工资制

泰罗认为：工人磨洋工的一个重要原因是报酬制度不合理。计时工资不能体现劳动的数量。计件工资虽能体现劳动的数量，但工人担心劳动效率提高后雇主会降低工资率，这样等同于劳动强度的加大。针对这些情况，泰罗提出了一种新的报酬制度——差别计件工资制。其内容包括：（1）通过时间和动作研究来制定有科学依据的工作定额。（2）实行差别计件工资制来鼓励工人完成或超额完成工作定额。所谓"差别计件工资制"，是指计件工资率随完成定额的程度而上下浮动。如果工人完成或超额完成定额，则定额内的部分连同超额部分都按比正常单价高 25% 计酬；如果工人完不成定额，则按比正常单价低 20% 计酬。（3）工资支付的对象是工人而不是职位，即根据工人的实际工作表现而不是根据工作类别来支付工资。

5. 计划职能与执行职能相分离

泰罗认为应该用科学的工作方法取代经验工作方法。经验工作方法是指每个工人采用什么操作方法、使用什么工具等，都根据个人经验来决定。科学工作方法是指每个工人采用什么操作方法、使用什么工具等，都根据实验和研究的结果来决定。为了采用科学的工作方法，泰罗主张把计划职能同执行职能分开，由专门的计划部门承担计划职能，由所有的工人和部分工长承担执行职能。计划部门的具体工作包括：（1）进行时间和动作研究；（2）制定科学的工作定额和标准化的操作方法，选用标准化的工具；（3）拟订计划，发布指示和命令；（4）对照标准，对实际的执行情况进行控制等。

（二）其他人的贡献

与泰罗同时代的人，如吉尔布雷斯夫妇和甘特等也为科学管理作出了贡献。

美国工程师弗兰克·吉尔布雷斯及其夫人莉莲·吉尔布雷斯在动作研究和工作简化方面作出了突出贡献。起初弗兰克·吉尔布雷斯在建筑行业中研究用哪种姿势砌砖省力、舒适、有效率，他们通过实验得出一套标准的砌砖方法，这套方法使砌砖的效率提高200%以上。后来吉尔布雷斯夫妇又在其他行业中进行动作研究，并把工人操作时手的动作分解为17种基本动作。他们的研究步骤是：首先，通过拍摄相片来记录工人的操作动作；其次，分析哪些动作是合理的、应该保留的，哪些动作是多余的、可以省掉的，哪些动作需要加快速度，哪些动作应该改变次序；最后，制定标准的操作程序。与泰罗相比，吉尔布雷斯夫妇的动作研究更加细致、广泛。

美国管理学家、机械工程师甘特是泰罗在米德维尔钢铁公司和伯利恒钢铁公司的重要合作者。他最重要的贡献是创造了"甘特图"，这是一种用线条表示的计划图。这种图现在常被用来编制进度计划。甘特的另一贡献是提出了"计件奖励工资制"，即：对于超额完成定额的工人，除了支付给他日工资，超额部分以计件方式发给他奖金；对于完不成定额的工人，工厂只支付他日工资。这种制度优于泰罗的"差别计件工资制"，因为这种工资制可使工人感到收入有保证，劳动积极性因而提高。这说明，工人工资收入有保证也是一种工作动力。

二、组织管理理论

组织管理理论着重研究管理职能和整个组织结构，其代表人物主要有亨利·法约尔、马克斯·韦伯和切斯特·巴纳德等。

（一）法约尔的贡献

亨利·法约尔，法国人，1860年从圣埃蒂安国立矿业学院毕业后进入康门塔里-福尔香堡采矿冶金公司，成为一名采矿工程师。不久他被提升为该公司一个矿井的经理。1888年他出任该公司总经理。1916年法国矿业协会的年报公开发表了他的著作《工业管理与一般管理》。这本著作是他一生管理经验和管理思想的总结。法约尔认为，他的管理理论虽以大企业为研究对象，但除了可应用于工商企业外，还可应用于政府、教会、慈善机构和军事组织等。所以，法约尔被公认为是第一位概括和阐述一般管理理论的管理学家。他的理论贡献主要体现在对管理职能的划分和管理原则的归纳上。

1. 企业的基本活动和管理的五种职能

法约尔指出，任何企业都存在六种基本活动，管理只是其中的一种。这六种基本活

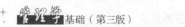

动是：

(1) 技术活动，指生产、制造和加工。

(2) 商业活动，指采购、销售和交换。

(3) 财务活动，指资金的筹措、运用和控制。

(4) 会计活动，指货物盘点、成本统计和核算。

(5) 安全活动，指设备的维护和人员的保护。

(6) 管理活动，指计划、组织、指挥、协调和控制五项职能活动。其中计划是指预测未来并制定行动方案；组织是指建立企业的物质结构和社会结构；指挥是指使企业人员发挥作用；协调是指让企业人员团结一致，使企业中的所有活动和努力统一和谐；控制是指保证企业中进行的一切活动符合制订的计划和所下达的命令。

亨利·法约尔对管理的上述定义明确了管理与经营的关系。法约尔写道："所谓经营，就是努力确保六种基本活动的顺利运转，从而把组织拥有的资源变成最大的成果，并促成组织目标的实现。"企业的基本活动和管理的五种职能如图 2-1 所示。

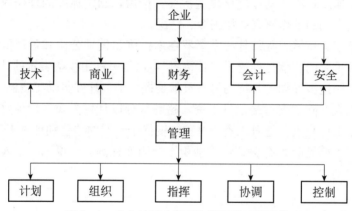

图 2-1 企业的基本活动和管理的五种职能

2. 一般管理的 14 条原则

法约尔提出了一般管理的 14 条原则：

(1) 分工。在技术工作和管理工作中进行专业化分工可以提高效率。

(2) 权力与责任。权力是指"指挥他人的权以及促使他人服从的力"。在行使权力的同时必须承担相应的责任，不能出现有权无责和有责无权的状况。更为重要的是，法约尔区分了管理者的职位权力和个人权力，前者来自个人的职位高低，后者是由个人的品德、智慧和能力等个人特性所形成的。一个优秀的领导人必须两者兼备。

(3) 纪律。纪律是企业领导人同下属之间在服从、勤勉、积极、举止和尊敬等方面所达成的一种协议。组织内所有成员都要根据各方达成的协议对自己在组织内的行为进行控制。

(4) 统一指挥。组织内每一个人只能服从一个上级并接受他的命令。

(5) 统一领导。凡目标相同的活动，只能有一个领导、一个计划。

(6) 个人利益服从集体利益。集体的目标必须包含员工个人的目标，但个人和小集体的利益不能超越组织的利益。当两者矛盾时，领导人要以身作则使其一致。

（7）报酬合理。报酬制度应当公平，对工作成绩和工作效率优良者给予奖励，但奖励应有一个限度。法约尔认为，任何优良的报酬制度都无法取代优良的管理。

（8）集权与分权。提高下属重要性的做法是分权，降低这种重要性的做法是集权。两者正好相反。要根据企业的性质、条件和环境、人员的素质来恰当地决定集权和分权的程度。当企业的实际情况发生变化时，要适时改变集权和分权的程度。

（9）等级链与跳板。等级链是指"从最高的权威者到最低层管理人员的等级系列"。它表明权力等级的顺序和信息传递的途径。为了保证命令的统一，不能轻易违背等级链，请示要逐级进行，指令也要逐级下达。有时这样做会延误信息，鉴于此，法约尔设计了一种"跳板"，便于同级之间的横向沟通。但在横向沟通前要征求各自上级的意见，并且事后要立即向各自上级汇报，从而维护统一指挥的原则。

（10）秩序。秩序是指"有地方放置每件东西，且每件东西都放在该放置的地方；有职位安排每个人，且每个人都安排在应安排的职位上"。

（11）公平。在待人上，管理者必须做到"善意与公道相结合"。

（12）人员稳定。培养一个人胜任目前的工作需要花费时间和金钱，所以，人员特别是管理人员的经常变动对企业很不利。

（13）首创精神。首创精神是创立和推行一项计划的动力。领导者不仅本人要有首创精神，还要激发全体成员的首创精神。

（14）集体精神。在组织内部要形成团结、和谐和协作的气氛。

（二）韦伯的贡献

韦伯是德国著名的社会学家。他对管理理论的主要贡献是提出了"理想的行政组织体系"理论。韦伯认为等级、权威和行政制是一切社会组织的基础。对于权威，他认为有三种类型：个人崇拜式权威、传统式权威和理性-合法的权威。其中，个人崇拜式权威的基础是"对个人的明确而特殊的尊严、英雄主义或典范的品格的信仰……"；传统式权威的基础是先例和惯例；理性-合法的权威的基础是"法律"或"处于掌权地位的那些人……发布命令的权力"。韦伯认为，在三种权威中只有理性-合法的权威才是理想组织形式的基础。

韦伯的理想的行政组织体系或理想组织形式具有以下一些特点：

（1）存在明确的分工。把组织内的工作分解，按职业专业化对成员进行分工，明文规定每个成员的权力和责任。

（2）按等级原则对各种公职或职位进行法定安排，形成一个自上而下的指挥链或等级体系。每个下级都处在一个上级的控制和监督下。每个管理者不仅要对自己的决定和行动负责，而且要对下级的决定和行动负责。

（3）根据经过正式考试或教育培训而获得的技术资格来选拔员工，并完全根据职务的要求来任用。

（4）除个别需要通过选举产生的公职（例如，选举产生的公共关系负责人，或在某种情况下选举产生的整个单位负责人等）以外，所有担任公职的人都是任命的。

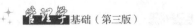

（5）行政管理人员是"专职的"管理人员，领取固定的"薪金"，有明文规定的升迁制度。

（6）行政管理人员不是其管辖的企业的所有者，只是其中的工作人员。

（7）行政管理人员必须严格遵守组织中的规则、纪律和办事程序。

（8）组织中成员之间的关系以理性准则为指导，不受个人情感的影响。组织与外界的关系也是这样。

韦伯认为这种高度结构化的、正式的、非人格化的理想行政组织体系是强制控制的合理手段，是达成目标、提高效率的最有效形式。这种组织形式在精确性、稳定性、纪律性和可靠性等方面都优于其他组织形式，适用于当时日益增多的各种大型组织，如教会、国家机构、军队、政党、经济组织和社会团体。韦伯的这一理论，是对泰罗、法约尔理论的补充，对后来的管理学家特别是组织理论家产生了很大影响。

（三）巴纳德的贡献

巴纳德长期担任美国新泽西州贝尔电话公司总经理一职。他对组织管理理论的贡献主要体现在《经理人员的职能》一书中。巴纳德认为，组织是两人或更多人经过有意识的协调而形成的系统。他认为：在组织中，经理人员是最为重要的因素。经理人员的职能主要有：建立并维护一个信息系统；使组织中每个人都能作出贡献；明确组织的目标。

巴纳德把组织分为正式组织和非正式组织。对正式组织来说，不论级别高低和规模大小，其存在和发展都必须具备三个条件：明确的目标、协作的意愿和良好的沟通。在正式组织中还存在着一种因为工作上的联系而形成的有一定看法、习惯和准则的无形组织，即非正式组织。

巴纳德的这一理论为后来的"社会系统学派"奠定了理论基础。

第三节　行为管理理论

泰罗的科学管理理论和方法在 20 世纪初对提高企业的生产率起了很大的作用，但是，资本家为了追求最大的利润，不会放弃对工人的剥削；而工人也不是纯粹的经济人，除了经济需求外，还有社会需求，使得金钱刺激和严格控制失去了原有的作用。许多管理学家对如何调动工人的积极性展开了研究，考虑如何利用有关的各种科学知识来研究人的行为。

一、人际关系学说

行为管理理论形成于 20 世纪 20 年代，早期被称为人际关系学说，以后发展为行为科学，即组织行为理论。

乔治·埃尔顿·梅奥，原籍澳大利亚，于 1880 年出生于阿德雷德；1899 年获得逻辑学和哲学硕士学位；1911—1912 年在澳大利亚的昆士兰大学任逻辑学、伦理学的哲学讲师，后任教授；第一次世界大战期间，利用业余时间用心理疗法治疗被炸弹震伤的士兵，是澳大利亚第一个采用这种疗法的人；1922 年，由于洛克菲勒基金会的第一笔赞助，移居美国并在宾夕法尼亚大学从事教学工作；1926 年作为一名工业研究副教授参加哈佛大学的教学工作，1929 年升任教授且无任期限制，直至 1947 年退休；1949 年在英国萨里去世。作为一名心理学家和管理学家，他领导了 1924—1932 年在芝加哥西方电气公司霍桑工厂进行的一系列实验（即霍桑实验）中后期的重要工作。该实验分为以下四个阶段。

（一）第一阶段：工作场所照明实验（1924 年 11 月到 1927 年 4 月）

研究人员选择一批工人，并把他们分成两组：一组是实验组，变换工作场所的照明强度，使工人在不同照明强度下工作；另一组是对照组，工人在照明强度保持不变的条件下工作。研究人员希望通过实验得出照明强度对生产率的影响，但实验结果却发现照明强度的变化对生产率几乎没有影响。这说明：第一，工作场所的照明只是影响工人生产率的微不足道的因素；第二，由于牵涉因素较多，难以控制，且其中任何一个因素都可能影响实验的结果，所以照明对产量的影响无法准确衡量。

（二）第二阶段：继电器装配室实验（1927 年 4 月到 1928 年 6 月）

从这一阶段起，梅奥参加了实验。研究人员选择了 5 名女装配工和 1 名女画线工在单独的一间工作室内工作，1 名观察员被指派加入这个小组记录室内发生的一切，以便对影响工作效果的因素进行控制。这些女工在工作时间可以自由交谈，观察员对她们的态度也很和蔼。在实验中分期改善工作条件，如改进材料供应方式、增加工间休息、供应午餐和茶点、缩短工作时间、实行集体计件工资制等，这些条件的变化使女工们的产量上升了。但过了一年半，在取消工间休息和供应的午餐、茶点并恢复每周工作六天后，她们的产量仍维持在高水平上。看来其他因素对产量无多大影响，而监督和指导方式的改善能促使工人改变工作态度并增加产量，于是决定进一步研究工人的工作态度和可能影响工人工作态度的其他因素成为霍桑实验的一个转折点。

（三）第三阶段：大规模访谈（1928 年 9 月到 1930 年 5 月）

研究人员在上述实验的基础上进一步在全公司范围内进行访问和调查，参与此次访问和调查的员工达 2 万多人次。结果发现，影响生产力的最重要因素是工作中发展起来的人际关系，而不是待遇和工作环境。每个工人的工作效率不仅取决于他们自身的情况，还与其所在小组中的同事有关。任何一个人的工作效率都会受同事影响。

（四）第四阶段：接线板接线工作室实验（1931年到1932年）

该工作室有 9 名接线工、3 名焊接工和 2 名检查员。在这一阶段有许多重要发现：

（1）大部分成员都自行限制产量。公司规定的工作定额为每天焊接 7 312 个接点，但工人们只完成 6 000～6 600 个接点，原因是怕公司再提高工作定额，也怕因此造成一部分人失业。他们这样做保护了工作速度较慢的同事。

（2）工人对不同级别的上级持不同态度。他们把小组长看作小组的成员。对于小组长以上的上级，级别越高，工人对他越尊敬，但同时工人对他的顾忌心理也越强。

（3）成员中存在小派系。工作室里存在派系，每个派系都有自己的行为规范。谁要加入这个派系，就必须遵守这些规范。派系中的成员如果违反这些规范，就要受到惩罚。

梅奥对其领导的霍桑实验进行了总结，在 1933 年写成了《工业文明中人的问题》一书。在书中，梅奥阐述了与古典管理理论不同的观点——人际关系学说。该学说主要有以下一些内容：

（1）工人是社会人，而不是经济人。科学管理学派认为金钱是刺激人们工作积极性的唯一动力，把人看作经济人。梅奥认为，工人是社会人，除了物质需求外，还有社会、心理等方面的需求，因此不能忽视社会和心理因素对工人工作积极性的影响。

（2）企业中存在着非正式组织。企业成员在共同工作的过程中，相互间必然产生共同的感情、态度和倾向，形成共同的行为准则和惯例。这就构成一个体系，称为"非正式组织"。非正式组织以它独特的感情、规范和倾向，左右着其成员的行为。古典管理理论仅注重正式组织的作用是有欠缺的。非正式组织不仅存在，而且与正式组织相互依存，对生产率有重大影响。

（3）生产率主要取决于工人的工作态度以及他和周围人的关系。梅奥认为，提高生产率的主要途径是提高工人的满足度，即工人对社会因素特别是人际关系的满足程度。如果工人的满足度高，工作的积极性、主动性和协作性就高，生产率就高。

二、行为科学

"行为科学"的名称是 1949 年一批哲学家、社会学家、心理学家、生物学家、精神病学家在美国芝加哥大学讨论、研究有关组织中人类行为的理论中正式提出的。行为科学是研究人的行为的一门综合性学科。它研究人的行为产生的原因和影响行为的因素，目的在于激发人的积极性、创造性，以实现组织目标。它的研究对象是人的行为表现和发展的规律，以提高对人的行为预测以及激发、引导和控制能力。

行为学派的发展是从人群关系论开始的，但在管理实践中对人的行为认识以及以人为主体的管理思想的产生却由来已久。在西方，继罗伯特·欧文以后，雨果·孟斯特伯格、玛丽·福莱特等人为"行为科学理论"的形成作出了重要贡献。雨果·孟斯特伯格是工业心理学的创始人，1892 年在哈佛大学建立了他的心理学实验室，1913 年出版了颇具影响的奠基性著作《心理学与工业效率》。玛丽·福莱特是最早从个人和群体角度考察组织的学者之一。

第四节　现代管理理论——管理理论丛林

第二次世界大战以后，企业的经营环境发生了深刻的变化：生产规模不断扩大，生产技术日趋复杂，产品生命周期大大缩短，劳动生产率的提高越来越靠智能化水平的提高和员工的工作积极性，生产日益社会化使得生产协作变得更为复杂。生产率的快速提高对管理提出了更高的要求，管理理论的发展进入了一个新的阶段。与前面几个历史阶段不同，这个阶段没有哪一种理论能在这个时期的理论发展过程中起主导作用。特别是 20 世纪 50—70 年代，管理理论有了飞速的发展，各种管理理论不断涌现并形成不同的派别，美国管理学家、管理过程学派的主要代表人物之一哈罗德·孔茨称之为"管理理论丛林"。

一、现代管理理论产生的原因

（一）提高生产效率的要求被提出

在 20 世纪初，资本主义的发展和资源积累的完成提出了提高企业生产效率的要求，从而促进了科学管理理论的产生。20 世纪 30 年代经济危机的发生，使得管理研究的重点转向如何满足人在社会和心理方面的需求以调动人的工作积极性上来。第二次世界大战结束后，资本主义的经济得到了迅速的发展，资本主义世界的资源又以前所未有的速度堆积起来。这种资源积累的完成同样向管理提出了如何对这些资源进行有效利用的问题。

企业数量和企业规模的发展要求形成新的管理理论来解决这种发展带来的新的管理问题。特别是进入 20 世纪 50 年代后，资本主义市场的性质由卖方市场变成了买方市场，使得资本主义市场的竞争十分激烈，要求企业根据消费者的需求来生产产品。它要求企业不能单纯考虑企业内部的问题，更重要的是考虑企业与外部市场的关系。资本主义世界经济的这种发展变化要求管理理论必须把企业看成是一个属于环境超系统的子系统。正是反映这种经济发展的要求，现代管理理论侧重于从系统的观点出发研究企业与外部环境之间的关系，探讨企业在外部环境的相互关系中如何才能提高生产效率，促进企业的生存和发展。

（二）科学技术的发展对管理提出了新要求

第二次世界大战结束后，科学技术得到了迅速的发展，如电子、通信、计算机技术等都得到了迅速发展；同时还产生和发展了许多新的学科，如数控、信息和系统论。现代科学技术的发展极大地促进了社会的发展和进步，也对管理提出了许多新的要求。这是因为现代科学技术的发展极大地扩展了社会生产的范围和社会生产的规模，如果继续采用传统的管理思想、管理办法、管理工具和管理手段，就不能有效地进行现代化大生产。例如：生产空间范围的扩大，要求管理能解决生产过程中的信息联系和信息沟通的问题；生产规模的扩大和生产联系的复杂与紧密，要求管理能有效地处理生产过程中的大量数据资料，使生产过程能顺利有效地进行。

实际上，正是由于现代科学技术的发展，原来从事各个学科研究的许多学者把自己学科的理论和方法应用于管理理论的研究，才形成了现代管理理论的各个学派并存的"管理理论丛林"的现象。

（三）对人的本性认识的不断深化，促进了管理理论的发展

任何一种管理理论，都是基于对人的本性的某种假设而提出的。科学管理理论是基于对人的"经济人"的假设而提出的，而对人的"社会人"的假设使人际关系学说得以产生。第二次世界大战后，随着社会的进步和人们生活水平的提高，人类本身的需求结构也在发生变化，人类在从事社会活动中不断地完善自己。

正是人类对自身认识的不断深化，促进了人们对管理活动规律性认识的深化，从而促进了管理理论的发展。如巴纳德认为人是有自由意志、有个人人格、有决策能力的"决策人"，因此，他认为管理者在管理过程中既要考虑组织目标的实现又要考虑组织成员目标的实现。这种把组织目标与个人目标结合起来的思想，在管理思想发展史上具有里程碑的意义。决策学派的主要代表人物、美国管理学家和社会科学家赫伯特·西蒙却认为人是"管理人"。这种"管理人"的认识认为，人不是一种只会完成分配给他的工作的天生的工具，也不是只会进行理性分析的机械人，人的学习、记忆、习惯等心理因素对人的决策都有重要的影响。从这一观点出发，西蒙认为，人们不是单纯地从事有逻辑、有意识的决策行为，还包括无意识的习惯行为。所以，西蒙特别重视人的"刺激反应"的行动方式。他认为人的反应性的、习惯性的行动不是不合理的，而是有其合理性的。正是基于这种认识，西蒙把管理决策分成程序化决策和非程序化决策。对于那些经常出现和大量出现的管理问题，把处理这种问题的方法制度化、标准化、程序化，然后交给下级人员去处理，即采取程序化决策。而对于那些不经常出现的重大经营决策问题，则采取量体裁衣的解决方式，即采取非程序化的决策方式，由组织中的高层管理者集中组织处理。

二、现代管理理论各学派的主要观点

美国管理学家孔茨将出现的各种管理理论做了整理，将其划分为6个学派。

（一）管理过程学派

这一学派以法约尔开创的理论为基础，把管理学说与管理职能也就是管理人员从事的工作联系起来。这个学派认为，不管组织的性质、所处的环境多么不同，但管理人员

的职能是共同的。因此，他们首先确定管理人员的职能，作为理论的概念结构。法约尔把管理职能划分为5项，厄威克划分为3项，古利克则提出了有名的POSDCRB职能即计划、组织、用人、指挥、协调、报告、预算7种功能。

（二）经验学派

这一学派以研究一个组织或管理人员的经验来分析管理。其特点是，通过分析一大批组织或管理人员成功或失败的实例，研究在类似的情况下如何采用有效的策略和技能来达到管理的目标。这一学派认为，通过访问、书面调查、审阅报表和直接观察的方法，把某个组织或某个管理人员的实际经验、管理情况加以记述和综合是有益的。通过对一大批这样的实例进行分析，就能对管理工作中的任务、问题、错误、机会等有一个总的认识，根据这一认识就能建立起完整的理论和技术体系。主张这一学说的有美国的欧内斯特·戴尔（其代表作是《管理：理论和实践》）以及彼得·德鲁克（其代表作有《卓有成效的管理者》）等。

（三）人类行为学派

这一学派强调要从社会学、人类学、心理学的角度研究管理，重视人的相互关系，重视社会环境对提高功效的影响。该学派还提出了以群体为对象的研究"组织行为"的新理论。这个学派是行为科学的继续和发展。

（四）社会系统学派

这一学派的创始人是美国的巴纳德。他认为组织是由人组成的，而人的活动是相互协调的，因而成为一个协作系统。企业组织的协作系统，是整个社会系统的一部分。协作系统又有正式组织和非正式组织。正式组织包含三个要素，即协作的意愿、明确的目标和良好的沟通，在某些方面能对正式组织产生积极影响。管理人员的作用，就是在协作系统中作为相互联系的中心，对成员的协作进行协调，使组织正常运转，实现共同目标。

（五）决策学派

这一学派的代表人物是美国的西蒙，他在1947年出版了《管理行为——管理组织决策过程的研究》一书。这一学派的特点是把决策作为管理的中心，并认为管理就是在研究各种各样的方案中选择并作出合理的决策和付诸行动的过程。西蒙认为，决策是管理的同义语，决策过程就是全部的管理过程。组织、控制等也离不开决策，企业的各级管理人员都是决策者。因此，管理理论除了研究保证有效的各种原理外，还要探求能保证作出正确决策的各种原理。

（六）数理学派

这一学派主要的代表人物有美国的伯法等人，他们认为"管理"就是用其数学模型及其符号表示计划、组织、控制、决策等合乎逻辑的程序，求出最优解，以实现企业目标。

管理理论发展到现在，虽然经历了许多阶段、分出了许多学派，但基本上可归为两大类：一类是强调组织的作用和技术的作用，把人看成"经济人"和"机械人"，因而在管理思想上是以生产为中心，采用等级制的专制式的管理方式，强调正式组织的作用，强调专业化，要求有明确的分工、明确的权力路线和职责范围，主张严格的纪律和服从。它利用组织、技术等手段，计划和控制人们的活动，以达到组织的目标。另一类是强调人的行为，强调群体关系，强调工作集体的影响，基本上是把人看作是"社会人"，因而在管理思想上是以人为中心，侧重于采用参与制的民主管理方式，重视非正式组织的作用，强调自主，强调满足员工个人的需求与欲望，以激励、启发、调动员工的创造性和积极性，从而实现组织的目标。

三、管理理论发展的新趋势

（一）当前企业经营和管理环境的变化及其对管理理论的影响

20 世纪 80 年代以来，特别是在 90 年代的中后期，科学技术迅猛发展，信息技术的快速发展和互联网技术的形成使得知识和信息在世界范围内的广泛传播和共享成为可能，这极大促进了全球化和世界经济的一体化。同时，随着知识产业特别是高新技术产业的发展，知识在推动社会进步和经济增长中的作用也愈发明显和重要，知识正在渐渐取代货币资本、劳动力、原材料等有形资源而成为经济增长中的最关键的生产要素。随着知识经济在全球范围内的兴起，管理的环境也在发生着巨大的变化，而这一变化又对管理产生了巨大的影响。

1. 资源环境的变化及其对管理理论的影响

从资源环境来看，稀缺资源如土地、原材料、资本等会更加紧张，同时人类要求改善生活环境的呼声愈来愈高，因此，经济的增长不可能寄希望于资源之上。而知识则相对丰富，在知识经济时代，它表现为知识生产的速度将大大加快，而且，知识借助于信息技术将在全球得到更加合理和有效的运用。由于科学技术的突飞猛进，知识正在不断地减少单位产出对原材料、劳动力、资本、空间及时间的需求。在新创造的财富的全部资源中，知识已成为最重要的资源。

知识资源不同于传统管理理论与实践的基石——实物资产与金融资产，从世界范围来看，知识资源极易改变且处于不断的扩张之中，你可以出卖你所拥有的知识资源，但卖掉后你仍然拥有它，即知识资源可以廉价地复制，这是与一般资源所不同的。此外，知识资源的使用不会引起边际报酬的递减。知识资源所具有的这些特征及知识资源在知识经济时代对经济增长所起的巨大作用，将对管理理论提出一系列新的要求。

2. 技术环境的变化及其对管理理论的影响

从技术环境来看，进入 20 世纪后，科学技术迅猛发展，代表着人类对自然界以及对人类社会认识的最新成就的高科技如雨后春笋般涌现，令人目不暇接。

随着人类知识生产的日新月异、高科技产业化进程的加快，以及高科技在各个产业的渗透和在全球范围的迅速扩散，企业提供的产品和服务中的知识含量大大增加，加大了企业提供产品和服务的难度以及企业生产经营与管理上的复杂程度。因此，在知识经济中，从经济技术上来讲，对企业的要求越来越高。随着知识技术密集型产品和服务越来越成为经济的主渠道，企业之间技术上的竞争以及相应的管理上的竞争将成为制胜的焦点。相应地，对于企业来说，小批量、多品种、高效灵活的和非标准化的柔性生产将取代工业时代的大批量、流水生产和标准化，成为知识经济时代的主要生产方式。同时，高科技尤其是信息技术为管理的变革与发展提供了技术上的可能性和保证。计算机和网络在企业的普及以及决策支持系统、人工智能系统、网络技术系统等这些信息科学技术在企业中的应用，对企业的产品及服务的设计、生产、销售等都将产生划时代的意义。如企业在管理信息系统、决策支持系统的基础上，通过人机对话实施计划与控制，从物料资源规划发展到制造资源规划和企业资源规划，进行集开发、生产和实物分销于一体的适时生产。不断消除浪费的精益生产、供应链关系中的快速响应和敏捷制造、无污染的清洁生产和绿色制造，以及通过网络协调与生产的并行工程等，这些新的生产方式都将引起管理理论的深刻变革。

3. 市场环境的变化及其对管理理论的影响

从市场环境来看，一方面，消费者由于知识素质的提高、收入水平的增加、选择范围的扩大，其主要消费将越来越多地转向知识密度较高的产品和服务，而且消费者要求越来越多、期待越来越高。就产品而言，消费者需要的是产品、服务、信息的一体化。为了扩大消费者价值感，企业必然将产品以及信息的服务配合起来经营，向消费者提供一个集产品、服务、信息于一体的产品平台。如果企业不这么做，将失去市场。因此，在知识经济时代，新的企业间的竞争必然围绕产品、服务和信息一体化展开。新的市场需求特点，要求企业改变以往那种将注意力主要集中在产品的硬件功能和价格上的做法，必须对消费者需求的迅速变化和多样性作出及时的反应。随之而来的产品迅速更新换代、设计，产品生命周期的缩短，服务和信息质量的进一步提高等，都将给企业带来前所未有的压力。另一方面，市场在全球经济一体化的大趋势下竞争亦将更加激烈。技术变革的日新月异与世界范围的迅速扩散使企业进入新的市场领域更为容易，一种新的产品、新的技术一旦问世，很快便会在世界上最适宜的地方进行高质量低成本的生产。同时，原有的各个国家依靠政府设置的市场壁垒，随着经济全球化中不断降低的关税和世界范围内取消管制的趋势而逐渐土崩瓦解，无国界经营将是知识经济时代企业经营的显著特点。激烈的竞争将迫使企业不断地细分市场。为了满足市场需要，对企业来说，小批量、多品种、高效灵活和非标准化的柔性生产将成为知识经济时代的主要生产方式。与此相适应，对企业灵活性的要求也越来越高，企业组织结构形式的灵活机动化、虚拟化、高效化将成为一种新的发展趋势。

（二）知识经济时代管理理论的特点

管理理论明显带着时代的烙印，这是由当时的经济水平和人们的思想观念等所决定的。信息技术的发展完全改变了企业的经营过程。为了适应知识经济发展的要求，企业必须采取一些新的管理观念和管理方式。以下从 6 个方面阐述知识经济时代管理理论发展的新特点。

1. 管理信息化

20 世纪 80 年代以来，随着信息技术的迅速发展以及在企业经营管理中的广泛应用，管理信息化的趋势在不断加快。信息管理一般是指在企业中利用现代化的信息设备，实现管理信息的生产、储存、处理、传输、共享以及决策的规模化的过程。管理的信息化有助于实现远距离面对面的交流、减少信息传递层次、减少信息传递失真的可能性，有助于提高信息传递的及时性和企业决策者决策的科学性，有助于大幅度提高企业的工作效率，有助于为企业提供更为有利的生存空间和外部环境，解决困扰企业发展的技术不足、管理低效、规模不经济等问题，有助于使信息与人的认识能力尤其是人所掌握的非编码化知识有机结合，使人的潜能得以释放，从而有效地实现企业的经营管理目标。

实现信息化管理，必须借助于能为信息交流和知识功效提供方便的基础设备网络。对企业来说，现代信息技术及其设备的拥有和利用，已成为评价企业综合竞争力的一个重要尺度。

2. 企业界限模糊化

随着信息技术在企业中的广泛应用，面对日益激烈的市场竞争，企业一方面"借脑"和"集智"，越来越多地借助于外部的人才资源来弥补自身智力资源的不足，通过功能的虚拟化、借用外部力量来改善自身较弱的部门的功能，使之与企业其他的优势功能相结合以提高自身的综合竞争力；另一方面，通过与相关企业的合作，各自发挥自己的优势，联合开发一种或几种产品并最终把这些产品推向市场。由此，一种新的组织形式——虚拟企业应运而生。

虚拟企业一般是指由两个或两个以上独立的公司组成的临时的合作伙伴关系，是一种技术共享、费用分担、联合开发、建立在信息网络基础上的组织形式。虚拟企业以完成某个项目为目标而临时合作，项目的分解不再以时间顺序为基础，而是应用并行工程，把项目分解为一个个工作模块。承担各个工作模块的各方在彼此平等合作的基础上，有充分独立的自主权，各个工作模块并行工作，项目主持者通过在项目进行中不断沟通、协调，从而保证各模块工作成果能够相互衔接。这样，既缩短了开发时间，又节约了开发成本，参与工作的各方都受益，市场整体竞争力得以提高。虚拟企业的形式是灵活的、流动的，参与的双方或多方是跨空间的互利合作。一旦合作目标达成，这种关系便会结束。

企业人员的虚拟化、功能的虚拟化以及虚拟企业的出现，模糊了企业的界限，拓宽了企业的管理视野，使企业内外资源相互配合，形成更大的综合优势，促进了企业的快速发展。

3. 从"物本管理"到"人本管理"

在工业经济时代，主要以任务管理为中心目标，人员管理居于辅助、配合的地位。而在知识经济时代，由于内外部环境都处于迅速的发展、变化之中，企业的任务也必须随着环境的变化而不断加以调整。在一个较长的时期内，企业的任务只能是在较高的层次上以较为空泛、笼统的形式存在，具体的工作任务和个人所从事的工作必须由项目组及其成员在具体工作中加以确定和调整。这样，以任务为管理的中心便不再可能。为了实现处于动态变化之中的目标管理，必须转移到以人员管理为中心上来，即实现从以物为本到以人为本的转变。

所谓人本管理，就是以人为本的管理。这种管理思想既把人视为管理的主体，也将人和人际关系作为重要的管理内容，认为人是企业中最重要的资源。实现从以物为本到以人为本的转变，在考核和激励方式上也需要进行根本的转变。在工业经济时代，由于企业任务可以明确地加以确认和分解，企业主要以经营业绩作为评价员工贡献和确定员工报酬水平的依据。在知识经济时代，对员工的考核方式从单纯考核工作业绩过渡到综合考核项目组工作业绩和单位员工对企业和项目组的各项具体贡献，如掌握技能的多少、个人努力的程度等。

4. 重视知识管理

如前所述，知识在推动社会进步和经济增长中的作用越来越明显和重要，它正渐渐取代货币资本、劳动力和原材料等有形资源而成为经济增长中的最关键的生产要素。因此，未来的企业必将高度重视知识管理。

所谓知识管理，是指通过改变员工的思维模式和行为方式，建立起知识共享与创新的企业内部环境，运用集体的智慧提高应变和创新的能力，最终实现组织目标。

知识管理的目标主要有以下 3 个：

（1）构建全员参与的以知识的积累、生产、获取、共享和利用为核心的企业战略。企业战略是指引企业去迎接挑战、利用机会、发挥优势的保证。在以知识为最重要的经营资源和主要消费品的今天，衡量企业成功的尺度在于知识（产品和服务中知识的数量和质量），而不是有形资产或库存。因此，只有从战略上重视知识这种关键性生产要素，并努力实现知识战略，才是管理之本。

（2）促进人力资源、信息、知识和经营过程的紧密结合。在企业日常的生产经营活动中，信息、知识和人的认知能力的结合将导致新知识的产生。同时，知识（原有知识和新知识）和信息反过来又会改善企业的经营过程，从而提高企业的经营业绩。

（3）管理知识资产。知识作为一种资产或资本，要像对其他资源一样对其进行有效的管理。知识资产的管理步骤包括知识资产的分类、评估、投资和新知识档案的集中及知识资产的利用。

5. 建立学习型组织

外部环境的动态性使企业生存的风险大为增加，因此，提高企业适应外部环境的能力是管理理论的又一重点。1990 年，美国麻省理工学院斯隆管理学院的彼得·圣吉教授撰写的《第五项修炼——学习型组织的艺术和实务》，引起了管理理论界的瞩目，从此建立学习型组织成为管理理论和实践的热点。

建立学习型组织首先要根除原组织机构中的一些陋习和作风。彼得·圣吉提出了学习型组织的五项修炼技能：

（1）系统思考。系统思考是为了看见事物的整体。进行系统思考一要有系统的观点，二要有动态的观点。系统思考不仅是要学习一种思考方法，更重要的是在实践中反复运用，从而可以从任何局部的蛛丝马迹中看到整体的变动。

（2）超越自我。超越自我既是指组织要超越自我，也是指组织中的人要超越自我。超越自我不是不要个人利益，而是要有更远大的目标，要从长期利益出发、从整体利益出发。

（3）改善心智模式。不同的人对同一事物的看法不同，是因为他们的心智模式不同。人们在分析事物时，需要以已有的心智模式作为基础。但是，如果已有的心智模式不能反映客观事物，就会作出错误的判断。特别是企业的领导层出现这种情况时，小则使企业经营出现困难，大则给企业带来灾难性影响。改善心智模式的方法，一是反思自己的心智模式，二是探询他人的心智模式，从自己与别人的心智模式的差别中完善自己的心智模式。

（4）建立共同愿景。愿景是指对未来的愿望、所向往的前景。企业作为一个组织，是以个人为单位的。如果企业建立了全体员工共同认同的目标，就能发挥每个人的力量。共同愿景的建立不仅不要求牺牲个人利益，而且要为个人留下选择的空间，这样员工才能为自己的选择而努力。

（5）团队学习。团队学习是为了发展员工与团体的合作关系，使个人的力量通过集体发挥作用，避免无效的矛盾和冲突，让个人的智慧成为集体的智慧。深度会谈是团队学习的一种形式。深度会谈是对企业的重大而又复杂的议题进行开放性的交流，使每一个人不仅表达自己的看法也了解别人的观点，通过交流减少差异，从而能够互相配合。

6. 企业再造

学习型组织是企业自我变革的渐变，而企业再造则是企业自我变革的剧变。企业再造的目的在于提高企业竞争力，从业务流程上保证企业能以最小的成本将高质量的产品和优质的服务提供给企业的客户；企业再造的实施方法是，以先进的信息系统和信息技术为手段，以顾客中长期需要为目标，通过最大限度地减少对产品增值无实质作用的环节和过程，建立起科学的组织结构和业务流程，使产品的质量和规模发生质的变化。

企业再造的基本内容是以企业的生产作业或服务作业的流程为审视对象，从多个角度重新审视其功能、作用、效率、成本、速度、可靠性、准确性，找出其不合理的因素。它不是对现有流程进行改进或改造，而是实行变革性、革命性的创造，通过重新设计，以效率和效益为中心重新构造企业的生产流程或服务流程，以达到业绩上质的飞跃和突破。

企业再造强调在以顾客为导向和服务至上的信念下，对企业的整个运作流程进行根本性的重新思考，并加以彻底的改革。再造革命的推动力和目的可以用三个 C 表示：顾客（Customer）、竞争（Competition）、变化（Change）。现在的顾客有更多的选择、更精明老练和挑剔，而企业间的竞争已经是生死攸关，无论是生产技术还是顾客偏好，变化速度都大大加快。因此，企业必须把重点从过去的计划、控制和增长转到速度、创新、灵活、质量、服务和成本上来，目的是留住顾客、赢得竞争并适应环境的变化。

复习思考题

一、选择题

1. 科学管理理论的创始人是（　　）。

A. 泰罗　　　　　　B. 巴贝奇　　　　　C. 甘特　　　　　　D. 福特

2. 梅奥通过霍桑实验提出工人是（　　）。

A. 经理人　　　　　B. 社会人　　　　　C. 理性人　　　　　D. 复杂人

3. 《科学管理原理》是（　　）的代表作。

A. 泰罗　　　　　　B. 法约尔　　　　　C. 韦伯　　　　　　D. 孔茨

4. （　　）是法约尔的代表作。

A. 《科学管理原理》　　　　　　　　B. 《工业管理与一般管理》

C. 《社会组织和经济组织理论》　　　D. 《车间管理》

5. 法约尔提出了管理的（　　）条原则。

A. 十　　　　　　　B. 十二　　　　　　C. 十三　　　　　　D. 十四

6. （　　）不是古典管理理论的代表人物。

A. 泰罗　　　　　　B. 法约尔　　　　　C. 韦伯　　　　　　D. 马斯洛

7. （　　）是行政组织理论的代表人物。

A. 韦伯　　　　　　B. 梅奥　　　　　　C. 法约尔　　　　　D. 马斯洛

8. 法约尔认为企业六大职能中最重要的职能是（　　）。

A. 管理　　　　　　B. 商业　　　　　　C. 会计　　　　　　D. 财务

9. （　　）不是早期的行为管理学家。

A. 雨果·孟斯特伯格　　　　　　　　B. 玛丽·福莱特

C. 莉莲·吉尔布雷斯　　　　　　　　D. 韦伯

10. （　　）理论侧重于研究人们在工作中的行为和人的管理。

A. 行为管理　　　　B. 管理科学　　　　C. 经验管理　　　　D. 一般管理

11. 霍桑实验是（　　）。

A. 美国著名教授霍桑的实验　　　　　B. 美国著名教授在霍桑公司的实验

C. 美国著名教授在霍桑做的一次实验　D. 美国著名教授在霍桑工厂做的一次实验

12. 在历史上第一次使管理从经验上升为科学的是（　　）。

A. 科学管理理论　　B. 管理科学理论　　C. 一般管理理论　　D. 行为科学理论

13. 科学管理理论对人的本性的认识是（　　）。

A. 人是"社会人"　　　　　　　　　　B. 人是"经济人"

C. 人是"自我实现人"　　　　　　　　D. 人是"复杂人"

14. （　　）产生于20世纪50年代后期，认为人的行为要比人际关系学家所认识的远为复杂。

A. 组织行为或当代行为管理理论　　　B. 管理科学理论

C. 一般管理理论　　　　　　　　　　D. 经营管理学派

15. （　　）将出现的各种管理理论做了整理，并将其概括为六个学派。

A. 孔茨　　　　　B. 西蒙　　　　　C. 法约尔　　　　　D. 韦伯

二、判断题

1. 古典管理理论的代表人物是泰罗。（　　　）

2. 韦伯是一般管理理论的创始人。（　　　）

3. 法约尔认为企业存在技术、商业、财务、安全、会计、管理六项职能。（　　　）

4. 泰罗对科学管理的研究是从差别计件工资制开始的。（　　　）

5. 科学管理理论对人性的假设是"社会人"的假设。（　　　）

6. 法约尔所阐述的管理仅仅是关于工业管理的思想。（　　　）

7. 法约尔认为每个雇员只能听命于一个上级，否则无法把事情做好。（　　　）

8. 韦伯提出的行政组织体系是一种理想的组织形态。（　　　）

9. 泰罗的科学管理理论是以工厂管理为对象，以提高工人劳动生产率为目标的。（　　　）

10. 差别计件工资制对同一种工作设有两个不同的工资率，按工人完成工作的时间、质量使用不同工资率付酬。（　　　）

11. 为适应变化的环境，在运用管理原则时必须具有一定的灵活性。（　　　）

12. 行为管理理论始创于 20 世纪 20 年代。（　　　）

13. 人际关系学说侧重于人际关系的研究，它研究按人的心理发展规律来激发人的积极性和创造性。（　　　）

三、简答题

1. 简述中外早期管理思想，并对之进行简要评价。

2. 西方管理理论出现了哪些分支？每个理论分支的内容与特征各是什么？

3. 泰罗科学管理理论的主要内容包括哪些？

4. 亨利·法约尔的"14 条管理原则"是什么？

5. 霍桑实验的四个阶段和人际关系学说的主要内容分别是什么？

6. 现代管理理论产生的原因及主要学派包括哪些？

7. 管理理论的发展有哪些新的趋势？

知识拓展一

科学管理之父——泰罗

弗雷德里克·温斯洛·泰罗是美国古典管理学家、科学管理理论的主要倡导者，被后人尊称为"科学管理之父"。

泰罗出生在美国费城，18 岁进费城的一家工厂学习制作模具，4 年之后到费城钢铁厂工作。由于工作刻苦、表现突出，他从一个普通的车间杂工一路晋升为车间主任、技师、工长、设计室主任和总工程师。

1881 年，25 岁的泰罗开始进行工人劳动时间和工作方法的研究；1898—1901 年，他受雇于宾夕法尼亚州的伯利恒钢铁公司进行咨询工作，主要完成了著名的搬运生铁实验和铁锹实验，这为科学管理理论的创立提供了坚实的实践基础；1901 年他退休，开始从事咨询和演讲活动，宣传他的科学管理理论。

《科学管理原理》是他的代表作，较为全面地阐述了科学管理理论的内容。

科学管理首创于美国，其内容相当丰富。它是以工商业的生产管理和车间管理为起点，理论、原则和操作性方法相结合，兼具思想性和实用性的一整套管理学说。其主要内容涉及生产管理的技术与方法、管理职能、管理人员、组织原理、管理哲学五大方面。正是从科学管理开始，管理学沿着伽利略、牛顿创立的实验科学道路，告别了单纯的经验总结和智慧技巧，由"治术"发展成为一门科学，迄今仍不失其光彩。许多论著谈及科学管理，往往把注意力集中在技术层面，实际上，科学管理所包含的思想层面内容远比其技术手段重要得多。

泰罗年表：

● 1856 年，出生于美国费城杰曼顿一个富有的律师家庭；在接受中学教育后，进入埃克塞特市菲利普斯·埃克塞特专科学校学习。

● 1874 年，考入哈佛大学法律系，不久，因眼疾辍学。

● 1875 年，进入费城恩特普里斯水压工厂当模具工和机工学徒。

● 1878 年，转入费城米德维尔钢铁公司工作。从机械工人做起，历任车间主任、工长、工程师等职。

● 1881 年，开始在米德维尔钢铁公司进行劳动时间和工作方法的研究，为以后创建科学管理理论奠定了基础。同年，在米德维尔开始进行著名的"金属切削试验"。

● 1883 年，通过业余学习，获得新泽西州霍博肯市的史蒂文斯理工学院机械工程学学位。

● 1884 年，担任米德维尔钢铁公司的总工程师。同年结婚。

● 1886 年，加入美国机械工程师协会。

● 1890 年，离开米德维尔钢铁公司，到费城一家造纸业投资公司担任总经理。

● 1893 年，辞去投资公司总经理职务，独立从事工厂管理咨询工作。此后，其在多家公司进行科学管理的实验。在斯蒂尔公司，泰罗创立成本会计法。在西蒙德滚轧机公司，泰罗改革了滚珠轴承的检验程序。在伯利恒钢铁公司大股东沃顿的鼓动下，以顾问身份进入伯利恒钢铁公司，此后在伯利恒钢铁公司进行了著名的"搬运生铁块实验"和"铁锹实验"。

● 1895 年，在美国机械工程师协会发表《计件工资制》。

● 1898 年，与怀特共同发明高速钢。

● 1901 年，离开伯利恒钢铁公司，不再同任何公司来往，只从事不收取报酬的管理咨询、写作和演讲工作，推广科学管理。

● 1903 年，正式出版《工场管理》。同年，在美国机械工程师协会的年会上宣讲《商店管理》。

● 1906 年，正式出版《论金属切削技术》。同年，当选美国机械工程师协会会长，获得宾夕法尼亚大学名誉科学博士学位。

● 1909 年，发表《制造业者为什么不喜欢大学生》。在伊利诺伊大学演讲《论成功之道》。同年冬天，受哈佛大学企业管理研究生院院长盖伊的邀请，到哈佛讲授科学管理，一直持续到去世。

● 1910 年，洲际贸易委员会举行东部铁路公司运费听证会，科学管理开始广为传播。

● 1911 年，发表《效率的福音》，同年正式出版《科学管理原理》。在陆军军械部部长克罗泽的支持下，在马萨诸塞的沃特顿兵工厂和伊利诺斯的罗克艾兰兵工厂进行科学管理实验。具体实施科学管理的梅里克在沃特顿兵工厂解雇拒绝配合的工会会员引起罢工，国会众议院组成特别委员会展开调查。1911 年 10 月至 1912 年 2 月，美国国会举行关于泰罗制和其他工场管理制度的听证会，泰罗出庭作证。

● 1912 年，正式出版《在美国国会听证会上的证词》。

● 1915 年，因患肺炎在费城逝世，终年 59 岁。

✦ 知识拓展二

亨利·法约尔

亨利·法约尔，古典管理理论的主要代表人之一，亦为管理过程学派的创始人，其主要著作是 1916 年出版的《工业管理与一般管理》。

法约尔出生于法国一个中产阶级家庭，15 岁时就读于里昂一所公立中等学校，两年后经考试及格转入圣埃蒂安国立矿业学院，是同一学年里最年轻的学生。19 岁毕业时他取得了矿业工程师资格。1860 年他被任命为科芒特里-富香博公司的科芒特里矿井组工程师。在他漫长而成绩卓越的职业生涯中，他一直珍视这项事业。1918 年他退休时的职务是公司总经理。退休后他继续在公司里担任一名董事，直到 1925 年 12 月以 84 岁高龄去世为止。

法约尔人生历程：

● 第一时期从 1860 年至 1872 年，此时他还是个下级，主要致力于采矿的工程问题。

● 第二时期从 1872 年至 1888 年，这时他已是一名矿井的总管，其思路主要倾注在煤田地质和矿井寿命等问题上。

● 第三时期从 1888 年至 1918 年，此时期开始时该公司财政状况极为困难，几乎濒临破产。法约尔在这时被任命为总经理，并改组了公司，成立了新的被称为"科芒博"的煤铁联营公司，并获得巨大的成功。当他 77 岁退休时，公司财力已达到不可动摇的地位，人员综合素质也得到很大提高。

● 第四时期从他退休直到逝世，虽已年逾古稀，但精力不衰。从 1918 年直到 1925 年，他致力于普及自己的管理理论工作，对他 30 年事业上的惊人成就加以总结。

作为一名管理学的哲理家和一名国务活动家，他在本国和很多其他欧洲国家的思想史上留下的影响并不逊色于泰罗给美国留下的影响。

✦ 案例分析一

从古罗马军威到现代管理

古罗马的士兵在第一次服役时，要在庄严的仪式中宣誓，保证不背离规范，服从上级指挥，为皇帝和帝国的安全不惜牺牲自己的生命。宗教信仰和荣誉感的双重影响使罗马军队遵守规范，所有罗马士兵都把金光闪闪的金鹰徽视作他们最愿意为之献身的目标，在危险时刻抛弃神圣的金鹰徽被认为是最可鄙的行为。

同时，罗马士兵也深知他们行为的后果。一方面，他们可以在指定的服役期满之后享有固定的军饷，可以获得不定期的赏赐以及一定的报酬，这些都在很大程度上减轻了军队生活的困苦程度；另一方面，由于怯懦或不服从命令而企图逃避严厉的处罚，也是办不到的。军团百人队队长有权用拳打士兵以作惩罚，司令官则有权判处士兵死刑。古罗马军队的一句最固定的格言是：好的士兵害怕长官的程度应该远远超过害怕敌人的程度。这种做法使古罗马军队作战勇猛顽强、纪律严明。显然，单凭一时的冲动是做不到这一点的。

在西方，这种管理方法被总结为一句格言：胡萝卜加大棒。拿破仑说得更形象："我有时像狮子，有时像绵羊。我的全部成功秘诀在于我知道什么时候应当是前者、什么时候应当是后者。"

在东方，则有"滴水之恩，涌泉相报""视卒如爱子，故可与之俱死"等说法。又说："将使士卒赴汤蹈火而不违者，是威严使然也。""爱设于先，威设于后，不可反是也。"总之一句话："软硬兼施，恩威并济。"

问题：
东西方在管理思想上有何差异？

✦ 案例分析二

管理者的困惑

近期，恒兴公司在生产上出了问题：不但生产数量不能满足市场需要，产品质量也有所下降，接连出现了多起客户投诉事件。究其原因主要是生产车间管理混乱，生产效率下降。于是，公司调任高达林到该车间担任主任。在一次领导班子会议上，高主任的两位副手就如何进一步提升管理工作水平问题发生了意见冲突。周副主任主张严格管理，重点是加强车间管理的规范性，要进一步加强制度建设、严格劳动纪律、加大现场监督力度、杜绝一切怠工和违纪现象，以确保流水线生产的顺利进行。他引经据典地指出，这是依据被称为"科学管理之父"泰罗的经典管理思想提出来的。而韩副主任则不赞成这种意见，他认为这是一种传统的、已经过时的管理思想。他主张以人为本，重视人的需求，充分尊重员工，主要靠激励手段使员工自我管理、自主控制。他强调，这是基于梅奥人际关系理论提出的，是一种世界性的大潮流。而周副主任则坚持认为，在中国现阶段，又是这种流水线生产，还是规范化的科学管理更可行；在这种流水线生产条件下，过分依靠自觉是不可行的，强有力的现场监督控制才是唯一有效的管理……两人争执不下。高主任由于缺乏对管理理论的研究，对此也是莫衷一是，竟一时不知如何表态，很是尴尬。

于是高达林去请教他特别敬重也特别熟悉的一位老领导——公司财务总监郑茜。郑茜在财务部工作已经三十余年了，担任财务部总监也有十余年了，对财会业务与财务管理可以说是驾轻就熟。多年来财务部的工作有条不紊，从未出现过大的差错，领导一直很满意。可是，近年来随着公司业务的不断扩大，有了大量涉外业务，特别是计算机手段的广泛应用，财务部发生了重大变化。而财务部的人员却受多年工作惯性影响，惰性十足，墨守成规。郑总监已感到力不从心，公司高层开始对财务部工作提出批评。

在一次南京某高校举办的"最新管理思想"讲座中，郑茜听到了"学习型组织理论""组织文化建设""柔性管理"等一串新词，很受启发。她觉得应该尝试运用这些新理论指导本部门的创新与改革。她把自己的想法告诉了高达林，令高达林思路大开。可是这些新理论包括哪些内容？财务部、生产车间可以应用这些新理论吗？怎样应用？郑茜和高达林都决心认真学习和研究这些现代管理理论，并努力付诸实践。

问题：

1. 你倾向于哪位副主任的观点？为什么？
2. 你知道什么是"学习型组织理论""组织文化建设""柔性管理"吗？
3. 你能对高、郑两位的改革创新提出什么建议？

✦ 学习目标

掌握决策的定义、原则及依据；
明确决策的类型；
了解决策的理论；
熟悉决策的过程；
了解影响决策的主要因素。

第一节 决策概述

一、决策的定义

对于决策的定义，不同的学者看法不同。一种简单的定义是，"从两个以上的备选方案中选择一个的过程就是决策"。一种较具体的定义是，"所谓决策，是指组织或个人为了实现某个目标而对未来一定时期内有关活动的方向、内容及方式的选择或调整过程"。

在本书中，我们采用路易斯、古德曼和范特在《现代管理学》中的说法，将决策定义为"管理者识别并解决问题以及利用机会的过程"。对于这一定义，可作如下理解：

第一，决策的主体是管理者。既可以是单个的管理者，也可以是多个管理者组成的集体或小组。

第二，决策的本质是一个过程，这一过程由多个步骤组成（具体步骤见本章第四节）。

第三，决策的目的是解决问题和利用机会。这就是说，决策不仅仅是为了解决问题，有时也是为了利用机会。

二、决策的原则

决策遵循的是满意原则，而不是最优原则。对决策者来说，要想使决策达到最优必须具备以下条件，缺一不可：（1）容易获得与决策有关的全部信息；（2）真实了解全部信息的价值所在，并据此拟定出所有可能的方案；（3）准确预测每个方案在未来的执行结果。

但现实中，上述这些条件往往得不到满足。具体原因有：（1）组织内外的很多因素都会对组织的运行产生不同程度的影响，但决策者很难收集到反映这些因素的一切信息；（2）对于收集到的有限信息，决策者的利用能力也是有限的，这使决策者只能拟定数量有限的方案；（3）任何方案都要在未来实施，而未来是不确定的，人们对未来的认识和影响十分有限，因而决策时所预测的未来状况可能与实际的未来状况不一致。

现实中的上述状况决定了决策者难以作出最优决策，只能作出相对满意的决策。

三、决策的依据

管理者在决策时离不开信息，信息的数量和质量直接影响着决策的水平，这要求管理者在决策之前以及决策过程中要尽可能地通过多种渠道收集信息。但这并不是说管理者要不计成本地收集各方面的信息。管理者在决定收集什么样的信息、收集多少信息以及从何处收集信息等问题时，要进行成本-收益分析。只有在收集的信息所带来的收益（因决策水平提高而给组织带来的利益）超过为此而付出的成本时，才应该收集该信息。

所以我们说适量的信息是决策的依据，信息量过大固然有助于决策水平的提高，但对组织而言可能是不经济的，而信息量过少则使管理者无从决策或导致决策达不到应有的效果。

第二节 决策的类型

一、长期决策与短期决策

从决策影响的时间看，可把决策分为长期决策与短期决策。

长期决策是指有关组织今后发展方向的长远性、全局性的重大决策，又称为长期战略决策，如投资方向的选择、人力资源的开发和组织规模的确定等。

短期决策是为实现长期战略目标而采取的短期策略手段，又称为短期战术决策，如企业日常营销、物资储备以及生产中资源的配置等问题的决策都属于短期决策。

二、战略决策、战术决策与业务决策

从决策的重要性看，可把决策分为战略决策、战术决策与业务决策。

战略决策对组织最重要，通常包括组织目标和方针的确定、组织结构的调整、企业产品的更新换代、技术改造等，这些决策牵涉到组织的方方面面，具有长期性和方向性。

战术决策又称为管理决策，是在组织内部贯彻的决策，属于战略决策在执行过程中的具体策略。战术决策旨在实现组织中各环节的高度协调和资源的合理使用，如企业生产计划和销售计划的制订、设备的更新、新产品的定价以及资金的筹措等都属于战术决策的范畴。

业务决策又称为执行性决策，是日常工作中为提高生产效率、工作效率而作出的决

策，牵涉范围较窄，只对组织产生局部影响。属于业务决策范畴的主要有工作任务的日常分配和检查、工作日程（生产进度）的安排和监督、岗位责任的制定和执行、库存的控制以及材料的采购等。

三、集体决策与个体决策

从决策主体看，可把决策分为集体决策与个体决策。

集体决策是指多个人一起作出的决策，个体决策则是指单个人作出的决策。

相对于个体决策，集体决策有以下一些优点：（1）能更大范围地汇总信息；（2）能拟订更多的备选方案；（3）能得到更多的认同；（4）能更好地沟通；（5）能作出更好的决策等。但集体决策也有一些缺点，如花费更多的时间、产生从众现象以及责任不明等。

四、初始决策与追踪决策

从决策的起点看，可把决策分为初始决策与追踪决策。

初始决策又称为零起点决策，它是在有关活动尚未进行从而环境未受到影响的情况下进行的。

随着初始决策的实施，组织环境发生了变化，这种情况下所进行的决策就是追踪决策。因此，追踪决策又称为非零起点决策。

五、程序化决策与非程序化决策

从决策所涉及的问题看，可把决策分为程序化决策与非程序化决策。

组织中的问题可分为两类：一类是例行问题；另一类是例外问题。例行问题是指那些重复出现的、日常的管理问题，如管理者日常遇到的产品质量、设备故障、现金短缺、供货单位未按时履行合同等问题；例外问题是指那些偶然发生的、新颖的、性质和结构不明的、具有重大影响的问题，如组织结构变化、重大投资、开发新产品或开拓新市场、长期存在的产品质量隐患、重要的人事任免以及重大政策的制定等问题。

赫伯特·西蒙根据问题的性质把决策分为程序化决策与非程序化决策。程序化决策涉及的是例行问题，而非程序化决策涉及的是例外问题。

六、确定型决策、风险型决策与不确定型决策

从环境因素的可控程度看，可把决策分为确定型决策、风险型决策与不确定型决策。

确定型决策是指在稳定（可控）条件下进行的决策。在确定型决策中，决策者确切知道自然状态的发生，每个方案只有一个确定的结果，最终选择哪个方案取决于对各个方案结果的直接比较。

风险型决策又称为随机决策。在这类决策中，自然状态不止一种，决策者不能知道

哪种自然状态会发生，但能知道有多少种自然状态以及每种自然状态发生的概率。

不确定型决策是指在不稳定的环境下进行的决策。在不确定型决策中，决策者可能不知道有多少种自然状态，即便知道，也不能知道每种自然状态发生的概率。

第三节 决策的理论

一、古典决策理论

古典决策理论是基于"经济人"假设提出的，主要盛行于20世纪50年代以前。古典决策理论认为，应该从经济的角度来看待决策问题，即决策的目的在于为组织获取最大的经济利益。

古典决策理论的主要内容是：

(1) 决策者必须全面掌握有关决策环境的信息情报。

(2) 决策者要充分了解有关备选方案的情况。

(3) 决策者应建立一个合理的层级结构，以确保命令的有效执行。

(4) 决策者进行决策的目的始终是使本组织获取最大的经济利益。

古典决策理论假设决策者是完全理性的，决策者在充分了解有关信息情报的情况下是完全可以作出实现组织目标的最佳决策的。古典决策理论忽视了非经济因素在决策中的作用，这种理论不可能正确地指导实际的决策活动，从而逐渐被更为全面的行为决策理论所代替。

二、行为决策理论

行为决策理论的发展始于20世纪50年代。对古典决策理论的"经济人"假设发难的第一人是诺贝尔经济学奖得主西蒙，他在《管理行为》一书中指出理性的和经济的标准都无法确切地说明管理的决策过程，进而提出了"有限理性"标准和"满意度"原则。其他学者对决策者行为做了进一步的研究，他们在研究中也发现，影响决策的不仅有经济因素，还有决策者的心理与行为特征，如态度、情感、经验和动机等。

行为决策理论的主要内容是：

(1) 人的理性介于完全理性和非理性之间，即人是有限理性的，这是因为在高度不确定和极其复杂的现实决策环境中，人的知识、想象力和计算力是有限的。

(2) 决策者在识别和发现问题中容易受直觉上的偏差的影响，而在对未来的状况作出判断时，直觉的运用往往多于逻辑分析方法的运用。所谓直觉上的偏差，是指由于认知能力有限，决策者仅把问题的部分信息当作认知对象。

（3）由于受决策时间和可利用资源的限制，决策者即使充分了解和掌握有关决策环境的信息情报，也只能做到尽量了解各种备选方案的情况而不可能做到全部了解，决策者选择的理性是相对的。

（4）在风险型决策中，与对经济利益的考虑相比，决策者对待风险的态度对决策起着更为重要的作用。决策者往往厌恶风险，倾向于接受风险较小的方案，尽管风险较大的方案可能带来较为可观的收益。

（5）决策者在决策中往往只求满意的结果，而不愿费力寻求最佳方案。导致这一现象的原因有多种：首先，决策者没有继续进行研究的积极性，只满足于在现有的可行方案中进行选择；其次，决策者本身缺乏有关能力，在有些情况下，决策者会由于某些个人原因作出自己的选择；最后，评估所有的方案并选择其中的最佳方案需要花费大量的时间和金钱，这可能得不偿失。

行为决策理论抨击了把决策视为定量方法和固定步骤的片面性，主张把决策视为一种文化现象。例如，日裔美籍学者威廉·大内在其对美日两国企业在决策方面的差异进行的比较研究中发现，东西方文化的差异是导致这种决策差异的一种不容忽视的因素，从而开创了对决策的跨文化比较的研究。

除了西蒙的"有限理性"模式，林德布洛姆的"渐进决策"模式也对"完全理性"模式提出了挑战。林德布洛姆认为决策过程应是一个渐进过程，而不应大起大落（当然，这种渐进过程积累到一定程度也会形成一次变革），否则会危及社会稳定，给组织带来组织结构、心理倾向和习惯等的震荡和资金困难，也使决策者不可能了解和思考全部方案并弄清每种方案的结果（这是由于时间的紧迫和资源的匮乏）。因此"按部就班、修修补补的渐进主义决策者似乎不是一位叱咤风云的英雄人物，而实际上是能够清醒地认识到自己是在与无边无际的宇宙进行搏斗的足智多谋的解决问题的决策者"。这说明，决策不能只遵守一种固定的程序，而应根据组织外部环境与内部条件的变化进行适时的调整和补充。

三、当代决策理论

继古典决策理论和行为决策理论之后，决策理论又有了进一步的发展，即产生了当代决策理论。当代决策理论的核心内容是：决策贯穿整个管理过程，决策程序就是整个管理过程。

组织是由作为决策者的个人及其下属、同事组成的系统。整个决策过程从研究组织的内外部环境开始，继而确定组织目标、设计可达到该目标的方案、比较和评估这些方案而进行方案的选择（即作出满意决策），最后实施决策方案并进行追踪检查和控制，以确保预期目标的实现。这种决策理论对决策的过程、决策的原则、程序化决策和非程序化决策、组织结构的建立同决策过程的联系等作了精辟的论述。

对当今的管理者来说，在决策过程中应用广泛的现代化手段和规范化的程序，应以系统理论、运筹学和电子计算机为工具，并辅之以行为科学的有关理论。这就是说，当代决策理论把古典决策理论和行为决策理论有机地结合了起来。它所概括的一套行为准则和工作程序，既重视科学的理论、方法和手段的应用，又重视人的积极作用。

第四节　决策的过程

一、诊断问题（识别机会）

决策者必须知道哪里需要行动，因此决策过程的第一步是诊断问题或识别机会。管理者通常会密切关注处在其责任范围内的相关数据与信息，实际状况与所预期状况的差异会提醒管理者潜在机会或问题的存在。识别机会和问题并不总是简单的，因为要考虑组织中人的行为。有时候，问题可能隐藏在个人过去的经验、组织复杂的结构或个人和组织因素的某种混合中，因此，管理者必须特别注意要尽可能精确地评估问题和机会。而另一些时候，问题可能简单明了，只要稍加观察就能识别出来。

评估机会和问题的精确程度有赖于信息的精确程度，所以管理者要尽力获取精确的信息。低质量的或不精确的信息不仅会使管理者白白浪费掉大量时间，也会使其无法发现导致某种情况出现的潜在原因。

即使收集到的信息是高质量的，在解释的过程中也可能发生扭曲。有时，信息持续地被误解或有问题的事件一直未被发现，这些都使得信息的扭曲程度加重。大多数重大灾难或事故都有一个较长的潜伏期，在这一时期，有关征兆被错误地理解或不被重视，从而未能及时采取行动，导致灾难或事故的发生。

即使管理者拥有精确的信息并正确地解释它，处在它们控制之外的因素也可能会对机会和问题的识别产生影响。但是，管理者只要坚持获取高质量的信息并仔细地解释它，就会提高作出正确决策的可能性。

二、明确目标

目标体现的是组织想要获得的结果。想要获得的结果的数量和质量都要明确下来，因为这两个方面都将最终指导决策者选择合适的行动路线。

目标的衡量方法有很多种，如我们通常用货币单位来衡量利润或成本目标，用每人的产出数量来衡量生产率目标，用次品率或废品率来衡量质量目标。

　　根据时间的长短，可把目标分为长期目标、中期目标和短期目标。长期目标通常用来指导组织的战略决策，中期目标通常用来指导组织的战术决策，短期目标通常用来指导组织的业务决策。无论时间长短，目标总是指导着随后的决策过程。

三、拟订方案

　　一旦机会或问题被正确地识别出来，管理者就要提出达到目标和解决问题的各种方案。这一步骤需要创造力和想象力。在提出备选方案时管理者必须把试图达到的目标铭记在心，而且要提出尽量多的方案。

　　管理者常常借助其个人经验、经历和对有关情况的把握来提出方案。为了提出更多、更好的方案，需要从多种角度审视问题，这意味着管理者要善于征询他人的意见。

　　备选方案可以是标准的和鲜明的，也可以是独特的和富有创造性的。标准方案通常是指组织以前采用过的方案。通过头脑风暴法、名义小组技术法和德尔菲技术法等可以提出富有创造性的方案。

四、筛选方案

　　决策过程的第四步是确定所拟订的各种方案的价值或恰当性，并确定最满意的方案。为此，管理者起码要具备评估每种方案的价值或相对优劣势的能力。在评估过程中，要使用预定的决策标准（如预期的质量）并仔细考虑每种方案的预期成本、收益、不确定性和风险，最后对各种方案进行排序。例如，管理者会提出以下的问题：该方案有助于质量目标的实现吗？该方案的预期成本是多少？与该方案有关的不确定性和风险有多大？

　　在此基础上管理者就可以作出最后选择。尽管选择一个方案看起来很简单，只需要考虑全部可行方案并从中挑选一个能最好地解决问题的方案，但实际上作出选择是很困难的。由于最好的选择通常是建立在仔细判断的基础上，所以管理者必须仔细考察所掌握的全部事实并确信自己已获得足够的信息。

五、执行方案

　　选定方案之后紧接着的步骤就是执行方案。管理者要明白，方案的有效执行需要足够数量和种类的资源作保障。如果组织内部恰好存在方案执行所需要的资源，那么管理者应设法将这些资源调动起来，并注意不同种类资源的互相搭配，以保证方案的顺利执行。如果组织内部缺乏相应的资源，则要考虑从外部获取资源的可能性与经济性。

　　管理者还要明白，方案的执行将不可避免地会对各方造成不同程度的影响，一些人的既得利益可能会受到损害。在这种情况下，需要管理者善于做思想工作，帮助他们认识这种损害只是暂时的，或者说是为了组织全局的利益而不得不付出的代价；在可能的情况下，管理者还可以拿出相应的补偿方案以消除他们的顾虑，化解方案在执行过程中遇到的阻力。

　　管理者更应当明白，方案的实施需要得到广大员工的支持，需要调动他们的积极性。为此，需要做以下三方面的工作：（1）将决策的目标分解到各个部门与个人，实行目标责任制，让员工树立起责任心，感受到组织赋予他们的压力；（2）管理者要善于授权，做到责权对等，相关主体拥有必要的权力便于其完成相应的目标；（3）设计合理的报酬制度，根据目标的完成情况对相关主体实施奖惩，以充分调动他们的工作积极性。通过以上三方面的工作，能够实现责、权、利三者的有效结合，确保方案朝着管理者所期望的路线演进。

六、评估效果

　　对方案执行效果的评估是指将方案实际的执行效果与管理者当初所设立的目标进行比较，看是否出现偏差。如果存在偏差，则要找出偏差产生的原因，并采取相应的措施。具体来说，如果发现偏差的出现是由于当初考虑问题不周到，对未来把握不准，或者所拟订的方案过于粗略（也就是说偏差的发生与决策过程中的前四个步骤有关），那么管理者就应该重新回到前面四个步骤，对方案进行适应性调整，以使调整后的方案更加符合组织的实际和变化的环境。从这个意义上说，决策不是一次性的静态过程，而是一个循环往复的动态过程。如果发现偏差是由方案执行过程中某种人为或非人为的因素造成的，那么管理者就应该加强对方案执行的监控并采取切实有效的措施，确保已经出现的偏差不扩大甚至有所缩小，从而使方案取得预期的效果。

　　决策的 6 个过程可以通过图 3-1 表示，该图反映了决策的过程是个动态的过程。如果预期确定的目标未实现，要回头寻找原因，找出问题出在哪个过程，并从该过程重新开始决策。

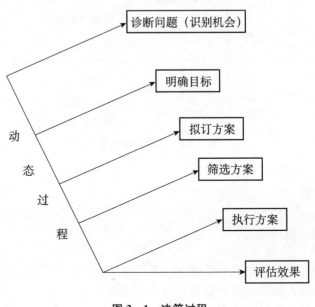

图 3-1　决策过程

第五节 决策的影响因素

决策的影响因素可以通过图 3-2 直观地表现出来。

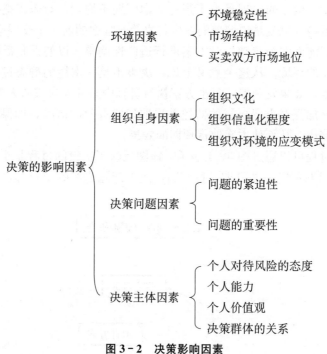

图 3-2 决策影响因素

一、环境因素

(一) 环境稳定性

一般来说，在环境比较稳定的情况下，组织过去针对同类问题所作的决策具有较高的参考价值，因为过去决策时所面临的环境与现时差不多。有时，今天的决策仅仅是简单地重复昨天的决策。这种情况下的决策一般由组织的中低层管理者来作。

而在环境剧烈变化的情况下，组织所要作的决策通常是紧迫的，否则可能被环境淘汰；同时过去决策的借鉴意义也不大，因为已经时过境迁。为了更快地适应环境，组织可能需要对经营活动的方向、内容与形式进行及时的调整。这种情况下的决策一般由组织的高层管理者来作。

（二）市场结构

如果组织面对的是垄断程度较高的市场，则其决策重点通常在于：如何改善生产条件，如何扩大生产规模，如何降低生产成本等。垄断程度高容易使组织形成以生产为导向的经营思想。

如果组织面对的是竞争程度较高的市场，则其决策重点通常在于：如何密切关注竞争对手的动向，如何针对竞争对手的行为作出快速反应，如何才能不断向市场推出新产品，如何完善营销网络等。激烈的竞争容易使组织形成以市场为导向的经营思想。

（三）买卖双方市场地位

在卖方市场条件下，组织作为卖方，在市场上居于主动、主导地位。组织所作的各种决策的出发点是组织自身的生产条件与生产能力，"生产什么就向市场提供什么""能生产什么就销售什么"。

而在买方市场条件下，组织作为卖方，在市场上居于被动、被支配的地位。组织所作的各种决策的出发点是市场的需求情况，"市场或用户需要什么就生产什么""消费者主权""用户就是上帝""顾客永远是对的"等意识被融入决策中。

二、组织自身因素

（一）组织文化

在保守型组织文化中生存的人们受这种文化的影响倾向于维持现状。他们害怕变化，更害怕失败；对任何带来变化（特别是重大变化）的行动方案会产生抵触情绪，并以实际行动抵制。在这种文化氛围中，如果决策者想坚持实施一项可能给组织成员带来较大变化的行动方案，就必须首先勇于破除旧有的文化，建立一种欢迎变化的文化，而这不太容易。决策者在决策之前就应预见到带来变化的行动方案在实施中将遇到很大阻力，很可能招致失败。在保守型文化中的人们不会轻易容忍失败，因而决策者会产生顾虑从而将有关行动方案从自己的视野中剔除出去。其结果是，那些旨在维持现状的行动方案被最终选出并付诸实施，进一步强化了文化的保守性。

而在进取型组织文化中生存的人们欢迎变化，勇于创新，宽容地对待失败。在这样的组织中，容易进入决策者视野的是给组织带来变革的行动方案。有时候，他们进行决策的目的就是制造变化。此外，组织文化是否具有伦理精神也会对决策产生影响。具有伦理精神的组织文化会引导决策者采取符合伦理的行动方案，而没有伦理精神的组织文化可能会导致决策者为了达到目的而不择手段。

（二）组织信息化程度

信息化程度对决策的影响主要体现在其对决策效率的影响上。信息化程度较高的组织拥有较先进的信息技术，可以快速获取质量较高的信息；另外，在这样的组织中，决策者通常掌握着较先进的决策手段。高质量的信息与先进的决策手段便于决策者快速作出较高质量的决策。不仅如此，在高度信息化的组织中，决策者的意图易被人理解，决策者也较容易从他人那里获取反馈，使决策方案能根据组织的实际情况进行调整，从而得到很好的实施。

因此在信息时代，组织应致力于加强信息化建设，借此提高决策的效率。

（三）组织对环境的应变模式

通常对一个组织而言，其对环境的应变是有规律可循的。随着时间的推移，组织对环境的应变方式趋于稳定，形成组织对环境特有的应变模式。这种模式指导着组织今后在面对环境变化时如何思考问题、如何选择行动方案等，特别是在创立该模式的组织最高领导尚未更换时，其制约作用更大。

三、决策问题因素

（一）问题的紧迫性

如果决策涉及的问题对组织来说非常紧迫，急需处理，则这样的决策被称为时间敏感型决策。对于此类决策，快速行动要比如何行动更重要，也就是说，对决策速度的要求高于对决策质量的要求。战场上军事指挥官的决策多属于此类。组织在发生重大安全事故、面临稍纵即逝的重大机会以及在生死存亡的紧急关头所面临的决策也属于此类。需要说明的是，时间敏感型决策在组织中不常出现，但每次出现都会给组织带来重大影响。

相反，如果决策涉及的问题对组织来说不紧迫，组织有足够的时间从容应对，则这样的决策被称为知识敏感型决策，因为在时间宽裕的情况下对决策质量的要求必然提高，而高质量的决策依赖于决策者掌握足够的知识。组织中的大多数决策均属于此类。对决策者而言，为了争取足够的时间以便作出高质量的决策，需要未雨绸缪，尽可能在问题出现之前就将其列为决策的对象，而不是等问题出现后再匆忙作决策，也就是将时间敏感型决策转化为知识敏感型决策。

（二）问题的重要性

问题的重要性对决策的影响是多方面的：（1）重要的问题可能引起高层领导的重视，有些重要问题甚至必须由高层领导亲自决策，从而使决策得到更多的力量支持；（2）越重要的问题越有可能由群体决策，因为与个体决策相比，在群体决策时，对问题的认识更全面，决策的质量可能更高；（3）越重要的问题越需要决策者慎重决策，以避开各类决策陷阱。

四、决策主体因素

（一）个人对待风险的态度

人们对待风险的态度有三种类型：风险厌恶型、风险中立型和风险爱好型。可以通过举例来说明如何区分这三种风险类型。假如你面临两个方案：一个方案是不管情况如何变化你都会在 1 年后得到 100 元收入；另一个方案是，在情况朝好的一面发展时你将得到 200 元收入，而在情况朝坏的一面发展时你将得不到收入，情况朝好的一面发展和朝坏的一面发展的可能性各占一半。试问你更愿意选哪个方案？如果选择第一个方案，那么你将得到 100 元确定性收入；而如果选择第二个方案，那么你将得到期望收入$200 \times 0.5 + 0 \times 0.5 = 100$（元）。如果你愿意选择第一个方案，你就属于风险厌恶型；如果你愿意选择第二个方案，你就属于风险爱好型；如果你对选择哪个方案无所谓，你就属于风险中立型。可见，决策者对待风险的不同态度会影响行动方案的选择。

（二）个人能力

决策者个人能力对决策的影响主要体现在以下方面：（1）决策者对问题的认识能力越强，就越有可能提出切中要害的决策；（2）决策者获取信息的能力越强，就越有可能加快决策的速度并提高决策的质量；（3）决策者的沟通能力越强，他提出的方案就越容易获得通过；（4）决策者的组织能力越强，方案就越容易实施，越容易取得预期的效果。

（三）个人价值观

组织中的任何决策既有事实成分，也有价值成分。对客观事物的描述属于决策中的事实成分，如对组织外部环境的描述、对组织自身问题的描述等都属于事实成分。事实成分是决策的起点，能不能作出正确决策很大程度上取决于对事实成分认识的准确性。对所描述的事物所作的价值判断属于决策中的价值成分。显然，这种判断受个人价值观的影响。决策者有什么样的价值观，就会作出什么样的判断。也就是说，个人价值观通过影响决策中的价值成分来影响决策。

（四）决策群体的关系

如果决策是由群体作出的，那么群体的特征也会对决策产生影响。我们此处仅考察决策群体的关系融洽程度对决策的影响：

（1）影响较好行动方案被通过的可能性。在关系融洽的情况下，大家心往一处想、劲往一处使、话往一处说、事往一处做，较好的方案容易获得通过。而在关系紧张的情况下，最后被通过的方案可能是一种折中方案，未必是较好的方案。

（2）影响决策的成本。在关系紧张的情况下，方案可能长时间议而不决，决策方案的实施所遇到的障碍通常也较多。

第六节 决策方法

一、集体决策方法

（一）头脑风暴法

头脑风暴法的特点是：针对解决的问题，相关专家或人员聚在一起，在宽松的氛围中畅所欲言，寻求多种决策思路。

头脑风暴法的创始人是英国著名心理学家奥斯本。该决策方法的四项原则是：

（1）各自发表自己的意见，对别人的建议不作评论。

（2）建议不必深思熟虑，越多越好。

（3）鼓励独立思考、奇思妙想。

（4）可以补充完善已有的建议。

头脑风暴法的特点是倡导创新思维，时间一般在 1～2 小时，参加者以 5～6 人为宜。

（二）名义小组技术法

在集体决策中，如果大家对问题性质的了解程度有很大差异，或彼此的意见有较大分歧，直接开会讨论效果并不好，可能争执不下，也可能权威人士发言后大家随声附和。

这时，可以采取名义小组技术法。管理者先选择一些对要解决的问题有研究或有经验的人作为小组成员，并向他们提供与决策问题相关的信息。小组成员各自先不通气，独立地思考，提出决策建议，并尽可能详细地将自己提出的备选方案写成文字资料；然后管理者召集会议，让小组成员一一陈述自己的方案。在此基础上，小组成员对全部备选方案投票，产生大家最赞同的方案，并形成对其他方案的意见，提交管理者作为决策参考。

（三）德尔菲技术法

德尔菲技术法是由美国兰德咨询公司在 20 世纪 60 年代提出的，用于听取专家对某一问题的意见。运用这一方法的步骤是：

（1）根据问题的特点，选择和邀请做过相关研究或有相关经验的专家。

（2）将与问题有关的信息分别提供给专家，请他们各自独立发表自己的意见并写成书面材料。

（3）管理者收集并综合专家们的意见后，将综合意见反馈给各位专家请他们再次发表意见。如果分歧很大，可以开会集中讨论，或者管理者分头与专家联络。

（4）如此反复多次，最后形成代表专家组意见的方案。

二、有关活动方向的决策方法

（一）经营单位组合分析法

经营单位组合分析法是由美国著名管理学家、波士顿咨询集团创始人布鲁斯·亨德森于 1970 年提出来的。该方法认为，在确定某个单位经营活动方向时，应该考虑它的相对竞争地位和业务增长率两个维度。相对竞争地位经常体现在市场占有率上，它决定了企业的销售量、销售额和盈利水平；而业务增长率反映业务增长的速度，影响投资回收的期限。

在图 3-3 中，企业经营业务的状况被分成四种类型：

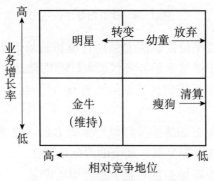

图 3-3 经营单位组合分析图

（1）"瘦狗"型经营单位。"瘦狗"型经营单位市场占有率和业务增长率都较低，只能带来很少的现金和利润，甚至可能亏损。对这种不景气的业务，应该采取收缩甚至放弃的战略。

（2）"幼童"型经营单位。"幼童"型经营单位业务增长率较高，目前市场占有率较低。这有可能是企业刚开发的很有前途的领域。高增长的速度需要大量资金，而仅通过该业务自身难以筹措。企业面临的选择是向该业务投入必要的资金，以提高市场份额，使其向"明星"型转变；如果不能转化成"明星"型，应忍痛割爱及时放弃该领域。

（3）"金牛"型经营单位。"金牛"型经营单位的特点是市场占有率较高而业务增长率较低，从而为企业带来较多的利润，同时只需要较少的资金投入。这种业务产生的大量现金可以满足企业经营的需要。

（4）"明星"型经营单位。"明星"型经营单位的特点是市场占有率和业务增长率都较高，代表着最高利润增长率和最佳投资机会。这种情况下，企业应该不失时机地投入必要的资金扩大生产规模。

（二）政策指导矩阵法

政策指导矩阵法是荷兰皇家壳牌公司创立的。该方法从市场前景和相对竞争能力两个维度分析企业经营单位的现状和特征，用一个3×3的类似矩阵的形式表示（其实它不是严格意义的3×3矩阵，只是分成了9个方格）。如图3-4所示，市场前景（吸引力）分为弱、中、强3种，相对竞争能力也分成了弱、中、强3种，一共分成9类。

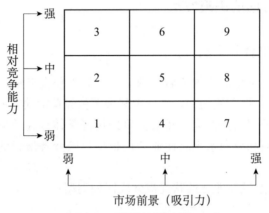

图3-4　政策指导矩阵图

处于区域6和9的经营单位竞争能力强而且市场前景也不错，应该确保其拥有足够的资源优先发展。其中处于区域9的业务代表大好的机会。

处于区域8的经营单位市场前景虽好但竞争能力不够强，应该分配更多的资源以提高其竞争能力。

处于区域7的经营单位市场前景虽好但竞争能力弱，要根据企业的资源状况区别对待。最有前途的应该促进其迅速发展，其余的应逐步淘汰。

处于区域5的经营单位市场前景和竞争能力均居中等，一般在市场上有2～4个强有力的竞争对手。要分配给这些单位足够的资源，推动其发展。

处于区域2的经营单位市场吸引力弱且竞争能力不强，处于区域4的经营单位市场吸引力不强且竞争能力较弱，应该选择时机放弃这些业务，以便把收回的资金投入到盈利能力更强的业务中去。

处于区域3的经营单位竞争能力较强但市场前景不容乐观，这些业务不应继续发展，但不要马上放弃，可以利用其较强的竞争能力为其他业务提供资金。

处于区域1的经营单位竞争能力和市场前景都很弱，应尽快放弃此类业务，以免陷入泥潭。

三、有关活动方案的决策方法

（一）确定型决策方法

在比较和选择活动方案时，如果未来情况只有一种并为管理者所知，则必须采用确定型决策方法。常用的确定型方法有线性规划法和量本利分析法等。

1. 线性规划法

线性规划法是在一些线性等式或不等式的约束条件下，求解线性目标函数的最大值或最小值的方法。运用线性规划建立数学模型的步骤是：首先，确定影响目标大小的变量；其次，列出目标函数方程；再次，找出实现目标的约束条件；最后，找出使目标函数达到最优的可行解，即为该线性规划的最优解。

例 3-1：

某企业生产两种产品：桌子和椅子。它们都要经过制造和装配两道工序，有关资料如表 3-1 所示。假设市场状况良好，企业生产出来的产品都能卖出去，试问何种组合的产品能使企业利润最大？

表 3-1 某企业生产桌子和椅子的有关资料

	桌子	椅子	工序可利用时间（小时）
在制造工序上的时间（小时）	2	4	48
在装配工作上的时间（小时）	4	2	60
单位产品利润（元）	8	6	——

这是一个典型的线性规划问题。

第一步，确定影响目标大小的变量。在本例中，目标是利润，影响利润的变量是桌子数量 T 和椅子数量 C。

第二步，列出目标函数方程：$Y=8T+6C$

第三步，找出约束条件。本例中，两种产品在一道工序上的总时间不能超过该道工序可利用时间，即

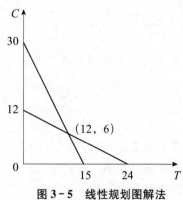

图 3-5 线性规划图解法

制造工序：$2T+4C\leqslant48$

装配工序：$4T+2C\leqslant60$

除此之外，还有两个约束条件，即非负约束：

$T\geqslant0$

$C\geqslant0$

从而线性规划问题成为，如何选取 T 和 C，使 Y 在上述四个约束条件下达到最大。

第四步，求出最优解——最优产品组合。通过图解法（如图 3-5 所示），求出上述线性规划问题的解为 $T=12$ 和 $C=6$，即生产 12 张桌子和 6 把椅子使企业的利润最大。

2. 量本利分析法

量本利分析法又称为保本分析法或盈亏平衡分析法，是通过考察产量（或销售量）（Volume）、成本（Cost）和利润（Profit）的关系以及盈亏变化的规律来为决策提供依据的方法。

在应用量本利分析法时，关键是找出企业不盈不亏的产量（称为保本产量或盈亏平衡产量，此时企业的总收入等于总成本），而找出保本产量的方法有图解法和代数法两种。

（1）图解法。图解法是用图形来考察产量、成本和利润关系的方法。在应用图解法时，通常假设产品价格和单位变动成本都不随产量的变化而变化，所以销售收入曲线、总固定成本曲线和总成本曲线都是直线。

✦ 例 3-2：

某企业生产某产品的总固定成本为 60 000 元，单位变动成本为每件 1.8 元，产品价格为每件 3 元。假设某方案带来的产量为 100 000 件，问该方案是否可取？

利用例子中的数据，在坐标图上画出总固定成本曲线、总成本曲线和总收入曲线，得出量本利分析图，如图 3-6 所示。

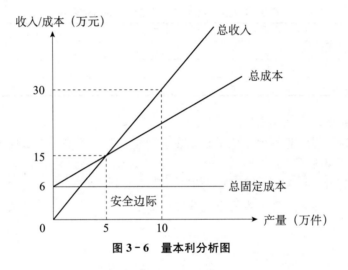

图 3-6　量本利分析图

从图 3-6 中可以得出以下信息，供决策分析之用：

1）保本产量，即总收入曲线和总成本曲线交点所对应的产量（本例中保本产量为 5 万件）；

2）各个产量上的总收入；

3）各个产量上的总成本；

4）各个产量上的总利润，即各个产量上的总收入与总成本之差；

5）各个产量上的总变动成本，即各个产量上的总成本与总固定成本之差；

6）安全边际，即方案带来的产量与保本产量之差（本例中安全边际为 5 万件）。

在本例中，由于方案带来的产量（10 万件）大于保本产量（5 万件），所以该方案可取。

（2）代数法。代数法是用代数式来表示产量、成本和利润关系的方法。

假设 P 代表单位产品的价格，Q 代表产量或销售量（假定产量与销售量相等，不考虑库存），F 代表总固定成本，V 代表单位变动成本，G 代表总目标利润，C 代表单位产品贡献（$C=P-V$）。

1）求保本产量。

企业不盈不亏时，$PQ=F+VQ$

所以保本产量 $Q=F/(P-V)=F/C$

2）求总目标利润产量。

设总目标利润为 G，则 $PQ=F+VQ+G$

所以总目标利润为 G 时的产量 $Q=(F+G)/(P-V)=(F+G)/C$

3）求利润。

$G=PQ-F-VQ$

4）求安全边际和安全边际率。

安全边际＝方案带来的产量－保本产量

安全边际率＝安全边际/方案带来的产量

通常用安全边际率来反映企业经营安全状况。安全边际率越大，说明企业对市场的适应能力越强，企业经营状况越好；安全边际率越小，企业经营风险越大，经营状况越差。增加销售量而保本点不变，可增大安全边际率。采取措施降低保本点也可以增大安全边际率。判断企业经营安全状况一般可依据表 3-2 的内容。

表 3-2　企业经营安全状况

安全边际率	30%以上	20%～30%	15%～20%	10%～15%	10%以下
经营安全状况	安全	较安全	不太好	需警惕	危险

在例 3-2 中，当方案带来的产量为 100 000 件时，此时企业安全边际率＝安全边际/方案带来的产量×100%＝（10 万件－5 万件）÷10 万件×100%＝50%，则可以判断此时企业经营安全状况为安全。

（二）不确定型决策方法

如果决策问题涉及的条件有些是未知的，对一些随机变量，连它们的概率分布也不知道，这类决策问题被称为不确定型决策。下面我们通过例子介绍几种不确定型决策方法。

◆ 例 3-3：

某企业打算生产某产品。根据市场预测分析，产品销路有三种可能性：销路好、销路一般、销路差。生产该产品有三种方案：改进生产线、新建生产线、外包生产。各种方案的收益值在表 3-3 中列出。

表 3-3　企业产品的各方案在不同市场情况下的收益　　　　单位：万元

项目	销路好	销路一般	销路差
（1）改进生产线	180	120	－40
（2）新建生产线	240	100	－80
（3）外包生产	100	70	16

面对这一决策问题，我们不能简单地从表 3-3 中选取收益最大的单元格（240），因

为"销路好"这一情况不一定能发生，甚至不知道三种情况各自出现的可能性（概率）。

常用的解不确定型决策问题的方法有以下四种。

1. 小中取大法

决策者对未来持悲观态度，认为未来会出现最差的情况。决策时，对各种方案都按它带来的最低收益考虑，然后比较哪种方案的最低收益最高，简称小中取大法，又称为悲观法。

在本例中，三种方案的最小收益依次分别为－40、－80、16，其中第三种方案对应的值最大，所以选择外包生产的方案。

2. 大中取大法

决策者对未来持有乐观态度，认为未来会出现最好的情况。决策时，对各种方案都按它带来的最高收益考虑，然后比较哪种方案的收益最高，简称大中取大法，又称为乐观法。

在本例中，三种方案的最大收益依次分别为180、240、100，其中第二种方案对应的值最大，所以选择新建生产线的方案。

3. 最小最大后悔值法

决策者在选择了某方案后，若事后发现客观情况并未按自己预想的发生，会为自己事前的决策而后悔。由此，产生了最小最大后悔值决策方法，其步骤是：

（1）计算每个方案在每种情况下的后悔值，公式为：

后悔值＝该情况下各方案中的最大收益值－该方案在该情况下的收益值

（2）找出各方案的最大后悔值。

（3）选择最大后悔值中最小的方案。

表3-4给出了各方案在各种市场情况下的后悔值，最右边一列给出了各方案的最大后悔值，其中第一方案对应的最大后悔值最小，所以选择改进生产线的方案。

表3-4　企业产品的各方案在不同市场情况下的后悔值　　　　单位：万元

项目	销路好	销路一般	销路差	最大后悔值
（1）改进生产线	60	0	56	60
（2）新建生产线	0	20	96	96
（3）外包生产	140	50	0	140

4. 机会均等法

机会均等法首先假定各个随机变量发生的概率相等，然后计算各个方案的期望收益值，最后以期望收益值的大小来决策。

如本例：

改进生产线方案的期望＝［180＋120＋（－40）］×1/3＝86.7（万元）

新建生产线方案的期望收益值＝［240＋100＋（－80）］×1/3＝86.7（万元）

外包生产方案的期望收益值＝（100＋70＋16）×1/3＝62（万元）

所以在机会均等法下，选择期望收益值最大的改进生产线方案或者新建生产线方案。

（三）风险型决策方法

如果决策问题涉及的条件中有些是随机因素，它虽然不是确定型的，但我们知道它们的概率分布，这类决策被称为风险型决策。

常用的风险型决策方法是决策树图法。

决策树图法是用树状图来描述各种方案在不同情况（自然状态）下的收益，据此计算每种方案的期望收益，从而作出决策的方法。下面通过例子来说明决策树图的原理和应用。

例 3 - 4：

某企业为了扩大某产品的生产，拟建设新厂。根据市场预测，产品销路好的概率为0.7，销路差的概率为0.3。有三种方案可供企业选择：

方案1：新建大厂，需投资300万元。据初步估计，销路好时，每年可获利100万元；销路差时，每年亏损20万元。服务期为10年。

方案2：新建小厂，需投资140万元。据初步估计，销路好时，每年可获利40万元；销路差时，每年仍可获利30万元。服务期为10年。

方案3：先建小厂，3年后销路好时再扩建，需追加投资200万元，服务期为7年，估计每年可获利95万元。

请问哪种方案好？

画出决策树图，如图3-7所示。

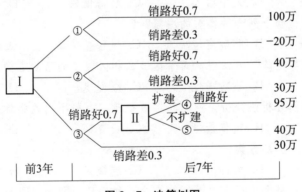

图 3 - 7　决策树图

图3-7中的矩形节点称为决策点，从决策点引出的若干条树枝表示若干种方案，称为方案枝。圆形节点称为状态节点，从状态点引出的若干条树枝表示若干种自然状态，称为自然状态枝。图3-7中有两种自然状态即销路好和销路差，自然状态枝上面的数字表示该种自然状态出现的概率。位于自然状态枝末端的是各种方案在不同自然状态下的收益或损失。据此可计算出各种方案的期望收益值。

方案1的期望收益值为：$[0.7 \times 100 + 0.3 \times (-20)] \times 10 - 300 = 340$（万元）

方案 2 的期望收益值为：（0.7×40＋0.3×30）×10－140＝230（万元）

至于方案 3，由于节点④的期望收益 465（95×7－200）万元大于节点⑤的期望收益 280（40×7）万元，所以销路好时，扩建比不扩建好。方案 3 的期望收益为：（0.7×40×3＋0.7×465＋0.3×30×10）－140＝359.5（万元）

计算结果表明，在三种方案中，方案 3 最好。

复习思考题

一、选择题

1. 下面哪一种决策方法是由美国波士顿咨询公司建立的？该方法认为，在确定某个单位经营方向时，应该考虑它的相对竞争地位和业务增长率两个维度。（　　）

A. 集体决策方法　　　　　　　　　　B. 德尔菲法

C. 经营单位组合分析法　　　　　　　D. 政策指导矩阵

2. 下面哪一种决策方法的管理者或决策者对未来持悲观的态度，认为未来会出现最差的情况，因此不论采取哪种方案，都只能获取该方案的最小收益值？（　　）

A. 小中取大法　　　B. 大中取大法　　　C. 后悔值法　　　D. 大中取小法

3. 决策树图法适合下列哪种类型的决策？（　　）

A. 确定型决策　　B. 非确定型决策　　C. 风险型决策　　D. A、B 和 C

4. 在"政策指导矩阵"方法中，对于区域 2 和区域 4 的活动方向应选择（　　）。

A. 优先发展　　　B. 不断强化　　　C. 缓慢退出　　　D. 尽快放弃

5. 在用盈亏平衡分析法分析企业的经济效益时，一般不用的指标是（　　）。

A. 成本　　　　　B. 销售量　　　　C. 投资额　　　　D. 利润

6. 决策就是（　　）方案。

A. 筹备　　　　　B. 拟订　　　　　C. 选择　　　　　D. 执行

7. 决策前必须对每个可行方案进行综合分析和评估，即必须进行（　　）研究。

A. 经济性　　　　B. 效益性　　　　C. 社会性　　　　D. 可行性

8. 在管理决策中，许多管理人员认为只要选取满意的方案即可，而无须刻意追求最优的方案。对于这种观点，你认为以下哪种解释最有说服力？（　　）

A. 现实中不存在所谓的最优方案，所以选中的都只是满意方案

B. 现实管理决策中常常由于时间太紧而来不及寻找最优方案

C. 由于管理者对什么是最优方案无法达成共识，因而只有退而求其次

D. 刻意追求最优方案，常常会由于代价太高而最终得不偿失

9. 你正面临是否购买某种奖券的决策。你知道每张奖券的售价以及该期共发行奖券的总数、奖项和相应的奖金额。在这样的情况下，该决策的类型是什么？加入何种信息以后就会使该决策变成一个风险型决策？（　　）

A. 确定型决策；各类奖项的数量　　B. 风险型决策；不需要加其他信息

C. 不确定型决策；各类奖项的数量　D. 不确定型决策；可能购买该奖券的人数

10. 某服装企业集团最初是靠接受一笔美国商人的格子牛仔裤生意起家的，当时许多厂家因为利润太低而不愿意生产，但该集团的领导却决定以此为企业发展的起点。它说明（　　）。

A. 一个企业应该独树一帜，接受人家不愿意接受的生意

B. 选择好第一笔生意对企业的发展有重大意义

C. 在许多情况下，市场机遇可能比利润更为重要

D. 这种决策只能在企业刚刚起步时才可使用

11. 主要根据决策人员的直觉、经验和判断能力来进行的决策是（　　）。

A. 确定型决策　　B. 不确定型决策　　C. 程序化决策　　D. 非程序化决策

12. 不确定型决策和风险型决策的主要区别在于（　　）。

A. 风险的大小　　B. 可控程度　　C. 能否确定客观概率　D. 环境的稳定性

13. 决策起始于（　　）。

A. 确定目标　　B. 识别问题和机会　C. 拟订方案　　D. 选择方案

14. 依据决策起点不同可以将决策分为（　　）。

A. 战略决策与战术决策　　　　　　B. 程序化决策与非程序化决策

C. 初始决策与追踪决策　　　　　　D. 不确定型决策与风险型决策

15. 某顾客准备在银行办理一期固定存款业务，在可供选择的三家银行中，一年期利率分别是 3.15%、2.98%、3.21%。该顾客面临的决策就是选择哪家银行。这种决策属于什么类型的决策？如果这三家银行都存在倒闭的可能，但不知道倒闭的概率，则这种决策又属于何种类型的决策？（　　）

A. 确定型决策，不确定型决策　　　B. 不确定型决策，风险型决策

C. 确定型决策，风险型决策　　　　D. 风险型决策，不确定型决策

16. 某家电生产企业原是以生产销售大家电而成为名牌企业的，后开始进入小家电领域。由于企业在市场上已有了一定的知名度，所生产的小家电也颇受欢迎。2016 年比 2015 年的销售量增长 11.8%，2017 年比 2016 年的销售量增长 12.6%。但其市场占有率与其他竞争对手相比则较低。该企业的小家电业务应当属于下面哪一类？（　　）

A. 金牛类业务　　B. 明星类业务　　C. 幼童类业务　　D. 瘦狗类业务

17. 某企业生产某种产品，固定成本为 160 000 元，单位变动成本为 10 000 元，每台售价为 12 000 元，则该产品盈亏平衡点的产量为（　　）。

A. 14 台　　　　B. 12.5 台　　　　C. 7.3 台　　　　D. 80 台

18. 决策树图法的优点在于（　　）。

A. 直观简洁　　　　　　　　　　　B. 简化决策过程

C. 多阶段问题　　　　　　　　　　D. 上述三方面都是

19. 解决以往无先例可循的新问题的决策是（　　）。

A. 确定型决策　　　B. 不确定型决策　　C. 程序化决策　　　D. 非程序化决策

20. 西蒙的"满意化"决策的理论根据是（　　）。

A. 方案的经济性　　　　　　　　B. 决策者的完全理性

C. 最优化原则　　　　　　　　　D. 决策者的有限理性

21. 现有两个所需代价相同的投资方案，其成败的可能性与损益情况如下表：

方案	成功		失败	
	获利	可能性	损失	可能性
第一方案	100	60%	50	40%
第二方案	500	60%	650	40%

根据以上情况，你认为以下几种说法中哪一种说法更为科学合理？（　　）

A. 由于这两个方案都有40%的可能失败，所以，均不可能获利

B. 第二方案的经营风险性要比第一方案大

C. 这两个方案的获利期望值都是40万元，所以，这两个方案没有什么差别

D. 第二方案成功时可获利500万元，由此可见第二方案要比第一方案好

二、判断题

1. 决策树图法是确定型决策的决策方法。（　　）

2. 决策是管理的核心。（　　）

3. 处理例行问题，不要每次都作决策，而是要建立某些规则、制度或政策，使得当问题发生时只需根据已有的制度按例行程序处理。（　　）

4. 对于一个好的管理者来说，决策就是要达到最优。（　　）

5. 对于"幼童"类经营单位，应加大投资，使其早日成长为"明星"。（　　）

6. 对高风险的决策问题宜采用群体决策。（　　）

7. 决策就是要选择一个最佳方案去实现组织的目标。（　　）

8. 个体决策比群体决策创造力高。（　　）

9. 因为集体决策的效率总是低于个体决策，所以在决定是否采用集体决策时，主要考虑的是集体决策效果的提高是否足以抵消效率的损失。（　　）

10. 战术决策主要解决组织日常工作中的业务问题，多为程序化决策。（　　）

三、简答题

1. 简述决策的定义及依据。

2. 决策的原则为何是满意原则而非最优原则？

3. 决策的类型包括哪些？

4. 决策的步骤及各步骤的注意事项分别是什么？

5. 古典决策理论主要包括哪些？

6. 决策的影响因素包括哪些？

四、计算题

1. 某企业生产某产品，全年的固定成本总额为2万元，该产品的单位变动成本为50

元，单位产品的销售价格为 90 元，求：（1）企业要想不亏本，至少需要销售多少件产品？（2）如果该企业年末要实现 5 万元目标利润，销售量与销售额分别应达到多少？并判断此时企业经营安全状况。

2. 依据下表数据进行不确定型决策（4 种方法）。

项目	销路好	销路一般	销路差
方案 A	360	240	200
方案 B	300	250	160
方案 C	240	150	80
方案 D	300	160	—10

3. 某企业生产某产品，生产规模一般。根据市场预测，明年产品的销路有两种可能：销路好（市场需求大增）与销路一般（与今年的市场需求持平），各种情况出现的概率分别为 0.7 和 0.3。为适应市场需求可能的变化，企业在今年第四季度有两种方案可供选择：（1）新建生产线（可以满足销路好的需求）；（2）改进生产线（可以满足销路一般的需求）。

如果今年没有上新生产线，到明年市场需求旺盛时，企业还可以采取两种方案：（1）紧急安装新生产线；（2）加班生产和外包。各种方案的收益值见下表。请运用决策树图法进行决策。

各方案在不同市场情况下的收益值   单位：万元

项目	销路好	销路一般
（1）新建生产线	3 000	—2 000
（2）改进生产线		500
1）紧急安装新生产线	1 500	
2）加班生产和外包	2 000	

案例分析一

4 个孩子面对潜在危机的决策

一天，4 个孩子在山顶上做游戏，突然山下的树林里蹿出一只黑熊。第一个小孩反应很快，拔腿就跑。等他感到安全了，才回过头来向山顶望去。他发现 3 个伙伴还在山顶没动，于是着急了，向山顶喊道："你们快跑啊，黑熊上来是要吃人的！"第二个小孩回答说："我的第一任务不是跑，而是穿好跑鞋、系好鞋带儿，我不用跑过黑熊，我只要能跑过你们就行了！"第二个小孩转身看了看第三个小孩，问道："你在这儿愣着干什么？"第三个小孩说："你们都跑吧，千万不要干扰了黑熊的视线，我要让黑熊离我近一点儿。然后，我带着黑熊跑，把黑熊带到我爹开的森林动物园，给我爹融入一笔'固定资产'。"第三个小孩问第四个小孩："你为什么不走，想等死吗？"第四个小孩说："我们 4 个人来此地的目的是痛快地玩一场，不要轻易改变初衷。你怎么知道黑熊是奔我们来的？也许黑熊的威胁根本就不存在！"

大家定睛向山下望去，果然发现山坡上有一头猪，原来黑熊已经奔猪去了。

问题：

请从决策的原则、决策的理论、决策的影响因素等方面，分析 4 个孩子作出四种不同决策的原因并分析各自的得失。

案例分析二

铱星的悲剧

2000 年 3 月 18 日，两年前曾耗资 50 多亿美元建造 66 颗低轨卫星系统的美国铱星公司，背负着 40 多亿美元的债务宣告破产。铱星所创造的科技童话及其在移动通信领域的里程碑意义，使我们在惜别铱星的时刻猛然警醒：电信产业的巨额投资往往使某种技术成为赌注，技术的前沿性固然非常重要，但决定赌注胜负的关键却是市场。

铱星的悲剧告诉我们，技术不能代替市场，决策失误导致铱星陨落。

铱星代表了未来通信发展的方向，但仅凭技术的优势并不能保证市场的胜利。"它们在错误的时间、错误的市场，投入了错误的产品。"这是业界权威对铱星陨落的评价。

第一，技术选择失误。铱星系统技术上的先进性在目前的卫星通信系统中处于领先地位。但这一系统风险大，成本过高，维护成本相当高。

第二，市场定位错误。谁也不能否认铱星的高科技含量，但用 66 颗高技术卫星编织起来的世纪末科技童话在商用之初却把自己的位置定在了"贵族科技"上。铱星手机价格每部高达 3 000 美元，加上高昂的通话费用，使得通信公司运营最基础的前提——用户发展数目远低于它的预想。在开业的前两个季度，铱星在全球只发展了 1 万用户，而根据铱星方面的预测，初期仅在中国市场就要达到 10 万用户，这使得铱星公司前两个季度的亏损即达 10 亿美元。尽管铱星手机后来降低了收费，但仍未能扭转颓势。

第三，决策失误。有专家认为，铱星系统在 1998 年 11 月投入商业服务的决定是"毁灭性的"。受投资方及签订的合约所限，在系统本身不完善的情况下，铱星系统迫于时间的压力而匆匆投入商用，差劲的服务给用户留下的第一印象对于铱星公司来说是灾难性的。因此，到铱星公司宣布破产保护时为止，铱星公司的客户还只有 2 万多家，而该公司要实现盈利至少需要 65 万个用户，每年光维护费就要几亿美元。

第四，销售渠道不畅。铱星系统投入商业运营时未能向零售商们供应铱星电话机；有需求而不能及时得到满足，这也损失了不少用户。

第五，作为一个全球性的个人卫星通信系统，理论上它应该是在全球通信市场开放的情况下由一个经营者在全球负责统一经营，而事实上这是根本不现实的。

以上这些原因造成了铱星的债务累累，入不敷出。

问题：

结合铱星公司破产的案例，谈谈你对企业决策重要性的认识。

学习目标

掌握计划的概念及内容；

了解决策与计划的关系；

掌握计划的性质与意义；

了解计划的类型；

掌握计划的编制过程；

掌握目标管理的性质及过程；

能够运用滚动计划法和网络计划技术。

计划的概念及性质

一、计划的概念

在汉语中，"计划"既可以是名词也可以是动词。从名词意义上说，计划是指用文字和指标等形式所表述的，在未来一定时期内组织以及组织内不同部门和不同成员关于行动的方向、内容和方式安排的管理性文件。计划既是决策所确定的组织在未来一定时期内的行动目标和方式在时间和空间的进一步展开，又是组织、领导、控制和创新等管理活动的基础。从动词意义上说，计划是指为了实现决策所确定的目标预先进行的行动安排。这项行动安排工作包括：在时间和空间两个维度上进一步分解任务和目标，选择任务和目标的实现方式，规定进度，检查与控制行动结果等。我们有时用"计划工作"表示动词意义上的计划内涵。因此，计划工作是对决策所确定的任务和目标提供一种合理的实现方法。

正如哈罗德·孔茨所言，"计划工作是一座桥梁，它把我们所处的这岸和我们要去的对岸连接起来，以克服这一天堑"。计划工作给组织提供了通向未来目标的明确道路，给组织、领导和控制等一系列管理工作提供了基础。有了计划工作这座桥，本来不会发生的事，现在就可能发生了；模糊不清的未来变得清晰实在。虽然我们几乎不可能准确无误地预知未来，那些不可控制的因素可能干扰最佳计划的制订，这使得我们不可能制订出最优计划，但是如果我们不进行计划工作就只能听任自然了。

无论在名词意义上还是在动词意义上，计划内容都包括"5W1H"，计划必须清楚地确定和描述这些内容：

What ——做什么？指目标与内容。

Why ——为什么做？指原因。

Who ——谁去做？指人员。

Where——何地做？指地点。

When ——何时做？指时间。

How ——怎样做？指方式、手段。

二、计划与决策

计划与决策是何关系？两者中谁的内容更为宽泛，或者说哪一个概念是被另一个包含的，管理理论研究中对这些问题有着不同的认识。

有人认为，计划是一个更为宽泛的概念：作为管理的首要工作，计划是一个包括环境分析、目标确定、方案选择的过程，决策只是这一过程中某一阶段的工作内容。比如，法约尔认为，计划是管理的一个基本部分，包括预测未来并在此基础上对未来的行动予以安排。西斯克认为，"计划工作在管理职能中处于首位"，是"评价有关信息资料、预估未来可能的发展、拟订行动方案的建议说明"的过程，决策是这个过程中的一项活动，是在"两个或两个以上的可选方案中作选择"。

而以西蒙为代表的决策理论学派则强调，管理就是决策。决策是包括情报活动、设计活动、抉择活动和审查活动等一系列活动的过程；决策是管理的核心，贯穿整个管理过程。因此，决策不仅包括了计划，而且包含了整个管理，甚至就是管理本身。

我们认为，决策与计划是两个既相互区别又相互联系的概念。说它们是相互区别的，因为这两项工作需要解决的问题不同。决策是对组织活动方向、内容以及方式的选择。我们应从"管理的首要工作"这个意义上来把握决策的内涵。任何组织，在任何时期，为了表现其社会存在，都必须从事某种社会需要的活动。在从事这项活动之前，组织当然必须首先对活动的方向和方式进行选择。计划则是对组织内部不同部门和不同成员在一定时期内的行动任务的具体安排，它详细规定了不同部门和成员在该时期内从事的活动的具体内容和要求。但计划与决策又是相互联系的，这是因为：

（1）决策是计划的前提，计划是决策的逻辑延续。决策为计划的任务安排提供了依据，计划则为决策所选择的目标活动的实施提供了组织保证。

（2）在实际工作中，决策与计划是相互渗透的，有时甚至是不可分割地交织在一起的。

决策制定过程中，不论是对内部能力优势或劣势的分析，还是在方案选择时对各方案执行效果或要求的评价，实际上都已经开始孕育决策的实施计划。反过来，计划的编制过程，既是决策的组织落实过程，也是对决策更为详细的检查和修订的过程。决策无法落实，或者决策选择的活动中某些任务无法安排，必然导致对决策进行一定程度的调整。

三、计划的性质

（一）计划工作为实现组织目标服务

任何组织都必须具有生存的价值和存在的使命。决策活动为组织确立了存在的使命和目标，并且进行了实现方式的选择。计划工作是对决策工作在时间和空间两个维度上进一步展开和细化。所谓在时间维度上进一步展开和细化，是指计划工作把决策所确立的组织目标及行动方式分解为不同时间段（如长期、中期、短期等）的目标及行动安排；所谓在空间维度上进一步展开和细化，是指计划工作把决策所确立的组织目标及行动方式分解为组织内不同层次（如高层、中层、基层等）、不同部门（如生产、人事、销售、财务等部门）、不同成员的目标及行动安排。组织正是通过有意识的合作来完成群体的目标而生存的。因此，组织的各种计划及各项计划工作都必须有助于实现组织的目标。

（二）计划工作是管理活动的桥梁

如果说决策工作确立了组织生存的使命和目标，描绘了组织的未来，那么计划工作就是一座桥梁，它把我们所处的此岸和我们要去的彼岸连接起来，给组织提供了通向未来目标的明确道路，是组织、领导和控制等一系列管理工作的基础。

未来的不确定性和环境的变化使行动有如在大海里航行，如果我们要时刻保持正确的航向，那么我们就必须明白自己所处的位置、明确自己行动的目标，这不仅要求组织的一般成员了解组织的目标和实现目标的行动安排，更要求组织的主要领导人员明确组织的目标和实现目标的行动路径（而不至于在日常琐事和一连串的转弯中迷失方向）。计划工作的目的就是使所有的行动保持同一方向，促使组织目标实现。

（三）计划工作具有普遍性和秩序性

所有管理人员也就是从最高层管理人员到第一线的基层管理人员都要进行计划工作。计划工作是全体管理人员的一项职能，但不同部门、不同层级的管理人员的计划工作的特点和广度都不同。当然，计划工作的普遍性中蕴涵着一定的秩序，这种秩序因组织性质的不同而有所不同。最主要的秩序表现为计划工作的纵向层次性和横向协作性。虽然所有管理人员都制订计划，但第一线的基层管理人员制订的工作计划不同于高层管理人员制订的战略计划。高级管理人员计划组织总方向，各级管理人员再据此拟订他们的计划，从而保证实现组织的总目标。另外，不可能仅通过某一类型活动（如销售活动）就实现组织的总目标，而需要多种多样的活动相互协作和相互补充才可以实现。高级管理人员计划组织总方向，各层级的管理人员还要再据此制订相互协作的计划。

（四）计划工作要追求效率

可以用计划对组织目标的贡献来衡量一个计划的效率。贡献是指扣除在制订和实施这个计划时所需要的费用和其他因素后的剩余。在计划所要完成的目标确定的情况下，可以用制订和实施计划的成本及其他连带成本（如计划实施带来的损失、计划执行的风险等）来衡量效率。如果计划能得到最大的剩余，或者如果计划按合理的代价实现目标，这样的计划是有效率的。特别需要注意的是，在衡量代价时，不仅用时间、金钱或者生产等来衡量，还要衡量个人和集体的满意程度。

实现目标有许多途径，我们必须从中选择尽可能好的方法，以最低的费用取得预期的成果，避免不必要的损失，并保持较高的效率。计划工作强调协调和节约，其重大安排都要经过经济和技术的可行性分析，使付出的代价尽可能合算。

第二节 计划的类型

一、长期计划、中期计划和短期计划

财务分析人员习惯于将投资回收期分为长期、中期和短期。长期通常指五年以上，短期一般指一年以内，中期则介于两者之间。管理人员采用长期和短期来描述计划。长期计划描述了组织在较长时期的发展方向和方针，规定了组织的各个部门在较长时期内从事某种活动应达到的目标和要求，绘制了组织长期发展的蓝图。短期计划具体规定了组织的各个部门在目前到未来的各个较短的阶段，特别是最近的时段中，应该从事何种活动，从事该种活动应达到何种要求，从而为各组织成员在近期内的行动提供依据。

二、业务计划、财务计划和人事计划

按职能空间分类，可以将计划分为业务计划、财务计划及人事计划。组织通过从事一定业务活动立身于社会，业务计划是组织的主要计划。我们通常用"人财物，供产销"六个字来描述一个企业所需的要素和企业的主要活动。业务计划的内容涉及"物、供、产、销"，财务计划的内容涉及"财"，人事计划的内容涉及"人"。

作为经济组织，企业业务计划包括产品开发、物资采购、仓储后勤、生产作业以及销售促进等内容。长期业务计划主要涉及业务方面的调整或业务规模的发展，短期业务计划则主要涉及业务活动的具体安排。比如，长期产品计划主要涉及新品种的开发，短期产品计划则主要与现有品种的结构改进、功能完善有关；长期生产计划安排了企业生产规模的扩张及实施步骤，短期生产计划则主要涉及不同车间、班组的季、月、旬乃至周的作业进度安排；长期营销计划关系到推销方式或销售渠道的选择与建立，而短期营销计划则表现为对现有营销手段和网络的充分利用。

财务计划与人事计划是为业务计划服务的，也是围绕业务计划而展开的。财务计划研究如何从资本的提供和利用上促进业务活动的有效进行，人事计划则分析如何为业务规模的维持或扩大提供人力资源的保障。比如，长期财务计划针对业务规模发展所需要的资本增加，研究如何建立新的融资渠道或选择不同的融资方式，而短期财务计划则研究如何保证资本的供应或如何监督这些资本的利用效率；长期人事计划要研究如何为保

证组织的发展而提高成员的素质，准备必要的干部力量，短期人事计划则要研究如何将具备不同素质特点的组织成员安排在不同的岗位上，使他们的能力和积极性得到充分的发挥。

三、战略性计划与战术性计划

根据涉及时间长短及范围广狭的综合性标准，可以将计划分为战略性计划与战术性计划。战略性计划是指应用于整体组织的、为组织未来较长时期（通常为 5 年以上）设立总体目标和寻求组织在环境中的地位的计划。战术性计划是指规定总体目标如何实现的细节的计划，其需要解决的是组织的具体部门或职能在未来各个较短时期内的行动方案。战略性计划的两个显著特点是：长期性与整体性。长期性是指战略性计划涉及未来较长的时期；整体性是指战略性计划是基于组织整体而制订的，强调组织整体的协调。战略性计划是战术性计划的依据；战术性计划是在战略性计划指导下制订的，是战略性计划的落实。从作用和影响上看，战略性计划的实施是组织活动能力形成与创造的过程，战术性计划的实施则是对已经形成的能力的应用。

四、具体性计划与指导性计划

根据计划内容的明确性标准，可以将计划分为具体性计划和指导性计划。具体性计划具有明确的目标。比如，企业销售部经理打算使企业销售额在未来 6 个月中增长 20％，他制定了明确的程序、预算方案以及日程进度表，这就是具体性计划。指导性计划只规定某些一般的方针和行动原则，给予行动者较大的自由处置权，它指出重点但不把行动者限定在具体的目标上或特定的行动方案上。比如，一个增加销售额的具体计划可能规定未来 6 个月内销售额要增加 20％，而指导性计划则可能只规定未来 6 个月内销售额要增加 15％～25％。相对于指导性计划而言，具体性计划虽然更易于计划的执行、考核及控制，但是它缺少灵活性，而且它要求的明确性和可预见性条件往往都很难得到满足。

五、程序性计划与非程序性计划

赫伯特·西蒙把组织活动分为两类：一类是例行活动，指一些重复出现的工作，如订货、材料的出入库等。对这类活动的决策是经常反复的，而且具有一定的结构，因此可以建立一定的决策程序。每当出现这类工作或问题时，就利用既定的程序来解决，而不需要重新研究。这类决策叫程序化决策，与此对应的计划是程序性计划。另一类活动是非例行活动，这些活动不重复出现，比如新产品的开发、生产规模的扩大、品种结构的调整、工资制度的改变等。处理这类问题没有一成不变的方法和程序，因为这类问题在过去没有发生过，或其性质和结构极为复杂，或这类问题十分重要而需用个别方法加以处理。解决这类问题的决策叫非程序化决策，与此对应的计划是非程序性计划。

第三节　计划的编制过程

计划编制本身也是一个过程。为了保证编制的计划合理，确保能使组织的决策落实，计划编制过程中必须采用科学的方法。计划的编制过程主要包括下面八个步骤，可以通过图 4-1 表示出来。

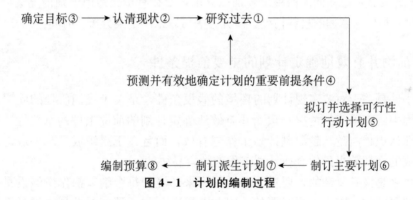

图 4-1　计划的编制过程

一、确定目标

确定目标是决策工作的主要任务。制订计划的第一步必须认识我们将要走向何方。目标是指期望的成果。目标为组织整体、各部门和各成员指明了方向，描绘了组织未来的状况，并且作为可以衡量实际绩效的标准。计划工作的主要任务是将决策所确立的目标进行分解，以便落实到各个部门、各个活动环节中，并将长期目标分解为各个阶段的目标。企业的目标指明计划的方向，而计划又以反映企业目标的方式规定各个主要部门的目标，而主要部门的目标又依次控制下属各部门的目标，如此等等。沿着这样的一条线依次类推从而形成了组织的目标结构，包括目标的时间结构和空间结构。目标结构描述了组织中各层次目标间的协作关系。

二、认清现状

计划是连接我们所处的这岸和我们要去的对岸的一座桥梁。目标指明了组织要去的对岸。因此，制订计划的第二步是认清组织所处的这岸，即认清现在。认识现在的目的在于寻求合理有效的通向对岸的路径，即实现目标的途径。认清现在不仅需要有开放的精神，即将组织、部门置于更大的系统中，而且要有动态的精神，即考察环境、对手与组织自身随时间的变化相互间的动态反应。对外部环境、竞争对手和组织自身的实力进行比较研究，不仅要研究环境给组织带来的机会与威胁、与竞争对手相比组织自身的实力与不足，还要研究环境、对手及其自身随时间变化的变化。

三、研究过去

虽然现在不必然是在过去的线性延长线上，但现在毕竟是从过去走来的。研究过去不仅是为了从过去发生的事件中得到启示和借鉴，更重要的是探讨过去通向现在的一些规律。从过去发生的事件中探求事物发展的一般规律，其基本方法有两种：一为演绎法，二为归纳法。演绎法是将某一大前提应用于个别情况，并从中引出结论。归纳法是从个别情况发现结论，并推导出具有普遍意义的大前提。现代理性主义的思考和分析方式基本上可分为以上两种，即要么从已知的大前提出发加以立论，要么有步骤地把个别情况集中起来再从中发现规律。根据所掌握的材料情况，研究过去可以采用个案分析、时间序列分析等形式。

四、预测并有效地确定计划的重要前提条件

前提条件是关于对要实现计划的环境的假设条件，是关于我们所处的此岸到达将去的彼岸过程中所有可能的情况。预测并有效地确定计划的前提条件的重要性，不仅在于对前提条件认识越清楚、越深刻计划工作越有效，而且在于组织成员越彻底地理解和同意使用一致的计划前提条件企业计划工作就越容易协调。

由于将来是极其复杂的，要对一个计划将来环境的每个细节都作出假设是不切合实际甚至无利可图的，因而是不必要的。因此前提条件限于那些对计划来说是关键性的或具有重要意义的假设条件，也就是说，限于那些对计划贯彻实施有重要影响的假设条件。预测在确定前提方面很重要。最常见的对重要前提条件预测的方法是德尔菲法。

五、拟订并选择可行性行动计划

"条条大路通罗马""殊途同归"，这些都体现了实现某一目标的途径是多种多样的。拟订并选择行动计划包括三个内容：拟订可行性行动计划、评估计划和选定计划。

拟订可行性行动计划要求拟订尽可能多的计划。可供选择的行动计划数量越多，被选计划的相对满意程度就越高，行动就越有效。因此，在可行的行动计划拟订阶段，要广泛发动群众，充分利用组织内外的专家，通过他们献计献策产生尽可能多的行动计划。在寻求可供选择的行动计划阶段需要"巧主意"，需要创新性。尽管没有两个人的脑力活动完全一样，但科学研究表明，创新过程一般包括浸润（对一问题由表及里的全面了解）、审思（仔细考虑这一问题）、潜化（放松和停止有意识的研究，让下意识起作用）、突现（突现绝妙的也许有点古怪的答案）、调节（澄清、组织和再修正这一答案）。具体的方式有头脑风暴法、提喻法。

　　评估计划要注意考虑以下几点：其一，认真考察每一个计划的制约因素和隐患；其二，要用总体效益的观点来评估计划；其三，既要考虑到每一计划的许多有形的可以用数量表示出来的因素，又要考虑到许多无形的不能用数量表示出来的因素；其四，要动态地考察计划的效果，不仅要考虑计划执行所带来的利益，还要考虑计划执行所带来的损失，特别要注意那些潜在的、间接的损失。评价方法分为定性和定量两类。

　　选定计划是这一阶段的最后一步，即按一定的原则选择出一个或几个较优的计划。

六、制订主要计划

　　完成了拟订并选择可行性行动计划后，制订主要计划就是将所选择的计划用文字形式正式地表达出来，作为一项管理文件。制订计划要清楚地确定和描述"5W1H"的内容，即 What（做什么）、Why（为何做）、Who（谁去做）、Where（何地做）、When（何时做）、How（怎样做）。

七、制订派生计划

　　基本计划肯定需要派生计划的支持。比如，一家公司年初制订了当年销售额比上年增长 25％的销售计划，这一计划发出了许多制订派生计划的信号，如生产计划、促销计划等。再如，当一家公司决定开拓一项新的业务时，这个决策也发出了要制订很多派生计划的信号，比如雇用和培训各种人员的计划、筹集资金计划、广告计划等。

八、编制预算

　　在作出决策和确定计划后，赋予计划含义的最后一步就是把计划转变成预算，使计划数字化。编制预算，一方面是为了使计划的指标体系更加明确，另一方面是企业更易于对计划的执行过程进行控制。定性的计划往往在可比性、可控性和进行奖惩方面比较困难，而定量的计划则具有较好的约束性。

第四节　计划的实施

　　计划的实施是指把战略性计划所确定的目标在时间和空间两个维度展开，具体地规定组织的不同部门、不同成员从目前到未来的各个较短的时期，特别是最近的时段中，应该从事何种活动，从事该种活动应达到何种要求，从而为各组织成员在近期内的行动提供依据。实践中计划的组织实施行之有效的方法主要有目标管理、滚动计划法和网络计划技术等。

一、目标管理

目标管理是美国著名管理学家彼得·德鲁克在 1954 年提出的。我国企业于 20 世纪 80 年代初开始引进目标管理法，并取得了较好的成效。

（一）目标管理的基本思想

（1）企业的任务必须转化为目标，企业管理人员必须通过这些目标对下级进行领导，并以此来保证企业总目标的实现。部门经理取得的成就必须是从企业的目标中引申出来的，他们的成效必须用他们对企业所作的贡献大小来衡量。

（2）目标管理是一种程序，使一个组织中的上下各级管理人员统一起来制定共同的目标，确定彼此的责任，并将此项责任作为指导业务和衡量各自贡献的准则。一个管理人员的职务应该以达到公司目标所要完成的工作为依据；如果没有方向一致的分目标来指导每个人的工作，那么企业的规模越大、人员越多，发生冲突和浪费的可能性就越大。

（3）每个企业管理人员或工人的分目标就是企业总目标对他的要求，同时也是这个企业管理人员或工人对企业总目标的贡献。只有每个人的分目标都完成了，企业的总目标才有完成的希望。

（4）管理人员和工人依据设定的目标进行自我管理，他们以所要达到的目标为依据进行自我指挥、自我控制，而不是由他的上级来指挥和控制。

（5）企业管理人员对下级进行考核和奖惩也是依据这些分目标。

（二）目标的性质

目标表示最后结果，总目标需要由子目标来支持。这样，组织及其各层次的目标就形成了一个目标网络。作为任务分配、自我管理、业绩考核和奖惩实施依据的目标具有如下特征：层次性、网络性、多样性、可考核性、可接受性、富有挑战性和伴随信息反馈性。

1. 层次性

从广泛的组织战略性目标到特定的个人目标，组织目标形成了一个有层次的体系。这个体系的顶层是组织的愿景和使命陈述，第二层次是组织的任务。在任何情况下，组织的使命和任务都必须转化为组织的总目标和战略，总目标和战略更多地指向组织较远的未来，并且为组织的未来提供行动框架。这些行动框架必须进一步细化为更多具体的行动目标和行动方案。在目标体系的基层是分公司的目标、部门和单位的目标、个人目标等。

在组织目标的层次体系中不同层次的主管人员参与不同类型目标的建立。董事会和最高层主管人员主要参与确定企业的使命和任务目标，并且也参与在关键领域中更具体的总目标的确定。中层主管人员如营销经理或生产经理，主要是建立关键领域的目标、分公司的和部门的目标。基层主管人员主要关心的是部门和单位的目标以及他们的下级人员目标的制定。对于组织任何层次的人员来说，都应该有个人目标，包括业绩和个人发展目标。

2. 网络性

如果说目标体系是从整个组织的角度来考察组织目标的话，那么，目标网络则是从某一具体目标实施规划的整体协调方面来进行考察。目标与计划方案，通常会形成所希望的结果和结局的一种网络。如果各种目标不相互关联、不相互协调且也互不支持，那么组织成员往往出于自利而采取对本部门有利而对整个公司不利的途径。目标网络的内涵表现为以下四点：第一，目标和计划很少是线性的，即并非当一个目标实现后接着去实现另一个目标，如此等等。目标和规划形成一个相互联系着的网络。第二，主管人员必须确保目标网络中的每个组成部分要相互协调。不仅各种规划的执行要协调，而且完成这些规划在时间上也要协调。第三，组织中的各个部门在制定自己部门的目标时，必须与其他部门相协调。一家公司的一个部门似乎很容易制定完全适合于它的目标，但这个目标却可能在经营上与另一个部门的目标相矛盾。第四，组织制定各种目标时，必须与许多约束因素相协调。

3. 多样性

任务和企业的主要目标通常是多种多样的。同样，在目标层次体系中的每个层次的具体目标也可能是多种多样的。有人认为，一位主管人员不可能有效地追求更多的目标，以 2~5 个为宜。其理由是，过多的目标会使主管人员应接不暇从而顾此失彼，甚至可能会使主管人员过于注重小目标而有损于主要目标的实现。也有人认为，主管人员可能同时追求多达 10~15 个重要目标。但这个结论让人质疑，因为如果目标的数目过多，其中无论哪一个都没有受到足够的重视，则计划工作是无效的。因此，在考虑追求多个目标的同时，必须对各目标的相对重要程度进行区分。

4. 可考核性

要让目标可以考核就要将目标量化。目标定量化可能会损失组织运行的一些效率，但是对组织活动的控制、成员的奖惩会带来很多方便。目标可考核表达的是这样一个意思：人们必须能够回答"在期末，我如何知道目标已经完成了"这一问题。比如，获取合理利润这一目标，可以最好地指出公司是盈利还是亏损的，但它并不能说明应该取得多少利润。因为在不同人的思想里对"合理"的解释是不同的，对于下属人员是合理的东西，可能完全不被上级领导接受。如果意见不合，下属人员一般无法争辩。如果我们将此目标明确地量化为"在本会计年度终了实现投资收益率 10%"，那么它对"多少""什么""何时"都作出了明确回答。

有时要用可考核的措辞来说明结果会有更多的困难，对高层管理人员以及政府部门尤其如此。但原则是：我们只可能规定明确的、可考核的目标。

5. 可接受性

根据美国著名心理学家、行为科学家维克托·弗鲁姆的期望理论，人们在工作中的积极性或努力程度（激励力量）是效价和期望值的乘积，其中效价指一个人对某项工作及其结果（可实现的目标）能够给自己带来的满足程度的评价，即对工作目标有用性（价值）的评价；期望值指人们对自己能够顺利完成这项工作可能性的估计，即对工作目标能够实现的概率的估计。因此，如果一个目标要对其接受者产生激励作用，那么对于接受者来说，这个目标必须是可接受的、可以完成的。对于一个目标接受者来说，如果目标超过其能力所及的范围，则该目标对其是没有激励作用的。

6. 富有挑战性

同样根据弗鲁姆的期望理论，如果一项工作完成所达到的目的对接受者没有多大意义的话，接受者是没有动力去完成该项工作的；如果完成一项工作对接受者来说是轻而易举的，那么接受者也没有动力去完成该项工作。教育学中有一个原则叫"跳一跳，摘桃子"，说的就是这个道理。

目标的可接受性和挑战性是对立统一的关系，但在实际工作中，我们必须把它们统一起来。

7. 伴随信息反馈性

信息反馈是把目标管理过程中目标的设置、目标实施情况不断地反馈给目标设置和实施的参与者，让他们时时知道组织对自己的要求及自己的贡献情况。如果建立了目标，再加上反馈，就能更进一步加强员工工作表现。

综上所述，设置目标一般要求目标的数量不宜太多，能涵盖工作的主要特征，并尽可能地说明必须完成什么和何时完成，如有可能，也应明示所期望的质量和为实现目标的计划成本。此外，目标应能促进个人职业上的成长和发展，对员工具有挑战性，并在目标管理过程中有必要适时地向员工反馈目标完成情况。

（三）目标管理的过程

孔茨认为，目标管理是一个全面的管理系统，它用系统的方法把许多关键管理活动结合起来，可以有意识地瞄准并有效地实现组织目标和个人目标。

在理想的情况下，这个过程开始于组织的最高层，总经理给这一过程积极支持并给组织以指导。但是目标设置开始于最高层并不是必然的。它可以从分公司一级开始，也可以在某职能部门一级甚至更低层开始。例如：某一公司的目标管理首先开始在一个分公司建立，随后逐级建立到管理的最低层而形成一个互相联系、互相支持的目标网络。在分公司经理的领导和指导下，在获利性、成本降低、改善经营等方面都取得了成功。不久，其他一些分公司经理和企业总经理也产生了兴趣并力图实行类似的目标管理计划。

1. 制定目标

制定目标包括确定组织的总体目标和各部门的分目标。总体目标是组织在未来从事活动要达到的状况和水平，其实现有赖于全体成员的共同努力。为了协调这些成员在不同时空的努力，各个部门的各个成员都要建立与组织目标相结合的分目标。这样就形成了一个以组织总体目标为中心的一贯到底的目标体系。在制定每个部门和每个成员的目标时，上级要向下级提出方针和目标，下级要据此制定目标方案，在此基础上进行协商，最后由上级综合考虑后作出决定。

目标可以设置为任何期限的，如一季、一年、五年，或在已知环境下的任何适当期限。在大多数情况下，目标设置可与年度预算或主要项目的完成期限相一致。在制定目标时，主管人员也要建立衡量目标完成的标准，如果制定的是定量的、可考核的目标，时间、成本、数量、质量等这些衡量标准一般都要写到目标里去。在制定目标系列时，主管人员和下级应该一起行动，而不应该不适当地强制下级制定各种目标。

2. 明确组织的作用

理想的情况是，每个目标和子目标都应有某一个人的明确责任。然而，几乎不可能去建立一个完美的组织结构以使每一特定的目标都成为某个个人的责任。例如，在制定一种新产品投入的目标中，研究、销售和生产等部门的主管人员必须仔细地协调他们的工作。组织通常采用设立一名产品主管人员的方式来统一协调各种职能。

3. 执行目标

组织中各层次、各部门的成员为完成分目标，必须从事一定的活动，活动中必须利用一定的资源。为了保证他们有条件组织目标活动的开展，必须授予他们相应的权力，使其有能力调动和利用必要的资源。有了目标，组织成员便会有明确的努力方向；有了权力，他们便会产生强烈的与权力使用相应的责任心，从而能充分发挥他们的判断能力和创造能力，使目标执行活动有效地进行。

4. 评价结果

结果评价既是实行奖惩的依据，也是上下左右沟通的机会，同时还是自我控制和自我激励的手段。结果评价既包括上级对下级的评价，也包括下级对上级、同级关系部门相互之间以及各层次组织成员对自我的评价。上、下级之间的相互评价有利于信息、意见的沟通，从而有利于组织活动的控制；横向的关系部门相互之间的评价，有利于保证不同环节的活动协调进行；而各层次组织成员的自我评价则有利于促进他们的自我激励、自我控制以及自我完善。

5. 实行奖惩

组织对不同成员的奖惩是以上述各种评价的综合结果为依据的。奖惩可以是物质的，也可以是精神的。公平合理的奖惩有利于维持和调动组织成员饱满的工作热情和积极性，奖惩有失公正则会影响成员的工作积极性。

6. 制定新目标并开始新的目标管理循环

结果评价与成员行为奖惩，既是对某一阶段组织活动效果以及组织成员贡献的总结，也为下一阶段的工作提供了参考和借鉴。在此基础上，组织成员及各个层次、部门制定新的目标并组织实施，即展开目标管理的新一轮循环。

二、滚动计划法

滚动计划法是一种定期修订未来计划的方法。

（一）滚动计划法的基本思想

这种方法根据计划的执行情况和环境变化情况定期修订未来的计划，并逐期向前推移，使短期计划、中期计划、长期计划有机地结合起来。在计划工作中很难准确地预测将来影响企业经营的经济、政治、文化、技术、产业、顾客等各种因素变化，而且随着计划期的延长，这种不确定性越来越大。因此，若机械地按几年以前的计划实施，或机械地静态地执行战略性计划，则可能导致巨大的错误和损失。滚动计划法可以避免这种不确定性可能带来的不良后果，具体使用近细远粗的办法制订计划。如图 4－2 所示，这是五年期的滚动计划法。

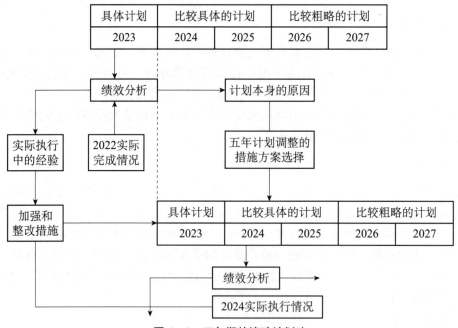

图 4－2　五年期的滚动计划法

由图 4－2 可以看出，在计划期的第一阶段结束时，要根据该阶段计划的实际执行情况和外部与内部有关因素的变化情况，对原计划进行修订，并根据同样的原则逐期滚动。每次修订都使整个计划向前滚动一个阶段。

（二）滚动计划法的评价

滚动计划法虽然使得计划编制和实施工作的任务量加大，但在计算机广泛应用的今天，其优点十分明显。首先，滚动计划法使计划更加切合实际，并且使战略性计划的实施也更加切合实际。由于人们无法对未来的环境变化作出准确的估计和判断，所以计划针对的时期越长，不准确性就越大，其实施难度也越大。滚动计划相对缩减了计划期限，加大了计划的准确性和可操作性，从而保证战略性计划的有效实施。其次，滚动计划法使长期计划、中期计划与短期计划相互衔接，使短期计划内部各阶段相互衔接，这就保证了即使在环境变化出现某些不平衡时，各期计划也能及时地进行调整，从而基本保持一致。再次，滚动计划法大大加强了计划的弹性，这在环境剧烈变化的时代尤为重要，它可以提高组织的应变能力。

三、网络计划技术

网络计划技术是 20 世纪 50 年代后期在美国产生并发展起来的。它包括各种以网络为基础制订计划的方法，如关键路径法、计划评审技术、组合网络法等。1956 年美国的一些工程师和数学家组成了一个专门小组首先开始这方面的研究。1958 年美国海军武器计划处采用了计划评审技术，使北极星导弹工程的工期由原计划的 10 年缩短为 8 年。1961 年，美国国防部和国家航空署规定，凡承制军用品必须用计划评审技术制订计划上报。从那时起，网络计划技术就开始在组织管理活动中被广泛应用。

(一) 网络计划技术的基本步骤

网络计划技术的原理，是把一项工作或项目分成各种作业，然后根据作业顺序进行排列，通过网络图对整个工作或项目进行统筹规划和控制，以便用最少的人力、物力、财力资源，以最快的速度完成工作。网络计划技术的基本步骤如图 4 - 3 所示。

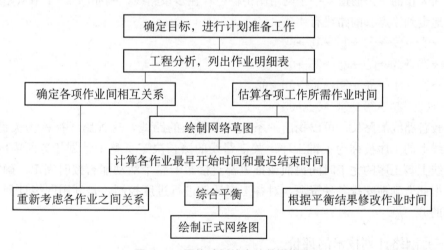

图 4 - 3 网络计划技术的基本步骤

(二) 网络图

网络图是网络计划技术的基础。任何一项任务都可分解成许多工作，根据这些工作在时间上的衔接关系，用箭线表示它们的先后顺序，画出一个由各项工作相互联系并注明所需时间的箭线图，这个箭线图就称作网络图。图 4 - 4 便是一个简单的网络图。

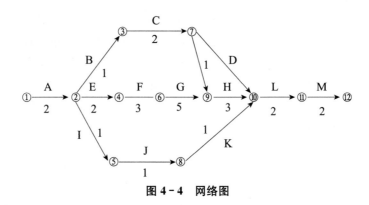

图 4-4 网络图

分析图 4-4，网络图可以由以下部分构成：

(1)"→"代表工序，是一项工作的过程，有人力、物力、财力，经过一段时间才能完成。图中箭线下的数字便是完成该项工作所需的时间。此外，还有一些工序既不占用时间也不消耗资源，是虚设的，叫虚工序，在图中用"…………→"表示。网络图中用虚工序的目的是避免工序之间关系的含混不清，以正确表明工序之间先后衔接的逻辑关系。

(2)"○"代表事项，是两个工序的连接点。事项既不消耗资源也不占用时间，只表示前道工序结束、后道工序开始的瞬间。一个网络图中只有一个始点事项、一个终点事项。

(3) 路线。路线，即网络图中由始点事项出发，沿箭线方向前进，连续不断地到达终点事项为止的一条通道。一个网络图中往往存在多条路线，例如图 4-4 中从始点①连续不断地走到终点⑫的路线有 4 条：

①→②→③→⑦→⑩→⑪→⑫

①→②→③→⑦→⑨→⑩→⑪→⑫

①→②→④→⑨→⑩→⑪→⑫

①→②→⑤→⑧→⑩→⑪→⑫

比较各路线的路长，可以找出一条或几条最长的路线，这种路线被称为关键路线。关键路线上的工序被称为关键工序。关键路线的路长决定了整个计划任务所需的时间。关键路线上各工序的完工时间提前或推迟都直接影响整个活动能否按时完工。确定关键路线，据此合理地安排各种资源，对各工序活动进行进度控制，是利用网络计划技术的主要目的。

(三) 网络计划技术的评价

网络计划技术虽然需要大量而烦琐的计算，但在计算机广泛运用的时代，这些计算已大都程序化了。这种技术之所以被广泛运用，是因为它有一系列的优点：

(1) 该技术能清晰地表明整个工程的各个项目的时间顺序和相互关系，并指出了完成任务的关键环节和路线。因此，管理者在制订计划时可以统筹安排、全面考虑又不失重点。在实施过程中，管理者可以进行重点管理。

(2) 可对工程的时间进度与资源利用实施优化。在计划实施过程中，管理者调动非关键路线上的人力、物力和财力从事关键作业，进行综合平衡。这既可节省资源，又能加快工程进度。

（3）可事先评价达到目标的可能性。该技术指出了计划实施过程中可能发生的困难点以及这些困难点对整个任务产生的影响，有利于管理者准备好应急措施，从而减少完不成任务的风险。

（4）便于组织与控制。管理者可以将工程特别是复杂的大项目分成许多支持系统来分别组织实施与控制，这种既化整为零又聚零为整的管理方法可以实现局部和整体的协调一致。

（5）易于操作并具有广泛的应用范围，适用于各行各业以及各种任务。

复习思考题

一、选择题

1. 涉及计划工作的基本特征的下列各种说法中，错误的是（　　）。

A. 计划工作普遍存在　　　　　　　B. 计划工作居首要地位

C. 计划是一种无意识形态　　　　　D. 计划工作要讲求效率

2. （　　）也被称为数字化的计划。

A. 政策　　　　　B. 目标　　　　　C. 规则　　　　　D. 预算

3. 战略性计划一般由（　　）负责制订。

A. 董事会　　　B. 高层管理人员　　C. 中层管理人员　　D. 基层管理人员

4. 首先将目标管理作为一套完整的管理思想提出的是（　　）。

A. 泰罗　　　　B. 梅奥　　　　C. 赫伯特·西蒙　　D. 彼得·德鲁克

5. 在目标设立过程中，以下哪种做法是不对的？（　　）

A. 尽可能量化企业目标　　　　　　B. 把目标控制在5个以内

C. 目标期限应以长期目标为主　　　D. 期限适中

6. 计划工作起始于（　　）。

A. 估量机会　　　B. 确定目标　　　C. 确定前提　　　D. 做好预算

7. 计划工作是（　　）。

A. 各级管理人员都要从事的工作　　B. 计划职能部门的工作

C. 高层管理部门所要从事的工作　　D. 以上都不是

8. "第十三个五年计划"是（　　）计划。

A. 专项　　　　B. 长期　　　　C. 中期　　　　D. 短期

9. 与长期的战略性计划有关的计划是（　　）计划。

A. 上层管理　　　　B. 中层管理　　　　C. 基层管理　　　　D. 人员培训

10. 物资采购计划、新产品开发计划等属于（　　）计划。

A. 专项　　　　　　B. 综合　　　　　　C. 财务　　　　　　D. 业务

11. 年度计划一般属于（　　）计划。

A. 生产　　　　　　B. 长期　　　　　　C. 中期　　　　　　D. 短期

12. 目标不是一成不变的，一般来说，（　　）应保持一定的稳定性。

A. 利润目标　　　　　　　　　　　B. 短期目标

C. 中期目标　　　　　　　　　　　D. 长期目标

13. 某企业在推行目标管理中，提出了如下目标：质量上台阶，管理上水平，效益创一流，人人争上游。该企业所设定的目标存在哪方面的欠缺？（　　）

A. 目标缺乏鼓动性　　　　　　　　B. 目标表达不够清楚

C. 目标无法考核　　　　　　　　　D. 目标设定得太高

二、判断题

1. 计划是对企业内部不同部门和成员在一定时期内具体任务的安排，详细规定了不同部门和成员在该时期内从事活动的具体内容和要求。（　　）

2. 计划的效率是指从组织目标所作贡献中扣除制订和执行计划所需费用及其他因素后的总额，所以，在制订计划时，我们应该考虑包括计划的经济方面的利益和非经济方面的利益和损耗。（　　）

3. 长期计划往往是战略性计划，它规定组织在较长时期的目标以及为实现目标所应采取的具体措施和步骤。（　　）

4. 不正确的计划会浪费时间。（　　）

5. 一旦制订了计划，就会降低工作的灵活性。（　　）

6. 目标管理体现以人为中心的管理思想。（　　）

7. 依据权变原则，企业目标要根据外部环境的变化及时调整与修正。比较看来，企业的长期目标应保持一定的稳定性，短期目标应保持一定的针对性。（　　）

8. 就风险性而言，公司战略要比经营战略风险小。（　　）

9. 组织目标是组织进行决策的基本依据，所以组织目标一旦确立就不能变动。（　　）

10. 企业面临的不确定因素多少并不影响企业制订战略计划的时间长短。（　　）

三、简答题

1. 简述计划的概念及性质。

2. 简述计划的类型及作用。

3. 简述计划的编制过程。

4. 目标管理的基本思想及过程分别包括哪些？

5. 如何评价滚动计划法？

知识拓展

现代管理学之父——彼得·德鲁克

一、人物简介

彼得·德鲁克1909年11月19日出生于奥匈帝国的首都维也纳，1937年移居美国，终身以教书、著书和咨询为业。德鲁克一生共著书39本，在《哈佛商业评论》发表文章30余篇，被誉为"现代管理学之父"。他文风清晰练达，对许多问题都提出了自己的精辟见解。杰克·韦尔奇、比尔·盖茨等人都深受其思想的影响。德鲁克一生笔耕不辍，年逾九旬还创作了《德鲁克日志》，《纽约时报》赞誉他为"当代最具启发性的思想家"。2005年11月11日，德鲁克在加州家中逝世，享年95岁。被尊为"现代管理学之父"的德鲁克，是这个时代最出色的管理学者。他曾发誓："如果我能活到80岁，我要写到80岁。"

二、深远影响

"德鲁克先生的渊博知识、深刻思想不仅影响了学术界，也影响了企业界。可以说，没有一个著名学者和成功的商界领袖不从他那里汲取养分。"——南京大学商学院院长赵曙明

"全世界的管理者都应该感谢这个人，因为他贡献了毕生的精力来理清我们社会中人的角色和组织机构的角色，我认为彼得·德鲁克比任何其他人都更有效地做到了这一点。"——通用电气前首席执行官杰克·韦尔奇

"在所有的管理学书籍中，德鲁克的著作对我影响最深。"——微软总裁比尔·盖茨

"德鲁克是我心中的英雄。他的著作和思想非常清晰，在那些狂热追求时髦思想的人群中独树一帜。"——英特尔主席安迪·格鲁夫

三、人物生平

（一）提出"目标管理"的概念

1954年，德鲁克提出了一个具有划时代意义的概念——目标管理，它是德鲁克所发明的最重要、最有影响的概念，并已成为当代管理学的重要组成部分。

目标管理的最大优点也许是它使得一位经理人能控制自己的成就。自我控制意味着更强的激励：一种要做得最好而不是敷衍了事的愿望。它意味着更高的成就目标和更广阔的眼界。目标管理的主要贡献之一就是它使得我们能用自我控制的管理来代替由别人统治的管理。

（二）管理学的真谛

管理是一门学科，这首先就意味着，管理人员付诸实践的是管理学而不是经济学，不是计量方法，不是行为科学。无论是经济学、计量方法还是行为科学，都只是管理人员的工具。但是，管理人员付诸实践的并不是经济学，正像一个医生付诸实践的并不是验血那样。管理人员付诸实践的并不是行为科学，正像一位生物学家付诸实践的并不是显微镜那样。管理人员付诸实践的并不是计量方法，正像一位律师付诸实践的并不是判

例那样。管理人员付诸实践的是管理学。

（三）管理要解决的问题有90%是共同的

德鲁克认为：管理在不同的组织里会有一些差异。因为使命决定远景，远景决定结构。管理沃尔玛公司和管理罗马天主教堂当然有所不同，其差异在于，各组织所使用的名词（语言）有所不同。其他的差异主要是在应用上而不是在原则上。所有组织的管理者，都要面对决策，要做人事决策，而人的问题几乎是一样的。所有组织的管理者都面对沟通问题，管理者要花大量的时间与上司和下属进行沟通。在所有组织中，90%左右的问题是共同的，不同的只有10%。只有这10%需要适应这个组织特定的使命、特定的文化和特定的语言。换言之，一个成功的企业领导人同样能领导好一家非营利性机构，反之亦然。

（四）培养经理人的重要性

德鲁克认为，经理人是企业中最昂贵的资源，而且也是折旧最快、最需要经常补充的一种资源。建立一支管理队伍需要多年的时间和极大的投入，但彻底搞垮它可能不用费多大劲。在21世纪，经理人的人数必将不断增加，培养一位经理人所需的投资也必将不断增加。与此同时，企业对其经理人的要求也将不断提高。

企业的目标能否达到，取决于经理人管理的好坏，也取决于如何管理经理人。而且，企业对其员工的管理如何、对其工作的管理如何，主要也取决于经理人的管理及如何管理经理人。企业员工的态度所反映的，首先是其管理层的态度。企业员工的态度，正是管理层的能力与结构的一面镜子。员工的工作是否有成效，在很大程度上取决于他被管理的方式。

德鲁克认为，组织的目的是使平凡的人做出不平凡的事，组织不能依赖于天才，因为天才稀少如凤毛麟角。考察一个组织是否优秀，要看其能否使平常人取得比他们看来所能取得的更好的绩效，能否使其成员的长处都发挥出来，并利用每个人的长处来帮助其他人取得绩效。组织的任务还在于使其成员的缺点相抵消。

✦ 案例分析

甲公司的目标管理

甲公司是一个地方中型企业，在实行目标管理之前，公司领导总感到职工的积极性没有最大限度地发挥出来，上下级之间关系也比较紧张，管理很不顺畅。所以公司效益近年来连续下滑。为从根本上扭转这种被动的管理局面、从管理中要效益，公司领导班子达成共识，从20××年开始在公司全面推行目标管理。

一、确定目标

甲公司根据企业五年计划的总体要求来确定公司的总目标。总目标包含以下四个方面，并尽量用定量指标表达，目标又分期望和必达两种，分别如下（以20××年为准）：

1. 社会贡献目标。甲公司作为一个地方企业，不仅要满足地区经济发展的物质要求，而且要满足人民群众对产品不断增长的需求。具体指标为：总产值7 914万元必达，期望8 644万元；净产值1 336万元必达，期望1 468万元；上缴税款517万元必达，期望 648 万元。

2. 市场占有率目标。随着市场经济的发展与深入，公司产品市场竞争越来越激烈。甲公司在本省是具有竞争力的企业，所以在力图巩固现有市场份额的基础上，强化市场营销策略，不断扩大销售量，并开拓外省（市）市场，从而提高市场占有率。对销售指标：期望年增 8%～10%，必须达到年增 6%～7%；对市场占有率指标：期望达到 38%，必须达到 34%。

3. 公司发展目标。公司根据五年计划发展规划，确定其发展目标为：销售收入 6 287 万元必达，期望达到 7 100 万元，且年增长 6%～8%；资产总额 650 万元，且年增长 10%～12%；必须开发 5 个新系列产品，期望开发 6 个新产品系列；职工人数年增长 3%，且实行全员培训，职工培训合格率必达 85%，期望 98%。

4. 公司利益和效益目标。确定的具体指标如下：利润总额 480 万元，期望实现 540 万元；销售利润率 7.6%，期望达到 8.5%；劳动生产率年增 85%，期望年增 105%；成本降低率递减 5%；合格品率达到 92%，期望达到 95%；物质消耗率年下降 7%；一级品占全部合格品比重达 50%，期望达到 60%。

二、分解目标

甲公司对于总目标的每一个必达指标，都按纵横两个系统从上至下层层分解。从横向系统看，即公司每一个职能部门都细分到各自的目标，并且一直到科室人员。从纵向系统看，从公司总部到下属车间、段、班组直至每个岗位工人都要落实细分的目标。由此形成层层关联的目标体系。

现以公司实现利润总额 480 万元为例，对其目标进行分解。为确保 20×× 年实现利润总额 480 万元，经过分析其取决于成本的降低，而成本降低又分解为原材料成本、工时成本、废品损失和管理费用四个第三层次的目标，然后继续分解下去，共细分成 96 项具体目标，涉及降低物耗、提高劳动生产率、保证和提高产品质量以及管理部门节约高效的具体要求。最后按归口分级原则落实到责任单位和具体责任人。

三、执行目标

甲公司按照目标管理的要求，让各目标执行者"自主管理"，使其能在"自我控制"下充分发挥积极性和潜能。为职工实现自己的细分目标创造一个宽松的管理环境，不再强调上级对下属严密监督和下级任何事情都必须请示上级才行动的陈旧管理模式。

在此阶段，公司领导注重做到以下几点：

1. 对于大多数公司所属部门和岗位，都进行充分的授权，提高自主管理和自我控制的水平。对于极少数下属部门和岗位，上级领导对下属部门和成员仍应实施一定的监督权，以确保这些关键部门和岗位的目标得以实现。

2. 公司建立和健全自身的管理信息系统，创造了执行目标所需的信息交流条件，使得上下级和平级之间的不同部门和人员都能在执行各自目标的过程中得到信息的支持。

3. 公司各级领导人员对下属及成员并不是完全放任、不管不问。他们的职责主要表现在以下方面：一是为下属创造良好的工作环境；二是对下级部门和下属人员做好必要的指导和协调工作；三是遇到例外事项时，上级主动到下属中去协商研究解决，而不是简单下达指令。

在上述公司成本降低的96项具体目标落实到公司有关部门和个人后，他们就按各自目标制定具体实施方案。实施方案包括执行目标所需的权限、工作环境、信息交流渠道、工作任务、计划进度、例外事项处理原则等。在每天的工作中，每个执行目标者都要自己问自己"我今天要做些什么才能对自己目标的完成作出贡献"，然后对每天的工作和时间进行最佳的组合安排，尽可能取得最大工作效率。

四、评定成果

甲公司在进行目标管理时，很重视成果评定。当预定目标实施期限结束时（一般为一年），就大规模开展评定成果活动，借以总结成绩、鼓励先进，同时发现差距和存在的问题，为更好地开展下一轮的目标管理打好基础。

公司强调评定成果要贯彻三项原则：一是以自我评定为主，上级评定与自我评定相结合；二是要考虑目标达到程度、目标的复杂程度和执行目标的努力程度，并对这三个主要因素进行综合评定；三是按综合评定成果进行奖励，体现公平、公正的激励原则。

例如，三车间产品成本目标是6 500元/吨，公司考核部门的标准是：达到6 500元/吨，得100分；降至6 400元/吨以下，得120分；超过6 600元/吨，得10分；6 500～6 600元/吨时，得50分。三车间全体职工经过一年奋斗，最终自评成绩是120分，成功使成本降至6 400元/吨以下，在达到目标程度这一因素上取得了最优级，并得到了公司考核部门认可。

成本是一个综合项目，涉及企业管理的许多方面。三车间的成本目标定为6 500元/吨，确属于比较复杂、困难、繁重的目标。公司考核部门在制定评价标准时，把6 500元/吨定为难度比较大的目标，记为100分；6 400元/吨以下为难度极大的目标，记为120分；6 600元/吨以上为较为容易目标，记为10分。在评定时，影响成本的环境和条件没有大的改变，所以，三车间和公司考核部门一致确认6 500元/吨的成本目标应记为100分。

在评定执行目标的努力程度时，公司考核部门也设置了很努力、比较努力、一般努力三个等级，分值分别是120分、100分和80分。三车间自评结论是全车间在一年中同心协力、努力奋斗，应该记120分。

当然，在确定目标的复杂程度和执行的努力程度时，公司考核部门都有一些更多的细分指标和因素来保证。比如，执行努力程度要看出勤率、工时利用率、合理化建议多少，等等。

对于不同层级的部门和岗位，三个因素在评定成果中所占的比例有所不同。一般越是上级职位和部门，第一要素所占比重越大。本例三车间属基层部门，可按5：3：2的比例对其成果分值最终予以确定。

三车间综合评价分＝120×50％＋100×30％＋120×20％＝114（分）
（目标达到程度）（目标复杂程度）（执行中努力程度）

由于三车间进行的目标管理取得的成绩很大，甲公司对其进行了表彰和奖励。三车间每个职工也通过评定成果做了一次认真、全面、系统的总结。每个职工也有自己细分目标的评定结果，成绩并非一刀切。所以后进职工认真总结教训和学习先进职工的经验，以便下一轮目标圆满完成。

甲公司执行目标管理的第一年就取得了丰硕成果，公司总目标都超额实现了，总产值达到 8 953 万元，净产值达 1 534 万元，上缴税款 680 万元。总目标中对社会贡献的目标全部超过期望目标。在市场占有率目标方面：20××年比上一年销售量增长 9%，市场占有率达到 35%，都超过了必达目标。在公司发展目标方面：销售额达到 7 130 万元，比上年增长 85%；资产总额 730 万元，比上年增长 15%；已开发出 6 个新品种系列；职工培训上岗合格率已达 93%。在公司利益和效益目标上已实现利润总额 630 万元，其他各项经济效益指标也全部达到甚至超过预定目标。

同时，公司内部的上下级关系和人际关系方面开始变得融洽、和睦，员工的积极性、主动性、创造性真正发挥了出来。全公司呈现一种同心协力、努力奋斗、力争实现公司目标的新景象。

问题：

1. 甲公司为什么要推行目标管理？推行目标管理有哪些作用？

2. 从管理角度分析，目标管理有何特色？

3. 甲公司是如何按照目标管理的程序来操作的？你认为在实际应用目标管理中还需注意哪些问题？

第五章 组织与组织设计

✦ 学习目标

熟悉组织职能基本内容及工作原则；

了解职务设计的类型；

掌握高耸型与扁平型组织结构及其优缺点；

掌握组织中职权的关系；

熟悉常见的组织结构形式。

第一节　组织概述

一、组织的概念

在现实社会中，人们总是在一定的组织中生活和工作，管理者也总是在一定的组织中根据组织的特定任务目标、工作环境，把组织的组成要素有机地组织起来，以便有效地执行和实现目标。正如美国管理学家巴纳德所说，由于生理的、心理的、物质的和社会的限制，人们为了达到个人的目标或共同的目标，就必须合作，于是群体就产生了，即组织。也就是说，组织是指将一定的人员（2 人或以上）有系统地安排在一起，以实现某种特定的目标。

一般来说，组织一词有两层含义：一是名词含义，其中又存在组织机构和组织结构两层含义，前者是指执行特定使命的各种人力资源与物质资源的集合体，这是有形的组织体，具体包括各类营利性组织和非营利性组织；后者是指组织机构的框架体系安排和内部结构特征，这是无形的组织体。二是动词含义，是指组织工作或组织职能，是指为了实现组织的共同目标而确定组织内各要素及相互关系的活动过程，也就是设计一种组织结构并使之运转的过程，主要包括组织结构设计、组织职务设计以及责任、权利分配等问题。

本章中，主要强调作为动词的组织职能概念。从狭义角度看，组织职能是指建立健全组织体系的工作过程。从广义角度看，组织职能是指从工作目标和组织体系的建立到组织的运行直至工作目标实现的全部工作过程。

二、组织职能的基本内容

组织是由于人类在劳动中需要合作而产生的，合作必然带来更高的工作效率，因此，可以说，组织工作就是设计、建立并保持一种有活力的组织结构的活动过程。具体来说，组织工作应包括以下内容：

（1）设计组织结构，建立组织系统。

（2）设计组织内部权责关系，建立健全组织制度规范体系。

（3）科学地配备组织各职位所需人员，并全面提高人员素质，加强人力资源管理与

开发。

（4）加强组织协调，推进组织的有效运行，促进组织的变革与发展。

从组织工作的内容可以看出，组织工作是一个动态的过程。设计、建立并维持一种科学的、合作的组织结构并不是一蹴而就的，它是对组织目标作出分析之后进行的一系列活动过程。组织工作过程的结束，表现为组织框架的建立及相应职责的明确。同时，建立起的组织结构也并不是一成不变的，它会随着内外因素的变化而适当地调整与变革。

三、组织工作的原则

（一）有效实现目标原则

管理组织的有效性具体表现为组织机构内的各部门、单位和个人均有明确的职责范围，能够节约人力和时间，有利于发挥职工的智慧和工作积极性，使整个组织以最少的费用支出实现其总目标。

（二）专业分工与协作相结合原则

分工协作是指组织越能反映为实现组织目标所必需的各项任务和工作分工以及相互间的协调，组织结构就越精干、高效。

（三）合理管理幅度原则

设计组织结构，既要注意合理确定管理幅度，又要尽量减少管理层次。在规模已定的组织中，管理幅度增大可使管理层次减少、加快信息传递速度，从而使高层领导尽快发现问题，及时采取措施加以解决。

（四）责、权、利相结合原则

责、权、利相结合原则是指在结构设计中，职位的职权和职责越对等一致，组织结构就越有效，而且相应的职位还必须有相应的利益激励。

（五）稳定性和适应性相结合原则

稳定性和适应性相结合原则，是指越是能在组织结构的稳定性与适应性之间取得平衡，就越能保证组织的正常运行。

（六）择优选拔与最佳组合相结合原则

择优选拔与最佳组合相结合原则，是指组织在选拔人才时，除了重视员工自身素质，还要关注整个团队的素质，要做到最优员工与最佳组合的平衡。

（七）人才使用与人才发展相结合原则

人才使用与人才发展相结合原则，是指组织在使用人才的同时还要注重对员工的培养与培训，要将培训看作组织发展的投资行为，从而为组织创造更大的收益。

职务设计

一、职务设计的概念

职务设计就是将若干工作任务组合起来构成一项完整的职位。现实中有些职位的工作内容是常规的、经常重复的,另一些则是非常规的。有些职位要求广泛、多样的技能,另一些只要求范围狭窄的技能。有些职位规定了非常严格的程序,另一些则具有相当大的自由度。一般来说,职务设计的结果体现在职务说明书上。

狭义的职务说明就是对每个职务应当做什么工作作出规定,主要包括职务名称与代号、所辖人员数、所属部门名称、直接上级职位、待遇情况、职务概要。

广义的职务说明除了包含上述内容外,还要指明某个职务适合配备什么资格或条件的人员来担任,也即雇用规范。其主要包括:担任该职务应具有的教育程度及工作经验;任职者应拥有的生理状况、个性和行为特征;任职者应拥有的智商程度和技能等。

二、职务设计的类型

(一)职务专业化

在 20 世纪上半叶以前,职务设计是与劳动分工、工作专业化意义相同的,管理者力求将组织中的工作设计得尽可能简单、单纯、易做。亚当·斯密曾描述过一家别针制造厂的劳动分工情形:第一个人抽钢丝,第二个人拉直,第三个人切割,第四个人削尖,第五个人打磨顶部以便接上头部;而头部的制作又需要两三项单独的作业;接上头部又是另一项作业。如此将别针的制造划分为各种独特的、专业化的操作,分别由专门的人员来承担,使得劳动生产率比传统的方式(即一个人从头到尾负责制作整根别针)提高了 200 多倍。这就是专业分工的巨大吸引力。时至今日,大量的工作仍然在按照专业化分工的原则进行。生产工人在装配流水线上从事简单、重复的工作,办公室职员在计算机前从事范围狭窄的、标准化的任务,甚至护士、会计及许多其他的职业性工作都是按照同样的原则组织起来的。

职务专业化具有许多优点，如有利于提高人员的工作熟练程度、有利于减少因工作变换而损失的时间、有利于使用专用设备和减少员工培训，以及扩大劳动者的来源和降低劳动成本等。但职务设计得过于狭窄不可避免地会带来负面的影响，流水线上每天上千次地拧紧螺栓，其枯燥、单调、乏味造成了人们在生理、心理上的伤害，导致了员工的厌烦和不满情绪，工作之间的协调成本上升，从而影响了总体工作效率和工作质量。

（二）职务扩大化

职务扩大化是为了克服由于过度的分工而导致的工作过于狭窄的弊端而提出的一种职务设计思想。它主张通过把若干狭窄的活动合并为一件工作的方式来扩大工作的广度和范围。以装配收音机为例，原先每个人只负责一两项简单的操作，如将某个电容插在焊孔上，现在改为每个员工装配一个部件甚至整台收音机。这样在一定程度上拓宽了职务的内容，促进了员工技能的多样化，降低了工作的单调程度，在一定程度上激励了员工的工作积极性。但这不利于提高员工的工作熟练程度，增加了因工作变换而增加的时间，故效率有所降低。

另一种相似的做法是让员工定期地从一项工作更换到另一项工作上去，称为"职务轮换"。如在仓库工作的工人，可以在卸货、出货、记录、盘点等多项职务上一周内每天进行轮换，这样有利于促进员工技能的多样化，在一定程度上减少了工作单调和枯燥的感觉。日本有些企业在中、低层的管理职务上进行定期或不定期的职务轮换，以更好地培养和激励管理人员。

（三）职务丰富化

如果说职务扩大化是指在同一级别上的工作横向扩展，职务丰富化则是指从纵向上充实和丰富工作内容，即从增加员工对工作的自主性和责任心的角度使其体验工作的内在意义、挑战性和成就感。在强调劳动分工的时代，主张在管理人员和作业人员之间进行明确的职责划分，由管理人员决定工作的内容和工作的方式，而作业人员只需依照命令执行。职务丰富化就是要将部分管理权下放给下级人员，使其在一定程度上自主决定工作的内容、工作的方法、工作的进度等，这充分调动了员工的积极性。

三、职务设计的方式

（一）纵向设计——层次划分

当生产力十分低下、社会分工极其简单的时候，基本的生产劳动是由个体进行的，管理者就是劳动者自己。随着生产进一步发展，人们的活动也复杂起来，劳动的方式逐渐由个体向群体发展，一项工作往往需要几个成员在一起做，并有分工协作，此时便出现了管理者和被管理者。一开始，双方的关系比较简单，管理者能够领导较多的人。但随着生产的发展、科技的进步，组织规模越来越大，管理者与被管理者的关系也开始复杂化。此时，管理者要想有效地领导下属，就必须考虑究竟能有效地管理多少个直接下属的问题，即管理幅度问题。

在人的精力、时间充裕的前提下，增加管辖人员数，不会降低有效性，但当超过这个限度时，管理效率将随之下降，此时必须增加一个管理层次，这样，可以通过委派工作给下一级管理者而减轻上层管理者的负担，如此下去，便形成了有层次的管理结构。

1. 管理幅度与管理层次的概念

管理幅度是指一名管理者直接管理下级的人数。一个人能直接有效地管理的下级数量是有限的，主要受以下几种因素的影响：

（1）管理者及其下属人员的能力。管理者的综合能力、理解能力、表达能力强，则可以迅速地把握问题的关键，对下属的请示提出适当的指导建议，并使下属明确地理解；同样，下属人员具备符合要求的能力，受过良好的培训，则可以在很多问题上根据自己的符合组织要求的主见去解决。这样，管理的幅度便可适当宽些。

（2）工作的性质和条件。管理者的下属人员，如果从事的工作的性质和内容相近，则对他们的指导和建议也就大致相同。这种情况下，管理幅度可大些。

（3）外部环境。组织所处的环境变化越快、变化程度越大，组织中遇到的新问题就越多，下属向上级的请示就越有必要、越经常，并且上级能用于指导下属的时间就越少，必须花时间关注环境的变化，此时，各级管理者的管理幅度就会越小。

管理层次是指组织内部从最高一级管理组织到最低一级管理组织的组织等级。在一个组织中，管理层次的多少，应根据组织的任务量与组织规模的大小而定。规模大且任务量大的组织，其层次可多些；否则层次可少些。

2. 管理幅度与管理层次的关系

当组织规模一定时，较大的管理幅度意味着较少的管理层次，较小的管理幅度意味着较多的管理层次。管理幅度与管理层次之间存在反比关系，如表 5-1 和图 5-1 所示。

表 5-1　管理幅度与管理层次的关系

管理幅度	4	8	16
管理层次	6	4	3
管理人员数	1 365	585	273

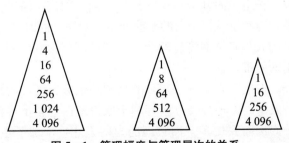

图 5-1　管理幅度与管理层次的关系

按照管理幅度与管理层次，形成两种组织结构形式：高耸型组织结构与扁平型组织结构。

（1）高耸型组织结构。高耸型组织结构就是管理层次多而管理幅度小的结构。该结构的优点是由于各级管理者管辖的下级人数少，有利于管理者的控制，权责关系明确，有利于增强管理者权威，同时为下级提供了晋升的机会。但由于层次越多，需要的管理人员数量就越多，彼此之间的协调难度也急剧增加，增加了管理费用，并且信息传输的速度也较慢，同时由于管理严密，影响了下级人员的工作积极性和创造性的发挥。

（2）扁平型组织结构。扁平型组织结构就是管理层次少而管理幅度大的结构。该结构有利于缩短上下级距离、密切上下级关系，信息纵向流动速度快，管理费用低，下级有较大的自主性和创造性，有利于发挥其工作积极性，培养下级管理能力；但不利于控制，对管理者素质要求高，横向沟通与协调难度大。

（二）横向设计——部门划分

1. 部门的含义

部门是指组织中管理者为完成规定的任务有权管辖的一个特殊的领域。部门在不同组织中有不同的称呼，企业称部、处、室，军队称师、团、营，政府则称局、处、科等。部门划分的目的，在于确定组织中各项任务的分配与责任的归属，以求分工合理、职责分明，有效地实现组织的目标。

2. 部门划分的方法

（1）按人数划分。完全按照人数的多少来划分部门是最原始、最简单的划分方法。这种划分部门的方法是，抽出一定数量的人在管理者的指挥下去执行一定的任务。军队中的师、团、营即为此种划分方法。这种方法由于考虑的仅仅是人力，因此现在已经逐渐被淘汰。

（2）按时间划分。这是在正常的工作日不能满足工作需要时所采用的一种划分部门的方法，比如按早、中、晚班编制进行生产。按时间划分部门也是一种古老的划分方法。

（3）按职能划分。按职能划分部门是目前最普遍采用的一种划分方法。它遵循专业化分工的原则，以工作或任务的性质为基础划分部门，并按重要程度分为主要职能部门和从属派生部门。一般来说，企业的主要职能部门有生产、工程、质量、销售等，其他为主要部门服务的各部门均为从属派生部门。

（4）按产品划分。按组织向社会提供的产品来划分部门。按产品来划分部门，有利于发挥专用设备效益，有利于发挥个人的技能和专业知识，同时也有利于部门内的协调。其缺点是，要求更多的人具有全面管理的能力，产品部门独立性强、整体性差，增加了主管部门协调、控制的困难。

（5）按地区划分。按地区来划分，其目的是调动地方、区域的积极性，谋求取得地方化经营的某种经济效果。这种分类方法有利于取得地区经营的经济效益，有利于培养管理人员。但该划分方法需要更多全面管理能力的人才，增加了主管部门控制的困难，地区部门之间往往不易协调。

3. 部门划分的原则

部门划分应遵循分工原则，具体表现为：

（1）力求最少。组织结构要求精简，部门必须力求最少，但这是以有效地实现目标为前提的。建立机构的目的不是供人欣赏，而是有效地实现目标。

（2）组织结构应具有弹性。组织中的部门应随业务的需要而增减。部门的划分并不是一劳永逸的，其增设或撤销应随业务工作而定。可设立临时部门或工作组来解决临时出现的问题。

（3）确保目标的实现。必要的职能均应确保目标的实现。在企业组织中，其主要职能必须设置相应的部门。当某一职能与两个以上的部门有关时，应明确规定每一部门的责任。

（4）指派平衡。各部门的指派必须达到平衡，避免忙闲不均、工作量分摊不匀。

（5）检查部门分设。检查部门与业务部门分开设置，检查业务部门的人员不隶属于受其检查评价的部门，这样就避免了检查人员的"偏心"，真正发挥检查部门的作用。

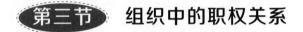

第三节　组织中的职权关系

一、职权的概念和类型

职权是构成组织结构的核心要素，是组织联系的主线，对于组织的合理构建与有效运行具有关键性作用。

（一）职权的概念

职权是指由于占据组织中的职位而拥有的权力。同职权共存的是职责，职责是指担当组织职位而必须履行的责任。职权是履行职责的必要条件与手段，职责则是行使权力所要达到的目的和必须履行的义务。

在组织内，最基本的信息沟通就是通过职权来实现的。通过职权关系上传下达，使下级按指令行事，上级得到及时反馈的信息作出合理决策从而进行有效控制。

（二）职权的类型

组织内的职权有三种类型：直线职权、参谋职权、职能职权。

1. 直线职权

直线职权是企业的直线人员所拥有的包括作出决策、发布命令等的权力，也就是通常所说的指挥权。

每个管理层次的管理者都具有这种职权，只是每个层次的功能不同，职权的大小、

范围不同而已。厂长对车间主任拥有直线职权，车间主任对班组长拥有直线职权……这样从上到下的主管人员之间便形成了一个权力线，也即指挥链或指挥系统。

2. 参谋职权

参谋职权是参谋人员所拥有的咨询权和专业指导权。参谋的形式有个人与专业之分。前者是参谋人员，参谋人员是直线人员的咨询人员，他协助直线人员执行职责。专业参谋，常常为一个独立的机构或部门，就是所谓的"智囊团"或"顾问班子"。专业参谋是时代发展的产物。

3. 职能职权

职能职权是由参谋人员所执行的、由直线主管人员授予的决策与指挥权。由于管理者缺乏某些方面的专业知识，以及存在对方针政策有不同解释的问题等，管理者为改善管理的效率而将一部分职权授予参谋人员或另外一个部门的管理者，这就是职能职权。

二、职权分配

职权分配是指为有效履行职责，实现工作目标，而将组织的权力在各管理部门、管理层次、管理职务中进行配置与分授。职权分配主要有两种情况：一是职权横向配置，即依目标需要而将职权在同一管理层次的各管理部门和人员之间进行合理配置；二是职权纵向分配，即依目标需要而将职权在不同管理层次的部门和人员之间进行分配。职权纵向分配的关键，是解决好集权与分权的关系问题。

（一）集权与分权

1. 集权与分权的含义

集权意味着权力较多地集中在组织的高层；分权则表示权力较多地分散到整个组织中。

在现实中，不存在绝对的集权，因为绝对的集权意味着职权全部集中在一个人手中，因而不存在下级管理者，这实际等于组织是不存在的；绝对的分权也是不存在的，因为这意味着没有管理者，组织也不能够存在。一个组织的存在必然意味着某种程度的分权。集权与分权同时也是两个彼此相对、互相依存的概念。

2. 集权与分权的优缺点

集权有利于组织实现统一指挥、协调工作和更为有效的控制；但同时，也会加重上级的负担，从而影响决策质量，并且不利于调动下级的积极性。

分权有利于调动下级的工作积极性，能够让上级从繁杂的日常事务中解脱出来集中精力处理有关组织发展的重大问题。但分权过度容易导致领导者指挥不灵，部门与部门、人与人之间的协调变得非常困难。

3. 集权与分权的衡量标志

（1）决策的数目。基层决策数目越多，其分权程度越高；反之，高层决策数目越多，其集权程度就越高。

（2）决策事项的重要性及影响面。若较低一级作出的决策事关重大、影响面广，就可以认为分权程度较高；相反，如下级作出的决策无关紧要，则集权程度较高。

（3）决策审批手续的繁简。在根本不需要审批决策的情况下，分权的程度就非常高；在作出决策后还必须呈报上级领导审批的情况下，职权分散程度就低一些；如果在作出决策前必须请示上级，那么分权的程度就更低一些。较低一级管理层在作出决策时请示的人越少，分权程度就越高。

4. 影响集权与分权的因素

（1）决策的重要性。一般来说，越是重要的决策，就越有可能由较高层的管理者掌控。重要的决策多由高层决定，并不完全是由于高层主管更高明、更有能力，很大程度是出于责任考虑。

（2）高层主管对一致性的方针、政策的偏好。有些高层主管将组织的方针、政策的一致性看得高于一切，他们希望在质量、价格、服务等方面对顾客一视同仁，希望对供应商采取协商一致的政策，或者希望采取标准化的公关政策等。

（3）组织的规模。组织规模越大，需要决策的事项就越多，协调起来也就越困难。这样必然会降低决策的速度，从而导致决策的成本很高。要克服这些问题，就必须分散权力。

（4）组织的历史。一个组织的形成方式常常决定着其集权或分权的程度。那些通过内部的成长由小到大发展起来的企业，或者在其缔造者的监护下成长起来的企业，往往表现出一种强烈的职权集中的特征。通过兼并或收购而形成的企业则经常表现出分权的趋势。

（5）最高主管的人生观。现实组织中存在着各种性格不同、人生观迥异的最高管理者。有人视权如命，有人不习惯放权，而有人则将分权看成是现代组织的生存方式。

（6）获取管理人才的难易程度。缺乏训练有素的主管人才会限制分权的实施，因为上级主管必须将职权授予合格的下属。为了保证职权的分散，必须注重管理者的培养工作。

（7）合适的控制手段。如果没有适当的反馈，不能了解所授出的职权运用是否得当，不管多么优秀的管理者都无法进行有效的授权。统计技术、会计控制方法、计算机技术等各方面的进展有利于促进职权的分散。

（8）组织的变动程度。组织变动的快慢也影响着职权的分散程度。一个迅速成长的企业必然面临许多因扩张而产生的问题，这时，高层主管往往倾向于授权于下级并愿意承担由此而带来的风险。

以上讨论的大多是企业组织内部的因素，许多外部的因素也影响着组织中职权的分散程度，比如市场状况、国家法律法规、宏观经济等因素。

（二）授权

1. 授权的概念

授权是指上级委授给下属一定的权力，使其在一定的监督之下有相当的自主权、行动权。由于没有人能够承担实现组织目标所必需的一切任务，同样也没有人能够行使所有的决策权力，因此，管理者必须将职权授予下属，以使他们在各自的职责范围内进行决策。

授权是一个过程。授权的第一步就是要将任务委派给接受授权的下属，并明确应当取得的成果；第二步是将完成任务所必需的职权授予下属；第三步就是要使下属承担起对所接受的任务、成果要求和职权的义务，也就是要使下级认可或同意由上级所授的任务和职权并作出完成任务的承诺。授权的这三个步骤是不可分割的。只是要求某人完成某一任务而不授之以相应的职权，或者授予职权但却不清楚最终要取得什么成果，都不能算是真正的授权。

在授权过程中，责任是不可下授的。上级管理者即使授权下属去完成某项任务，但仍然负有对该项任务的责任。这也是许多管理者不愿授权或不敢授权的原因之一。因此，有必要对授权与代理职务、助理职务、分工加以区分。

（1）授权与代理职务：代理职务人员是指在某一时期，依法或受命代替某人执行任务。代理职务期间相当于全权代理该职位的职权，而不是上级授权。

（2）授权与助理职务：助理职务人员主要是协助领导者的工作，并不承担责任。虽然授权者必须承担责任，但是受权者也应主动承担一定的责任。

（3）授权与分工：分工是指在一个组织内，由各组织成员按其岗位各负其责，成员间一般无明确的隶属关系；而授权者与受权者之间则有上下级的监督、控制和报告的关系。

2. 授权的优越性

（1）授权有利于组织目标的实现。

（2）授权有利于使领导者从日常事务中超脱出来，集中力量处理重要决策问题。

（3）授权有利于激励下级，调动下级的工作积极性，并有利于培养、锻炼下级。

3. 授权的原则

授权是一门领导艺术，正确而恰当的授权才能收到理想的效果，因此，管理者必须注意研究授权的方法与技巧。虽然不同的组织在不同时期或在具有不同的组织成员的情况下，授权过程具有各自不同的特点，但授权都应遵守一些共同的原则。

（1）依工作任务的实际需要授权的原则。工作任务的重要程度、任务难度的大小是授权的前提，切不可因人授权。

（2）适度授权原则。在授权时，该放给基层的权力一定要放下去，不能放、不该放的权力一定不要放，以防止出现授权不足和授权过度的情况。

（3）职、责、权、利相当原则。授权时必须确保权力和责任相对等，在下级完成该项工作后还需要给予一定的利益激励，这样才能取得较好的效果。

（4）最终职责绝对性原则。上级授权给下级，并不能因为已授权下级人员去执行某项工作，自己就不再对该项工作完成情况负责任了，上级管理者责无旁贷地要对下级的工作结果好坏负最终责任。

（5）上级必须坚持有效监控原则。授权不等于放任自流，不等于该项工作就与上级毫无关系了。在工作的执行过程中，上级必须进行必要的控制，承担监督、检查的义务。

三、正确处理职权关系的原则

由于部门划分及管理层次设置的结果，组织内存在上级与下级的关系。上下级之间的沟通显然不能随意进行，需要遵循一定的原则。

（一）指挥链原则

指挥链原则要求组织内的上下级之间的沟通不能越级，即指挥命令和汇报请示都必须沿着一条明确而又不能间断的路线逐级进行，下级不能越级向上级汇报（但可以越级告状和建议），上级不能越级向下级发号施令（但可以越级检查和指导），这样才能保证指挥统一。指挥链原则也称为等级链原则。

（二）统一指挥原则

跨系统行使职权，与在同一直线系统中越级行使职权一样，都可能违背统一指挥的要求。统一指挥是比指挥链原则更高一层的组织原则，它指组织中每个下属都应当而且只能向一个上级主管直接汇报工作。为了保证组织成员的行动协调一致，在组织设计和运作中除了规定直线系统中只有直接上级才能对下级行使职权外，还必须明确跨系统的职权关系。

第四节　组织结构

随着组织规模的扩大和组织业务关系的日益复杂化，组织结构设计在组织工作中的作用日益显著。在小规模的组织内，分工简单、业务单一，可以不需要完整而严密的组织结构，管理者完全可以凭借个人的经验从事管理活动。当组织规模越来越庞大时，为提高工作效率，需要将计划职能与执行职能相分离，实行专业化分工，以充分发挥专业人员的作用。

从人们认识到组织结构的重要作用以来，组织结构的类型不断发生变化，有很多种，但在现代组织中实际得到采用并占主导地位的则仅有其中的几种，即直线型、职能型、直线职能型、事业部制、矩阵制、网络型、控股型组织结构等。当然，各类组织形式没有绝对的优劣之分，不同的环境、不同的企业、不同的管理者都可根据实际情况选用其中最合适的组织形式。

一、组织结构的概念与作用

（一）组织结构的概念

组织结构是指为了有效实现共同目标，进行分工协作，而对组织内部各个组成部分的空间位置、结合方式、隶属关系所作的体制形式安排。组织结构是管理者有意识、有目的地设计与建立的，旨在能顺利实现组织目标。

（二）组织结构的作用

（1）提供分工与协作的基本框架，明确各部门、各层次的合作关系与隶属关系，使管理工作有章可循。

（2）明确各部门的权责关系，使成员做到各司其职、各负其责，有利于高层领导进行例外管理。

（3）成员归属于特定部门，可增强归属意识；通过协作实现组织目标来达到个人目标，培养团队精神。

（4）建立稳定的工作关系，有助于组织的稳定。

二、组织结构的基本形式

组织职能设计完成后，通过组织纵向设计解决了层次划分问题，建立起领导隶属关系；通过组织横向结构设计解决了部门划分问题，建立起分工协作关系；然后通过明确机构、职位、职权、职责之间的相互关系形成不同类型的组织结构。

（一）直线型组织结构

直线型组织结构是一种最古老也是最简单的组织形式，组织中只有一套纵向的行政指挥系统，即该组织中没有职能机构，从最高管理层到最基层实行直线垂直领导。

直线型组织结构的优点是结构简单，权责明确，管理费用低，沟通迅速，指挥统一，反应灵活，纪律和秩序的维护较为容易。但是，这样的组织结构要求管理者精明能干、具有多种管理专业知识和生产技能，这就使得管理者负担过重而难以胜任复杂职能。因此，直线型组织结构适用于小型企业、个体工商户。直线型组织结构如图5-2所示。

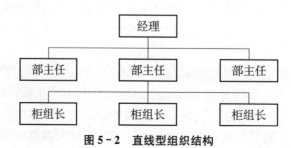

图5-2 直线型组织结构

（二）职能型组织结构

职能型组织结构是一种以职能分工为基础的分级管理结构，在组织内设置若干职能部门，并都有权在各自业务范围内向下级下达命令，也就是各基层组织都接受各职能部门的领导。

职能型组织结构的优点是具有适应管理工作分工较细的特点，能够充分发挥职能机构的专业管理作用；由于吸收了专家参加管理，减轻了上层管理者的负担，使他们有可能集中注意力实现自己的职责。

该组织结构的缺点是由于实现多头领导，妨碍了组织的统一指挥，容易造成管理混乱，不利于明确划分职责与职权；各职能机构往往从本单位和业务出发考虑工作，不能很好地配合，横向联系差；在科学技术迅速发展、经济联系日益复杂的情况下，对环境变化的适应性较差，不够灵活；强调专业化，使管理者忽略了本专业以外的知识，不利于培养高层管理者。

一般来说，在实际工作中，不存在纯粹的职能型组织结构。职能型组织结构如图5-3所示。

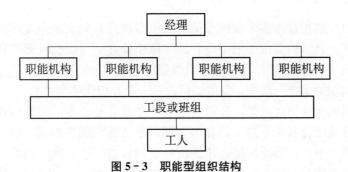

图 5-3　职能型组织结构

（三）直线职能型组织结构

直线职能型组织结构是对职能型组织结构的一种改进。该结构是在组织内部既设置纵向直线指挥系统又设置横向职能管理系统，以直线指挥系统为主体建立的两维的管理组织。这种组织结构把组织管理机构和人员分为直线指挥部门和人员以及参谋部门和人员。直线部门和人员在自己的范围内有一定的决策权，对其所属下级有指挥和命令的权力，对自己的工作部门的工作负全部责任。职能部门及其人员，是直线的参谋，对下级直线部门只能提供建议和业务指导，没有指挥和命令的权力。

直线职能型组织结构的优点是只有直线管理人员才具有对下级进行指挥和下达命令的权力，而各级职能部门只是作为参谋发挥作用，对下级只起到业务指导作用，因此，既有利于保证集中统一的指挥又可以发挥各类专家的专业管理作用。

该组织结构的缺点是下级部门的主动性和积极性的发挥受到限制；部门之间互通情报少，不能集思广益地作出决策；各参谋部门和直线指挥部门之间的目标不统一，容易产生矛盾，使上层主管的协调工作量大；难以从组织内部培养熟悉全面情况的管理人员；整个组织系统的适合性较差，因循守旧，对新情况不能作出及时的反应。中、小型组织比较适合这种组织结构，但对于规模大、决策时需要考虑复杂因素的组织则不太适用。直线职能型组织结构如图5-4所示。

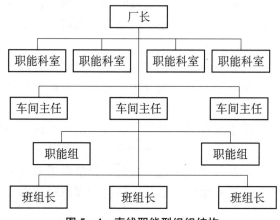

图5-4　直线职能型组织结构

（四）事业部制组织结构

事业部制组织结构是在多个领域或地域从事多种经营的大型企业所普遍采用的一种典型的组织形式。该结构是由美国企业管理专家斯隆在20世纪20年代初研究和设计出来的，故被称为"斯隆模型"。其在直线职能型框架基础上设置独立核算、自主经营的事业部，在总公司领导下统一政策、分散经营，是一种分权化体制。

事业部制组织结构的优点是：公司能把多种经营业务的专门化管理和公司总部的集中统一领导更好地结合起来，总公司和事业部间形成比较明确的责、权、利关系；事业部制以利润责任为核心，既能保证公司获得稳定的收益，也有利于调动中层管理人员的积极性；各事业部能相对自主、独立地开展生产经营活动，从而有利于培养综合型高级经理人才。

该组织结构的缺点是：公司需要有许多对特定经营领域或地域比较熟悉的全能型管理人才来运作和领导事业部内的生产经营活动；各事业部都设立有类似的日常生产经营管理机构，容易造成职能重复、管理费用上升；各事业部拥有各自独立的经济利益，易产生对公司资源和共享市场的不良竞争，由此可能引发不必要的内耗，使总公司协调的任务加重；总公司和事业部之间的集分权关系处理起来难度较大也比较微妙，容易出现以下情况：要么分权过度削弱公司的整体领导力，要么分权不足影响事业部门的经营自主性。一般来说，事业部制适合大型的或跨国的企业公司。事业部制组织结构如图5-5所示。

（五）矩阵制组织结构

矩阵制组织结构是在直线职能型组织结构的基础上，由按职能划分的纵向指挥系统与按项目组成的横向系统结合而成的组织结构形式。为了完成某一项目，从各职能部门中抽调完成该项目所必需的各类专业人员组成项目组，配备项目经理来领导他们的工作。这些被抽调来的人员，在行政关系上仍旧属于原所在的职能部门，但工作过程中要同时

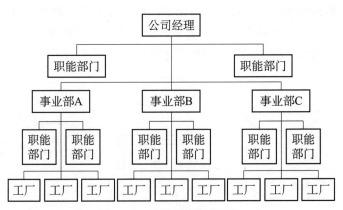

图 5-5 事业部制组织结构

接受项目经理的指挥,因此他们实际上拥有两个上级。项目组任务完成以后,便宣告解散,各类人员回到原所属部门等待分派新的任务。

矩阵制组织结构的优点是灵活性强、适应性强。把具有多种专才又易于接受新观念、新方法的有关人员调集到一起,便于沟通意见。同时,由于所有的成员都了解整个小组的任务和问题,因而便于把自己的工作和整个工作联系起来,集思广益,推动项目方案的实现。它还有利于把组织垂直联系与横向联系更好地组合起来,加强各职能部门之间的协作。

该组织结构的缺点是由于小组是临时的,不易树立责任心,稳定性差。另外,由于小组成员要接受双重领导,当两者意见不一致时就会使他们的工作无所适从,破坏了命令统一原则。矩阵制组织结构如图 5-6 所示。

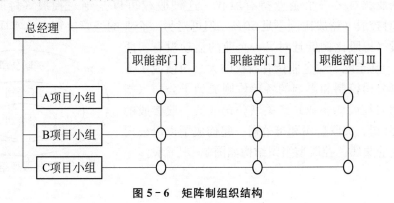

图 5-6 矩阵制组织结构

(六) 网络型组织结构

网络型组织结构是利用现代信息技术手段而建立和发展起来的一种新型组织结构。现代信息技术使企业与外界的联系加强了,利用这一有利条件,企业可以重新考虑自身机构的边界,不断缩小内部生产经营活动的范围,相应地扩大与外部单位之间的分工协作。这就产生了一种基于契约关系的新型组织结构形式,即网络型组织。

网络型组织结构是小型组织的一种可行的选择,也是大型企业在联结集团松散层单

位时通常采用的组织结构形式。由于网络型组织的大部分活动都是外包、外协的，因此，公司的管理机构就只是一个精干的经理班子，负责监管公司内部开展的活动，同时协调和控制与外部协作机构之间的关系。网络型组织结构如图5-7所示。

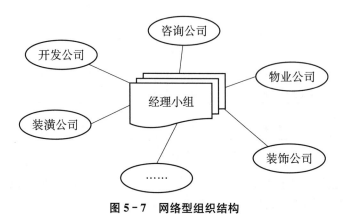

图5-7 网络型组织结构

（七）控股型组织结构

控股型组织结构是在非相关领域开展多种经营的企业所常用的一种组织结构形式。由于经营业务的非相关或弱相关，大公司不对这些业务经营单位进行直接的管理和控制，而代之以持股控制。这样，大公司便成为一个持股公司；受其持股的单位，不但对具体业务有自主经营权，而且保留独立的法人地位。

控股型组织结构是建立在企业间资本参与关系的基础上的。由于资本参与关系的存在，一个企业就对另一个企业持有股权。这种股权可以是绝对控股（持股比例大于50％）、相对控股（持股比例不足50％，但可对另一企业的经营决策产生实质性的影响）和一般参股（持股比例低且对另一企业的活动没有实质性的影响）。基于此，对企业持有股权的大公司便成了母公司，被母公司控制和影响的各单位则成为子公司（指被绝对或相对控股的企业）或关联公司（被一般参股的企业）。子公司、关联公司和母公司一起构成了以母公司为核心的企业集团。控股型组织结构如图5-8所示。

图5-8 控股型组织结构

复习思考题

一、选择题

1. 在企业中，财务主管与财会人员之间的职权关系是（　　）。

A. 直线职权关系　　　　　　　　B. 参谋职权关系

C. 既是直线职权关系又是参谋职权关系　　D. 都不是

2. 管理层级较多而管理幅度较小的锥型组织结构的优点是（　　）。

A. 缩短上下级距离，密切上下级关系

B. 信息纵向流通快，管理费用低

C. 管理严密、分工明确、上下级易于协调

D. 被管理者有较大的自主性、积极性和满足感

3. 在组织规模一定的条件下，管理层级越少，其管理幅度就会（　　）。

A. 越大　　　　　B. 越小　　　　　C. 不变　　　　　D. 不一定

4. 企业管理人员设计组织的管理层级和管理幅度，确定各个管理部门和岗位，规定相应责任和权利。这些工作被称为（　　）。

A. 职能分析　　　　　　　　　　B. 管理规范设计

C. 组织结构设计　　　　　　　　D. 协调方式的设计

5. 组织结构的本质是（　　）。

A. 责权利关系的划分　　　　　　B. 领导与被领导权力的分配

C. 员工的分工协作关系　　　　　D. 企业目标

6. 把生产要素按照计划的各项目标和任务的要求结合成一个整体，把计划工作中制定的行动方案落实到每一个环节和岗位，以确保组织目标的实现。这是管理的（　　）。

A. 计划职能　　　B. 组织职能　　　C. 领导职能　　　D. 控制职能

7. 组织设计中最为重要的基础工作是（　　）。

A. 部门划分　　　　　　　　　　B. 职务设计与分析

C. 人员的激励　　　　　　　　　D. 组织目标的分解

8. 实行多元化经营的现代企业广为采用的组织结构形式是（　　）。

A. 直线制　　　B. 职能制　　　C. 直线职能制　　　D. 事业部制

9. 易导致多重领导，打破了统一指挥原则的组织结构形式是（　　）。

A. 直线制　　　B. 矩阵制　　　C. 直线职能制　　　D. 事业部制

10. 下列哪项因素不利于企业实现组织的分权？（　　）

A. 组织规模很大　　　　　　　　B. 活动具有一定的分散性

C. 高层对低层的决策控制程度低　　D. 企业内部政策具有统一性

11. 在下述哪种情况下，管理幅度可以适当加大？（　　）

A. 所处管理层级较高的主管人员　　B. 工作环境不稳定

C. 计划完善　　　　　　　　　　D. 不同下属工作岗位的分布比较分散

12. 要想避免多头领导和多头指挥，就必须做好管理中的哪项工作？（　　）

A. 计划　　　　　B. 组织　　　　　C. 领导　　　　　D. 控制

13. 职能制的优点是（　　）。

A. 权力统一

B. 命令统一

C. 解决主管负责人对专业指挥的困难

D. 决策迅速

14. 有效的管理幅度受到诸多因素的影响，除了（　　）。

A. 工作能力　　　　B. 工作环境　　　　C. 工作情绪　　　　D. 工作内容和性质

15. 对于规模较小、任务单一且人员较少的组织，一般适于采用（　　）。

A. 职能型的组织结构形式

B. 直线型的组织结构形式

C. 事业部制的组织结构形式

D. 矩阵制的组织结构形式

16. 小王是民营企业的一名职员，他在工作中经常接到来自上级的两个有时甚至相互冲突的命令。以下哪种说法指出了导致这一现象的最本质原因？（　　）

A. 该公司在组织设计上采取了职能制结构

B. 该公司在组织管理中出现了越级指挥问题

C. 该公司的组织层级设计过多

D. 该公司组织运行中有意或无意地违背了统一指挥原则

17. 生产部长说："如果我们不生产，什么也不会发生。"技术研发部部长打断说："如果我们不进行设计，什么事也不会发生。"销售部部长说："如果不是我们把产品卖出去，那才真是什么都不会发生呢！"上述谈话说明该组织在哪方面存在严重问题？（　　）

A. 各部门领导过分强调本部门工作的重要性

B. 各部门领导对各自角色在组织中的作用定位不准

C. 各部门领导对组织内各职能的分工合作缺乏正确认识

D. 各部门领导的话没有什么错误，只是语气不太好

18. 某公司随着经营规模的扩大，其由总经理直管的营销员队伍也从 3 人达到近 100 人。最近公司发现营销人员似乎有点儿松散，对公司的一些做法有异议，但又找不到确切的原因。从管理的角度看，你认为出现这种情况的主要原因最可能在于（　　）。

A. 营销人员太多，产生了鱼龙混杂的情况

B. 总经理投入的管理时间不够，致使营销人员产生了看法

C. 总经理的管理幅度太宽，以致无法和营销队伍进行有效的沟通

D. 营销队伍的管理层次太多，使得总经理无法和营销人员进行有效的沟通

19. 对一家大型企业来说，授权具有非常重要的意义，这主要是因为（　　）。

A. 有利于中层干部的培养

B. 使高层管理人员从日常事务中解脱出来

C. 充分发挥下属的专长，弥补授权者自身的不足

D. 提高下属的工作积极性，增强其责任心，从而提高效率

20. 以下四种做法，哪一种最能说明该组织所采取的是分权的做法？（　　）

A. 采取了多种有利于提高员工个人能力的做法

B. 努力使上级领导集中精力于高层管理

C. 更多、较为重要的决定可由较低层次的管理人员作出

D. 采取积极措施减轻上级领导的工作负担

二、判断题

1. 部门划分就是要确定组织中各项任务的分配与责任的归属，以求分工合理、职责分明，从而有效地实现组织的目标。（　　）

2. 分权会降低组织成员的工作热情。（　　）

3. 一个组织的管理是否有效要看它的分工的程度，分工越细管理效率越高，即二者成正比关系。（　　）

4. 职能型是最简单、最单纯的组织结构形式。（　　）

5. 委员会的决议反映了集体的最完善的决断，所以会出现优柔寡断、决策滞缓的局面。（　　）

6. 运用等级链进行指挥和监督是组织实现整合协调的基本手段。（　　）

7. 授权可以说是组织规模扩大的结果。（　　）

8. 直线职权是一种决策的权力，或者说是指挥和命令的权力，而参谋职权则仅限于提供咨询和建议。（　　）

三、简答题

1. 组织工作的原则有哪些？

2. 如何进行职务设计？

3. 管理幅度与管理层次的关系如何？

4. 授权的原则有哪些？

5. 组织结构的形式有哪些？了解一下你所熟悉的企业采用何种组织结构，为什么采用这种结构。

案例分析一

王厂长的等级链

王厂长总结自己多年的管理实践，提出在改革工厂的管理机构中必须贯彻统一指挥原则，主张建立执行参谋系统。他认为，一个人只有一个婆婆，即全厂的每个人只有一个人对他的命令是有效的，其他的是无效的。如书记有什么事只能找厂长，不能找副厂长。下面的科长只能听从一个副厂长的指令，其他副厂长的指令对他是不起作用的。这样做中层干部高兴，认为解放了。原来工厂有13个厂级领导，每个厂级领导的命令都要求下面执行，下面就吃不消了。王厂长说："一次有个中层干部开会时在桌子上放一个本、一支笔就走了，散会他也没回来。事后，我问他搞什么名堂，他说有三个地方要他开会，他分身乏术，所以就放一个本子，以便应付另外的会。此事不能怨中层领导，只能怨厂级领导。后来我们规定，同一个时间只能开一个会，并且事先要把报告交到党委和厂长办公室统一安排。现在我们实行固定会议制度。厂长一周两次会，每次两小时，而且规定开会迟到不允许超过5分钟。所以会议很紧凑，每人发言不许超过15分钟，超过15分钟就停止。"

王厂长认为，上下级领导界限要分明。王厂长说："副厂长是我的下级，我作出的决定他们必须服从。副厂长和科长之间也应如此。厂长对党委负责，我要向党委打报告，把计划、预算、决算弄好后经批准就按此执行。所以我跟党委书记有时一周一面也不见，跟副厂长一周只见一次面。我认为这样做是正常的。我们规定，报忧不报喜，工厂一切正常就不用汇报，有问题来找我，无问题各忙各的事。"

王厂长认为，一个人管理的能力是有限的，所以规定领导人的直接下级只有5~6人。王厂长说："我现在多了一点儿，有9个人（4个副厂长，2个顾问，3个科长）。这9个人我可以直接布置工作，有事可直接找我。除此以外，任何人不准找我，找我也一律不接待。"

问题：

1. 王厂长主张"一个人只有一个婆婆"，在理论上的依据是什么？在实践上是否可行？

2. 你怎样理解王厂长的"报忧不报喜"？你赞成吗？

3. 王厂长认为除直接下属外，"任何人不准找我，找我也一律不接待"。请说出赞成或反对的理由。

 **案例分析二**

分权问题

最近一家公司的总裁感叹道："我们对分公司分权采取坚定、长期和近乎狂热的承诺，造成与产品相关的不同部门为争取各自更多客户而彼此竞争。结果造成一股有悖整体的力量，和一种人人为我却无我为人人的精神。"他还说："表面上把企业分成较小的单位，应该能够鼓励分公司的积极主动性和提高承担风险能力，事实恰巧相反，部门分立与自治产生了更为短期导向的管理者，他们比以前更受利润的影响。"

问题：
针对以上这段话，谈一谈组织的分权和扁平型组织结构的缺点。

第六章 人力资源开发与管理

学习目标

理解人力资源的概念及特点；

掌握人力资源计划编制原则及步骤；

掌握员工招聘渠道及各渠道间的优缺点；

熟悉员工培训的内容、作用、种类及过程；

明确员工绩效评估的用途与内容；

掌握员工薪酬的构成；

了解薪酬管理中存在的主要问题及薪酬设计的作用；

掌握薪酬设计的步骤；

掌握劳动法律关系的构成要素；

熟悉劳动法律关系的建立及终止条件；

了解劳动争议的解决途径。

第一节　人力资本与人力资源

一、人力资本

人力资本是通过对人力资源投资而体现在劳动者身上的体力、智力和技能。按照舒尔茨（Theodore W. Schultz）的划分，人力资本有四种形式：

（1）健康保健。资本与投资行为是不可分的。经济行为人要提供劳动，必须有一个健康的身体，这是人力资本的基础。人们花在饮食、医疗上的费用可视为一种健康投资。

（2）由厂商进行的在职培训。这类培训通常是根据职业的需要进行的基本技能或特殊职业技能的培训。

（3）正规教育。正规教育、成人教育和在职培训，是最常见和最重要的人力资本形式，它们可以影响未来的货币和物质收入。

（4）适应就业形势变化所引起的劳动力迁徙投资。劳动者花在为寻找工作或更好职位的劳动力流动上的费用，对劳动者来讲也是一种投资，这也是人力资本的最后一种形式。

二、人力资源

（一）人力资源的概念

人力资源是指能够推动整个经济和社会发展的劳动者的能力，即处在劳动年龄的已直接投入建设或尚未投入建设的人口的能力。一个企业的人力资源包括企业内所有的人，因此首先且必要的是对企业人力资源进行分类。

日本将企业人力资源分为五类：企业家——出色的企业领导人，具有远见卓识，有胆略、有魄力，而非目光短浅、斤斤计较；经营管理人员——一般的管理人员，主要是中低级的管理人员；专门人才——各种具有专门技术知识的人才，如会计师、经济师、工程师等；普通工人——生产工人；教师——日本企业非常重视职工素质的培训和提高，因此特别把教师也纳入企业人力资源的范畴。

（二）人力资源的特点

1. 能动性

这是人力资源与其他资源的最根本的区别。人力资源具有思想、情感和思维，具有主观能动性，能有目的、有意识地主动利用其他资源去推动社会和经济的发展，因而它在经济建设和社会发展中起到了积极和主导作用，其他资源则处于被动使用的地位。另外，人力资源还是唯一能起到创造作用的因素。由于人具有创造性思维的潜能，这种潜能可在两个方面发挥作用：一是人在社会和经济发展过程中往往能创造性地提出一些全新的方法，加速社会的进步和经济的发展；二是人能适应环境的变化和要求，担负起应变、进取、创新发展的任务，从而使组织更加充满活力。

人力资源的能动性体现在三个方面：

（1）自我强化。通过接受教育或主动学习，使得自己的素质（如知识、技能、意志、体魄等）得到提高。

（2）选择职业。在人力资源市场中具有择业的自主权利，即每个人均可按自己的爱好与特长自由地选择职业。

（3）积极劳动。人在劳动过程中，会产生敬业爱业精神，能够积极主动地利用自己的知识与能力、思想与思维、意识与品格，有效地利用自然资源、资本资源和信息资源为社会和经济的发展创造性地工作。

2. 两重性

人力资源既是投资的结果同时又能创造财富，或者说，它既是生产者又是消费者。根据舒尔茨人力资本的理论，人力资本投资主要由个人和社会双方共同决定，包括对教育的投资、对卫生健康的投资和对人力资源迁移的投资，人力资本投资的程度决定了人力资源质量的高低。由于人的知识是后天获得的，为了提高知识与技能，必须接受教育和培训，必须投入财富和时间，投入的财富构成人力资本的直接成本（投资）的一部分。人力资本的直接成本（投资）的另一部分是对卫生健康和迁移的投资。另外，人力资源由于投入了大量的时间用于接受教育、提高知识和技能，而失去了许多就业机会和获得收入，这构成了人力资本的间接成本（即机会成本）。从生产与消费的角度来看，人力资本投资是一种消费行为，并且这种消费行为是必需的、先于人力资本收益的，没有这种先前的投资就不可能有后期的收益。而且，人力资源与一般资本一样具有投入产出的规律，并具有高增值性。研究证明，对人力资源的投资，无论是对社会还是对个人，所带来的收益要远远大于对其他资源投资所产生的收益。舒尔茨用投资收益率法研究了美国 1929 年到 1957 年的经济增长贡献，结果表明，教育投资对经济增长率的贡献为 33%。根据挪威 1900 年到 1995 年统计测算：对于固定资产、普通劳动者和智力投资的额度分别每增加 1%，则与其相对应的社会生产量分别增加 0.2%、0.76% 和 1.8%。

3. 时效性

人力资源存在于人的生命之中，它是一种具有生命的资源，它的形成、开发和利用都要受到时间的限制。作为生物有机体的人有其生命的周期，每个人均要经过幼稚期、青壮年期、老年期，由于每个时期人的体能和智能的不同，其各个时期的劳动能力各不

相同，因而这种资源在各个时期的可利用程度也不相同。从个人成长的角度来看，人才的培养有幼稚期、成长期、成熟期和退化期的过程，相应地，其使用也经历培训期、试用期、最佳使用期和淘汰期的过程。这是由于随着时间的推移，社会将不断进步，科学技术也将不断发展，这使得人的知识和技能也会逐渐老化。人力资源的开发与管理也必须尊重人力资源的时效特征。

4. 再生性

与物质资源相似，人力资源在使用过程中也会出现有形磨损和无形磨损。有形磨损是指人自身的疲劳和衰老，这是一个不可避免的、无法抗拒的损耗。无形磨损是指个人的知识和技能与科学技术发展相比的相对老化，我们可以通过一定的方式与方法减少这种损耗。物质资源在形成产品、投入使用并磨损以后，一般予以折旧，不存在继续开发问题。人力资源在使用过程中，有一个可持续开发、丰富再生的独特过程，其使用过程也是开发过程。人在工作以后，可以通过不断的学习更新自己的知识，提高技能，而且通过工作可以积累经验、充实提高，所以，人力资源能够实现自我补偿、自我更新、自我丰富、持续开发。这就要求人力资源的开发与管理要注重终身教育，加强后期培训与开发，不断提高其德才水平。

5. 社会性

由于每个人受自身民族文化和社会环境影响的不同，其个人的价值观也不相同，他们在生产经营活动、人与人交往等社会性活动中，其行为可能与民族（团体）文化所倡导的行为准则发生矛盾、可能与他人的行为准则发生矛盾。这就要求人力资源管理部门注重团队的建设，注重人与人、人与群体、人与社会的关系及利益的协调与整合，倡导团队精神和民族精神。

第二节　人力资源计划

一、人力资源计划的定义和任务

（一）人力资源计划的定义

人力资源计划是根据企业的发展战略、企业目标及企业内外环境的变化，预测未来企业任务和环境对企业的要求，为完成这些任务和满足这些要求而提供人力资源的一个过程，如招聘计划、使用计划、培训计划、退休计划等。

这个定义有三层含义：

（1）一个组织之所以要编制人力资源计划，主要是因为环境是变化的。没有变化就不需要计划。如企业规模扩大需要招聘更多的员工，新技术的应用要求员工的素质有相应的提高。人力资源计划就是要对这些动态变化进行科学的预测分析，以确保企业在近期、中期和长期对人力资源的需求。

（2）人力资源计划的主要工作是制定必要的人力资源政策和措施。对人力资源供求的预测也是人力资源计划的工作，预测是分析问题和条件的过程，制定政策和措施才是解决问题的过程。

（3）人力资源计划的最终目标是要使组织和个人都得到长期的利益。

（二）人力资源计划的任务

1. 系统评价组织中人力资源的需求量

人力资源计划就是要使组织内外部人员的供给与一定时期组织内部预计的需求相一致。人力资源的需求量主要是根据组织中职务的数量和类型来确定的。职务数量指出了每种类型的职务需要多少人，职务类型指出了组织需要具备什么技能的人。一个组织在进行了组织设计之后，需要把组织的需求与组织内部现有的人力资源状况进行动态对比并找出预计的缺额。

2. 选配合适的人员

组织中的员工总是随着内外环境的不断变化而变动的。为了确保担任职务的人员具备职务所要求的基本知识和技能，必须对组织内外的候选人进行筛选。这就必须研究和使用科学的人力资源管理方法，使组织中所需要的各类人才得到及时的补充。

3. 制订和实施人员培训计划

培训既是为了适应组织内部变革和发展的要求，也是为了提高员工素质、满足员工个人职业生涯发展的要求。要使组织中的成员、技术、活动等要素能更好地适应环境，就必须运用科学的方法，有计划、有组织、有重点、有针对性地对员工进行全面培训，以培养和储备适应未来要求的各类人才。

二、人力资源计划的步骤

人力资源计划的整个过程大致可以分成五个步骤：分析外部因素和内部因素；分析组织现有的人力资源状况；对组织的人力资源状况进行预测；制订人力资源计划；设置人力资源计划的反馈系统和控制系统。

总的来说，人力资源计划可以分成三个大步骤。

（一）评估现有的人力资源状况

这一步是通过工作分析法检查现有的人力资源状况，并制定出工作说明书和工作规

范。前者说明员工应该做哪些工作、如何做、为什么这样做，反映工作的内容、工作环境以及工作条件等；后者说明某种特定工作至少需要具备哪些知识和技能。

（二）评估未来人力资源状况

组织的目标与战略决定了对人力资源的未来需求。要使战略规划转化成具体的、操作性较强的人力资源计划，组织就必须根据组织内外资源的情况对未来人力资源状况进行预测，找出各时期各类人员的余缺分布。

（三）制订一套相适应的人力资源计划

对当前和未来人力资源需求作出评估之后，管理者就可以制订出一套与组织战略目标及环境相适应的人力资源计划。当然，组织还必须对此计划进行跟踪、监督和调整，正确引导当前和未来的人才需求。另外，这一计划还需要与组织中的其他计划相互衔接。

三、人力资源计划编制的原则

人力资源计划的编制和组织执行不仅关系到人力资源本身的获得和利用，而且影响企业其他资源的利用效率；不仅关系到企业的生存和发展，而且直接关系到以企业为舞台的员工职业生涯的发展。因此，人力资源计划的编制需要遵循以下基本原则。

（一）既要保证企业短期自上而下的需求，也要能促进企业的长期发展

由于环境的变化，企业活动的内容和方式也在不断变化，因此通过人力资源计划的编制和组织实施，不仅要确保组织获得必要的人力资源，使组织的每项活动都有符合相关要求的人去从事，从而保证组织目前活动的顺利进行，而且要为组织的未来发展准备人才力量，特别是准备干部力量。

随着组织规模的不断发展、活动的日趋复杂，企业管理的工作量将会不断扩大，从而对管理人员的数量和质量要求都将不断增加，因此，要通过人力资源计划的编制和组织实施来保证组织中干部队伍的补充和管理者素质的不断提高。

（二）既要能促进员工现有人力资源价值的实现，又要能为员工的长期发展提供机会

员工是企业人力资源的基本构成要素，企业是员工参与社会活动、实现个人社会价值的基本舞台。从满足员工个人需求的角度去考察，企业人力资源计划的编制和组织实施，不仅要使企业人力资源的现有价值得到充分实现，而且要为人力资源未来在企业甚至在社会的发展创造条件。因此，人力资源计划的编制和组织实施既要注意现有人力资源条件的充分运用，使每一个人都去从事与其个人特点相吻合的工作，而且要在使用中为他们提供提高和完善自己的机会。

实际上，正确地使用人力资源并为员工提供充分的发展机会，不仅可以充分满足组织成员的个人需要，还可以维持员工对企业的忠诚，提高员工在参与组织活动过程中的工作积极性，减少员工的流动。

人才流动对个人来说可能是重要的，它可以使人才通过不断的尝试找到最能发挥自己的才能、给自己带来最大利益的工作。而对整个组织来说，人才流动虽有可能给企业带来"输入新鲜血液"的好处，但其破坏性可能更甚：人员不稳定，职工离职率高，特别是优秀人才的外流，往往让组织多年的培训费用付诸东流，并且可能破坏组织的人力资源发展计划，甚至影响企业在发展过程中的干部需求。因此，要通过人力资源计划的编制和组织实施，使每个员工都能在组织内部看到目前自身价值充分实现、未来素质不断提高的发展机会，从而稳住人心、留住人才，维持成员对组织的忠诚，使符合职位需求的人得到识别及合理的调整，最终实现人与工作的动态平衡。

第三节 员工的招聘与甄选

一、员工招聘的程序设计

员工招聘是企业根据其人力资源计划所确定的人员需求，通过多种渠道，利用多种手段，广泛吸引具备相应资格的人员向本企业求职的过程。这一过程直接影响着企业人力资源配置方面的成本与效益，影响着甄选工作的难度、工作量以及成效，同时也影响着企业人力资源的整体素质。因而，对于这个过程的每一个环节都应给予相应的重视。

（一）制订招聘计划

员工招聘与甄选工作开始于组织中各工作岗位因职位空缺而提出的人员增补需求。通常，人员的增补需求与组织的人力资源计划是直接相关的。组织的人力资源计划应准确地把握有关组织对各类人员的需求信息，确定招聘人员类型、数量及时间。

（二）落实招聘组织

对于企业来说，招聘到符合岗位需求的合格人才是一项重要而艰巨的工作。因此有必要组成专门的班子并对组成人员进行必要的培训，使他们掌握招聘政策及必要的招聘技巧。另外，还要明确招聘选拔中的技术责任及决策责任。

（三）寻找、吸引求职者

根据招聘计划确定的策略开始正式的招聘工作，这一工作又分为以下几个步骤：

（1）确定招聘对象；

（2）选定招聘渠道；

（3）准备企业的介绍材料及招聘要求；

（4）与求职者直接或间接联系，分发企业介绍材料及求职申请表，并告之进一步联系方式；

（5）收回求职申请表。

二、员工招聘的渠道

员工招聘可以通过向内招聘和向外招聘两种渠道来进行，这两种渠道各有优劣，具体比较如表 6-1 所示。

表 6-1 向内招聘与向外招聘比较

	长处	短处
向内招募	1. 员工熟悉企业 2. 招聘和培训成本较低 3. 提高员工士气和工作意愿 4. 成功机会率与能否有效地评估员工能力和技术有必然的关系	1. 引起员工为晋升而尔虞我诈 2. 员工来源偏窄 3. 不获得晋升者可能会士气低落
向外招募	1. 引入新的理念和方法 2. 员工在企业新上任，凡事可从头开始 3. 引入企业没有的知识和技术	1. 新聘员工不适应企业环境 2. 降低现有员工的士气和投入感 3. 新旧员工之间互相适应期较长

（一）向内招聘

向内招聘即优先向企业现有员工传递有关职位空缺信息，吸引其中具备相应资格且对职位感兴趣者前来应聘。向内招聘应遵循公开、公正的原则，使每一个员工都感到自己有被提升的机会，从而发挥出向内招聘的优势。企业在内部寻找合适的人才，可以采用以下三种方法。

1. 布告法

布告法是在企业的布告栏、宣传栏或其他引人注目的地方张贴有关职位空缺和应聘信息等内容的告示，以吸引企业现有员工前来应聘。采用这种方法可以使企业现有员工感到企业在招聘员工这一点上的透明度与公平性，使他们认识到只要有能力便不会被埋没，总有被提升的机会，因而有利于提高员工士气，培养他们积极进取的精神。但在使用布告法时应注意：

（1）告示必须贴在引人注目之处；

（2）向内招聘告示的张贴时间应早于向外招聘时间（一般至少应早 1 周），使内部人员感受到这种优先权；

（3）告示应详细说明职位对任职者的要求，以及录用所遵循的规则和标准等；

（4）一旦作出录用与否的决定，应立即通知应聘者本人，以便尽早消除由盲目等待而可能产生的对现任工作有不良影响的焦躁情绪。

2. 推荐法

推荐法是由本企业员工根据企业需求推荐其熟悉的、可以胜任某项工作的人员供企业人力资源部门考核。采用这种方法时，由于推荐者本人对被推荐者较熟悉，对空缺职位的要求也较了解，因而成功的可能性较大。

推荐法可用于向内招聘，也可以用于向外招聘。一般来说，向内招聘使用这种方法时，往往是上级推荐下级。采用推荐法应注意的一点就是不能讲人情、看关系，而要任人唯贤。

3. 档案法

档案法是从人力资源部门备有的员工个人资料档案中，查看企业现有员工的教育、培训、经验、技能、绩效等情况，以确定符合空缺职位要求的员工。采用档案法时要注意：

（1）档案中的个人资料必须可靠并尽可能详细，而且要对其不断加以补充；

（2）确定人选后，要征求本人意见，看其对新职位是否感兴趣；

（3）档案法和布告法及推荐法联合使用时，往往可以起到互补作用，因而效果更佳。

（二）向外招聘

向外招聘的方法有很多，企业要全面比较、分析从而选择适合本企业的招聘方法。

1. 自荐

自荐是指自荐者自己到企业所在地申请或邮寄履历推荐自己。对于自荐者，企业应礼貌接待，最好让人力资源部门安排简单的面谈；对于其询问信，企业应给予礼貌而及时的答复，这不仅是对自荐者的尊重而且有利于树立企业的声誉和今后开展业务。

2. 经人引荐

企业的员工、企业上级主管机关的工作人员以及关系单位的主管等都可以成为引荐人；而从应聘者的角度来说，引荐者通常是亲友师长。

采用这一方法，应聘者可以从引荐人那里对企业有所了解，同时，企业也可以从引荐人那里了解有关应聘者的许多情况，从而节省了部分招聘程序和费用，而且采用这一方法可以获得通过其他方法较难得到的某些专业技术人员。但是，引荐录用的人多了，容易形成"帮派"及团体或裙带关系网，造成管理上的困难；由于是引荐的原因，可能会给甄选、录用决策者带来顾虑，有可能失去公正性。

3. 广告招聘

广告是最常用、最简单且信息传播最广泛的招聘手段，它以报纸、电视、广播、杂志、网络以及街头墙报为媒介进行广泛宣传，从而吸引求职者。广告的信息扩散面大、传播速度快，可以吸引较多的求职者，因而备选比率大。而且广告可以使求职者事先对本企业的情况有所了解，减少盲目应聘。但是，使用广告招聘时，有吸引力的职位可能有很多应聘者，从而会增加接待、选拔的工作量及费用。

4. 校园招聘

大学校园是管理人才、技术人才的主要来源。在设计校园招聘活动时，学校的选择是需要考虑的一个重要问题。学校的选择会受到本企业的规模、财务实力以及所需员工的类型等因素的影响，这里需要注意的是：最著名的学校并不一定是最理想的招聘来源，因为这些学校的毕业生一般自视很高，不愿承担具体而烦琐的工作，这会在很大程度上妨碍他们对经营的理解和管理能力的提高。

采用校园招聘这一做法时，企业人力资源管理部门可以与一些学校保持较密切的联系，及时掌握专业设置和毕业生情况，定期到校园开展人才招聘活动；也可以通过资助或全部负担人才培训费用的方式，将本企业所需专业的一些在校生变为委托代培生；还可以通过为即将毕业的大中专学生提供实习场所和机会的方式进行校园招聘。

5. 到劳务市场和人才交流中心招聘

劳务市场和人才交流中心这两个场所较为固定，因而会有大量无工作人员或虽有工作但对现有工作不满的人员在此寻找机会，长期在此登记注册、设有广告宣传等的企业一般可以找到合适的人选。

6. 委托职业介绍机构

职业介绍结构是专门从事人才流动中介工作的机构，因而其联系面较广，掌握的信息也较多。委托职业介绍机构招聘，企业要支付一定的费用，但这种方法简单、快捷，企业可以马上找到所需的人才，与由企业自己组织招聘活动所需投入的人力、物力、财力相比，招聘成本相差不大而且效果更好。

7. 猎头公司

猎头公司是一种与职业介绍机构类似的就业中介组织，它专门为雇主"搜捕"和推荐高级主管人员和高级技术人员。猎头公司的联系面很广，而且它特别擅长接触那些正在工作并对更换工作还没有积极性的人。猎头公司可以帮助企业的最高管理层节省很多招聘及选拔高级主管等专门人才的时间。但是，用人单位要为此支付很高的费用，一般为所荐人才年薪的 1/4 到 1/3。

三、员工甄选的程序设计

一般而言，员工的甄选可以同时在两条线路上开展：一是在企业内部进行人员调整，最大限度地发挥企业现有人力资源的潜力；二是从企业外部吸收适合企业需要的人才。从控制人力成本费用和发挥现有人员的工作积极性这两个角度考虑，企业内部的人员调整应先于组织外部的选拔工作，特别是对高级职位或重要职位的人员甄选工作更是如此。但无论是采取哪一条线路，都基本遵循如下的甄选程序。

（一）应聘材料审查

通过对应聘者各种申请材料和推荐材料的审查，可以对该应聘者有一个较为全面、完整的了解，并有助于推测出他适应未来工作的可能性。

（二）甄选测试及面试

甄选测试内容包括知识、技能及心理等方面，目的是通过测试初步评估应聘者的工作能力。面试方式是整个甄选过程中最重要也是最有效的一环，它能够较真实、直观、准确地收集应聘者的信息，且面试的结果对于决策者的行为有很大影响。

（三）体检

对于初步确定录用的应聘者要进行身体检查，以确定其一般健康状况，尤其要确定是否有慢性病或职务所不允许的生理缺陷。员工的身体素质对将来的工作影响很大，一名身体素质好的员工更能发挥出自己的能力，而体弱多病或者英年早逝对企业的损失则是很大的。

（四）录用人员岗前培训

经测试、面试和体检合格者成为企业的试用员工。在试用员工上岗之前，要对他们进行多种形式的岗前培训，以使他们充分了解企业和工作岗位的状况。必要时，岗前培训包括有关知识、技能和各种能力培训的内容。

（五）试用期考察

这一阶段的主要目的是通过工作实践考察试用员工对工作的适应性，同时，也为试用员工提供进一步了解企业及工作的机会。实际上，这一阶段是企业与员工的又一次双向选择。

（六）试用期满进行任职考核

对试用期满员工的工作绩效和工作适应性进行考察评价，与考核合格正式录用为组织的员工签订劳动合同或其他形式的契约。

（七）上岗任用

至此已完成员工招聘与甄选工作的全部操作，为企业挑选出所需要的人才。

第四节 员工培训

一、员工培训的概念

培训是通过有计划、有组织的教学或实验的方式，使员工在知识、技能和工作态度等方面有所改进，以达到企业的工作要求的活动。从根本上看，培训是一个学习过程。培训的目的在于改进培训项目中强调的知识、技能和态度，以满足企业现在和将来的工作要求，实现企业的目标。

二、员工培训的作用

从人事管理到人力资源管理的转变，不仅为培训提供了特殊的机会，而且导致对其作用的重新定位和重新定义。凡成功企业基本上都能抓好培训工作，并将培训视为企业成功的重要因素，原因在于培训确实对企业的发展起到了促进作用。

（一）提高工作绩效

有效的培训能够使员工增进工作中所需的知识和能力，使员工更好地融入本企业的文化中，而这一切使得他们能以更少的失误、更高的效率完成任务，从而提高工作的绩效。同时，有效的培训会促进员工之间的协作和配合，这也能提高工作的绩效。

（二）提高满足感和安全水平

培训对提高员工的满足感和安全水平有着正面的作用。经过培训，员工在技术技能、解决问题的能力、人际交往能力等方面都会有所提高，因而其自信心也会增强。同时，培训也意味着对员工的关心和重视，意味着员工暂时不会有被辞退的危险，这又促使员工的士气和安全水平有所提高。

（三）建立优秀的企业文化和形象

建立优秀的企业文化很重要，因为它可成为达到企业目标的决定性因素。培训能使员工对企业使命、企业目标、价值观和行为有更好的理解，同时培训人员可在培训中对企业文化进行比较以寻求更适合本企业的文化和形象。

三、员工培训的种类

在一个企业里面，培训是一个复杂的系统，而这个系统是由不同种类的培训所组成的。下面我们根据不同的划分方式将培训划分为不同的种类，以便更好地理解和开展培训工作。

（一）根据培训的方式划分

根据培训的方式划分，可以将培训分为正式培训和非正式培训两大类。

1. 正式培训

正式培训又叫离岗培训或离职培训，是指让员工离开自己的工作岗位去接受有组织、有指导的培训的培训方式。这种正式培训可以是企业自己组织，也可以委托其他培训代理机构或院校组织。根据培训时间安排，正式培训又可分为全日式、兼日式和兼时式培训三种。

2. 非正式培训

非正式培训又叫在岗培训或在职培训，是指让员工在工作场所或完成工作任务的过程中接受培训的培训方式。这种培训方式可以将学习和运用直接结合起来，学习效果较明显，并且培训成本较低，因而得到的广泛应用。

（二）根据培训的对象划分

根据接受培训的对象划分，可以将培训分为新员工培训、操作人员培训、专业技术人员培训和管理人员培训四种。在制定培训方案时，我们应根据接受培训对象的不同来选择恰当的培训方法和合适的培训内容。

（三）根据培训的组织者划分

根据培训的组织者划分，可以将培训分为企业内培训和企业外培训两种。

1. 企业内培训

企业内培训是指由本企业自己组织的对员工的培训。这种培训一般是由企业的人力资源管理部门或专门的培训部门组织，培训老师既可以是企业内部的人员也可以聘请企业外的人员。

2. 企业外培训

企业外培训是指由本企业以外的机构组织的对员工的培训。这种培训可以采用委托社会培训机构代理的方式，也可以采用将员工送到有关院校学习或外出参观学习等方式。

四、员工培训的责任

培训的责任应由最高管理层、人力资源部门、直属上司和员工四方面分担。

（一）最高管理层

取得最高管理层的支持是非常重要的，因为培训方案若得不到最高管理层的了解和支持，其带来的改善是有限的。最高管理层应作出战略上的决策，即提供培训的总体政策和程序，使培训方案能被有效地推行；还应提供行政上的监管，确保有关人员积极配合培训方案；此外还应营造合适的企业文化，使培训工作得以开展和落实。

（二）人力资源部门

对员工进行培训是人力资源部门的职能之一，其可派出内部人员或聘请培训专家对员工进行培训。无论是何种情况，人力资源部门都必须提供支援，以专业知识和经验协助培训人员进行培训工作，包括对有效利用资源及培训方案提供协助。

（三）直属上司

员工的直属上司和企业较高层的管理人员有责任确保培训工作的顺利进行。直属上司对员工具有最大的影响力和主动权，他们应鼓励员工自我发展并安排时间让他们去实践自我发展。事实上，整个企业都有责任营造员工自我发展的文化和提供自我发展的资源，鼓励员工的自我发展。

（四）员工

员工也应负有培训的责任。培训工作的成效，不但与上面所说的三方面直接有关，而且在更大程度上取决于员工的积极性与配合程度。作为员工，应对自我发展感兴趣，善于利用培训的机会开拓和发展自身的知识及能力。

五、员工培训的过程

培训是一个过程，要经过不同的步骤和程序才能达到培训的目的。企业根据本身的目标、策略、文化和人力资源策略等，决定所需要员工的种类和行为态度，并按此拟订培训计划。一般来说，一个培训计划由四个步骤构成，如图 6-1 所示。

培训需要的确认即培训目标的确定。在拟订培训方案时，应包括培训的时间、目标、内容、方法和预算等。执行过程则是对形成的方案的实际应用，也是最关键的一步。评估不仅包括对受训员工受训前后的工作绩效进行比较，也包括对培训计划整体策略的成效评估。作出两个不同层次的评估的作用是将个别项目的培训与总体培训的计划紧密联系起来，以及将总体计划和人力资源策略联系起来。

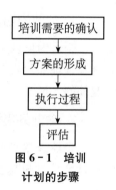

图 6-1 培训计划的步骤

第五节 绩效评估

一、绩效评估的内涵

绩效评估是指按照事先制定的标准对员工的工作行为、表现及其结果所进行的评估，它可以是正式的也可以是非正式的。

非正式的绩效评估在企业中是一直存在的，如管理人员一般都会监控员工的工作方式并评定该种工作方式是否符合企业的需求，他们认识到员工对企业的价值并努力使员工对企业的贡献达到最大化。尽管这些非正式的评估程序非常重要，大多数企业还是会在一年中对本企业进行1～2次或者更多次正式的绩效评估，这也正是我们所研究的重点。

正式的绩效评估一般是指通过运用科学的考核标准和方法，对员工的工作绩效进行定期的评估，从而全面了解员工完成工作的情况，发现其不足和存在的问题并提出相应的改进措施。

二、绩效评估的用途

绩效评估可以有多方面的用途，这些用途对企业和被评估的员工双方都是有益的，如绩效评估可为员工与上司提供定期讨论绩效和绩效标准的机会。通常认为，绩效评估的用途主要体现在以下几个方面。

（一）绩效评估是任用员工的依据

员工任用的原则是因事择人、用人所长和容人之短。绩效评估通过对员工的素质、知识、技能、工作能力、思想品质等各个方面进行评估，能较全面地了解员工，从而为员工的任用提供充分而可靠的信息，确保用人得当。

（二）绩效评估是员工调配和升迁的依据

管理者通过绩效评估了解了员工的工作状态和人事配合的程度，可以作出员工调配的决定。此外，全面、严格和客观的绩效评估，能充分反映出员工在过去所取得的业绩和能力的提高，从而能为员工职位的升迁提供依据。

（三）绩效评估是员工培训的依据

员工培训是企业为适应当前工作需要，针对员工的短处，使员工进行补充学习和训练的一种活动。在进行培训前，企业需要通过绩效评估了解员工的素质、知识、能力、长处、短处等，并以此确定培训的内容及受训人员。在培训结束后，通常又需要通过绩效评估来判断培训效果及整个培训的成功与否。

（四）绩效评估是确定薪酬的依据

这是绩效评估最为典型的应用。绩效评估可以衡量员工的工作量和质量，这就为确定薪酬提供了合理的决策依据和基础。

（五）绩效评估是员工激励的途径

奖励和惩罚是激励的主要内容，奖罚分明是人力资源管理的基本原则。科学和严格的绩效评估，可以作为奖罚的依据。此外，绩效评估也是一种激励的手段，通过绩效评估来肯定工作成绩和长处，可以鼓舞人心；通过绩效评估指出缺点和不足之处，能对员工起指导作用。

总体上说，上述用途或是管理方面的，即绩效评估可以为人力资源管理活动的各个层面提供服务；或是发展方面的，即绩效评估可以为评价个人优缺点和提高工作绩效提供一个反馈渠道。过去，在绩效评估中，管理方面的目的得到了较多重视以至于发展方面的目的被忽视；现在，新的绩效评估方法更注重为员工制订培训、发展和成长计划。为发展的目的而制定的绩效评估方法认为，经理人员的任务是改善员工的工作方式，而不仅仅是评价员工过去的业绩；相应地，经理人员不应该仅仅是一个法官，而更应该像一个教练。

三、绩效评估的内容

绩效评估的内容有许多不同的表述，不同大多是缘于人们的分析视角不同。按照传统的情况，管理者是在分析影响工作绩效因素的基础上确定绩效评估内容的，被列入评估内容的通常包括以下三个因素：

（1）员工工作态度。工作态度是工作能力向工作成果转化的"中介"。具有较强的能力，但没有做出出色的成果，那可能是工作态度有问题。因此，绩效评估应当将员工工作态度列在评估之内。

（2）员工工作能力。员工工作能力大小是关系员工绩效好坏的一个重要方面。一般来说，能力强的员工承担的工作责任和难度也会更大。因此，工作能力也应纳入绩效评估内容之列。而对不同岗位而言，所要求的能力也是不一样的。

（3）员工工作绩效。员工工作绩效是绩效评估的中心内容。工作绩效是员工的工作成果和工作效益，包括工作的数量、质量、效率和效益等。工作绩效是对一个员工所在的岗位而言，是对员工履行岗位职责的结果进行评估。

这种传统的评估内容表述容易理解，在我国也普遍采用。我们还常常听说或使用另外一种表述，即将评估内容表述为德、能、勤、绩四个方面，它实际上是将工作态度一个因素分为德、勤两个因素，所以它与前一种表述并没有什么实质性的区别，只不过是前一种表述的变形而已。

有关绩效评估内容新的、不同于传统的分析则集中于对绩效本身内涵的挖掘方面，这方面一个有代表性的成果是摩托瓦德罗（Motowidlot）和斯考特（Van Scotter）提出的有关绩效的模型。在这一模型中，绩效被分为任务绩效和周边绩效两个方面。任务绩效是与具体职务的工作内容密切相关的，同时也和个体的能力、完成任务的熟练程度、工作知识密切相关；周边绩效是与绩效的组织特征密切相关的，它的内涵相当宽泛，包括人际因素和意志动机因素，如保持良好的工作关系、坦然面对逆境、主动加班等。这一模型还进一步将周边绩效分为人际促进方面和工作投入方面：人际促进是有意增进组织内人际关系的行为，能够提高员工士气、鼓励合作、消除阻碍绩效的因素、帮助同事完成他们的工作；工作投入是以自律性行为为中心的，例如遵守规定、工作努力、首创精神等，含有很大的动机成分，也含有大量的意志因素。

上述有关绩效的研究成果很有价值，并且已被国内外一些优秀的企业在实际的绩效评估活动中采用。国内的一个例子是联想公司，该公司员工绩效评估内容分为业绩和工作表现与工作能力两个方面，前者是按所制定的具体工作目标进行评估，后者则按五个分项进行评分，这五个分项分别是严格认真、主动高效、客户意识、团队协作和学习总结。不难看出，联想公司绩效评估内容中的业绩就是指任务绩效，工作表现与工作能力就是周边绩效。显然，联想公司根据自身的发展需要对周边绩效内涵进行了严格的界定和高度的概括。

第六节　员工薪酬及劳动法律关系

一、薪酬概述

（一）薪酬与薪酬的构成

从企业管理的角度看，薪酬是员工为企业付出的劳动的回报，即劳动报酬。薪酬有广义与狭义之分，狭义的薪酬相当于薪资，广义的薪酬是在薪资的基础上加上保险福利。

员工薪酬主要包括以下几个部分。

1. 基本工资

基本工资是员工收入的基本组成部分，它比较稳定，是确定退休金的主要依据。这部分主要由员工薪资制度而定。

2. 奖金

奖金是基本工资的补充形式，是对员工有效超额劳动的报酬。奖金是根据员工的业绩和公司经济效益状况确定的。

3. 津贴

津贴是对员工在特殊劳动条件下工作时额外劳动的消耗、额外的生活费用以及对员工生理或心理带来的损害而进行的补偿。

4. 福利

福利是公司通过置办集体生活设施、提供带薪假期和建立补贴制度等方式提供给员工的间接报酬，以解决员工在物质与精神生活上的普遍性需求或特殊困难。

5. 保险

保险分为社会保险和商业保险。社会保险属于强制性的社会保障，不以营利为目的，属社会福利性质；商业保险是金融企业的经营活动，以营利为目的，以减少经济损失为前提，并根据投保额决定补偿额。显然，社会保险是主体，商业保险是补充。

（二）薪酬管理中的问题

1. 薪酬管理中的困难

在人力资源管理领域中，薪酬管理是最困难的管理任务，这是因为：第一，员工对薪酬很关注和挑剔，多数员工会非常关心自己的薪酬水平，因为这直接关系到他们的生存质量；第二，薪酬管理因为实际情况不同而没有一个统一的模式。

2. 企业薪酬管理的误区

企业为了让薪酬更加合理、更加能反映员工的工作业绩，不惜将薪酬结构和薪酬体系制定得非常复杂和烦琐（并且还有继续复杂下去的趋势）。实际上，过于复杂的薪酬管理与过于简单的薪酬管理一样会降低薪酬的激励作用。

3. 薪酬的内部均衡问题

内部均衡的目的是满足员工对薪酬公平性的要求。内部均衡失调有两种情况：

（1）差距过大。差距过大是指优秀员工与普通员工之间的薪酬差异大于工作本身的差异，也有可能是完成同等工作的员工之间存在着较大的差异。前者的差异过大有助于稳定优秀员工，后者的差异过大会造成员工满意度下降。

（2）差距过小。差距过小是指优秀员工与普通员工之间的薪酬差异小于工作本身的差异，会引起优秀员工的不满。

企业必须正视和关注薪酬的内部均衡问题，对员工薪酬差异的有效调节可以稳定员工的情绪、提高工作效率。薪酬内部均衡的激励作用属于保健型激励，也就是说，当内部均衡适当时，员工可以达到正常的工作效率；当内部均衡不适当时，会降低员工的工作效率。

二、薪酬设计

（一）薪酬设计的作用

企业薪酬设计的目标是劳有所得，多劳多得，不劳不得。薪酬设计的作用主要有以下两个方面。

1. 在企业内部管理中的作用

一是降低人员流动率，特别是可以防止高级人才的流动；二是吸引高级人才，短期激励和长期激励相结合更容易吸引高级人才；三是减少内部矛盾，薪酬涉及每位员工的切身利益，处理得当可以减少内部矛盾。

2. 对员工的激励作用

一是短期激励，满足员工生存的需要；二是长期激励，满足员工发展的需要。

（二）薪酬设计的步骤

不同的企业有不同的特点：有的重稳定，有的重增长；有的业务平稳，有的波动性大；有的属劳动密集型，有的则是高科技新兴产业。因此，不存在"放之四海而皆准"的薪酬体系。企业在进行薪酬设计时，应该结合行业特点、市场定位和企业自身实力，寻找合适的参照标准，合理地确定薪酬的构成和额度，从而兼顾总量和个体、短期和长期、激励和约束等因素。

面对未来竞争日益激烈且不断变化的经营环境，传统的薪酬设计已无法满足企业需求，如何强化薪酬的激励功能已成为薪酬设计的焦点。薪酬不应该仅仅是企业为获得劳务所支付给员工的成本，更应该同时具有诱导员工顺从与激励员工行为的多种功能。因此，只有在薪酬设计上以绩效与技能等激励性要素为基础，建立工资总额随企业效益上下浮动的运行机制，同时改进福利理念，将人力资源成本做最有价值的应用，才能发挥薪酬应有的策略性功能。

薪酬设计要点，在于"对内具有公平性，对外具有竞争力"。要设计出科学合理的薪酬体系和薪酬制度，一般要经历以下几个步骤。

第一步：职位分析。职位分析是人力资源管理的一个重要子系统，是建立"以职位为基准的薪酬模式"的重要基础性工作。

第二步：职位评价。职位评价（又称职位评估）重在解决薪酬的对内公平性问题。它有两个目的：一是比较企业内部各个职位的相对重要性，得出职位等级序列；二是为进行薪酬调查建立统一职位评估标准，消除不同企业间由于职位名称不同或即使职位相同但实际工作要求和工作内容不同所导致的职位难度差异，使不同职位之间具有可比性，为确保工资的公平性奠定基础。

第三步：薪酬调查。薪酬调查重在解决薪酬的对外竞争力问题。

第四步：薪酬定位。在分析同行业的薪酬数据后，就要根据企业状况选用不同的薪酬水平。

第五步：薪酬结构设计。薪酬观反映了企业的分配哲学，即依据什么原则确定员工的薪酬。

第六步：薪酬体系的实施和修正。在确定薪酬调整比例时，要对总体薪酬水平做出准确的预算。

（三）建立合理的奖金计划

合理的奖金计划是有效激励员工工作积极性的重要手段。如何使奖金计划得以贯彻实施，管理专家们在实践中总结出了以下一些要点。依照这些要点去做，可以使企业奖金计划更为有效。

1. 保证努力程度与薪酬有直接关系

一套奖金计划能够成功实施的关键，便是使员工相信经过自己的努力会获得相应的奖金。所以，奖金计划的奖励标准必须根据员工的实际生产力状况来制订，必须合理，而且一般员工都可以完成，同时也要为员工提供相应的培训、设备、工具等。而且，员工对整

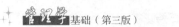

个工作过程可以控制，自己的努力程度越高，工作绩效也相应提高，从而增加报酬。

2. 薪酬本身必须受到员工重视

个体需求的不同，必然导致一定结构的薪酬对不同的员工有不同的吸引力，为此，必须调查员工的需求，有针对性地实行奖励。当一个员工对其他要求如成就感、认同感期望较高时，则金钱的支付对其工作表现的影响有可能微乎其微。

3. 奖金计划建立在审慎的工时研究上

精确的工作方法的研究，通常要通过工业工程人员、工时工效研究及其他方面的管理专家共同参与，从而制定出客观公正的、标准的工时定额。

4. 奖金计划明了且易于计算

对于工厂里的工人来说，根据这一天生产了多少产品，他马上可以算出来会得到多少奖金，如果已经超过了定额，他会马上加快进度提高效率，以便拿到更多的奖金。对于一个大区的销售经理来说，如果奖金计划明白易懂，他不用计算广告投入、销售成本及其他费用就可以知道自己的销售小组会拿多少红利。这样的奖金计划再有效不过了。

5. 设立有效的标准

奖金计划所依据的标准必须固定，要规定在什么情况下这样的标准有效；奖金标准还必须明确，不能含含糊糊，比如不能要求属下"尽你所能"；奖金标准还必须周密，不可只重视数量而忽略质量；同时标准要尽量具有一定的可持续性，不能朝令夕改。

6. 使员工建立对标准的信心

在管理规范、规模较大的企业里，也许这种现象不会存在，因为一旦确定了奖金的标准，管理者便不能随意提高标准或者降低工资率。但在一些经营观不健康的中小企业里，由于业主的素质较差、信誉很低，从而导致工人的工作效率低下，即使有了奖金计划，也难以发挥有效的作用，最终形成互不信任的恶性循环。

7. 建立并完善规章制度

管理的制度化、法制化会使员工增加对企业或部门的信任、减少疑惑，对于管理人员而言也清楚明确、便于管理。

8. 员工参与奖金计划的制订

因为员工对自己的薪酬需要和自己完成工作目标的可能性有很清楚的认识，因此，让员工参与奖金计划的制订会增加奖金计划的效力。

三、劳动法律关系的构成要素

（一）劳动法律关系的主体

劳动法律关系的主体是劳动法律关系的参与者，是劳动权利和义务的承担者。劳动法律关系的主体包括劳动者和用人单位，劳动者组织——工会是集体劳动法律关系的主体。

1. 劳动者

劳动者泛指具有劳动能力并实际参加社会劳动，以自己的劳动收入为生活资料主要来源的人。劳动者的必备条件是劳动权利能力和劳动行为能力。劳动权利能力是依法能够享有劳动权利和承担劳动义务的资格。劳动行为能力是法律认可的劳动者行使劳动权利和履行劳动义务的资格。在我国，劳动权利能力和劳动行为能力的起始时间为公民年满16周岁。

2. 用人单位

用人单位使用劳动力必须具备法定的前提条件，即用人权利能力和用人行为能力两个方面。用人权利能力受工资总额、最低工资标准、工作时间和劳动安全卫生标准制约。凡由国家核定工资总额的用人单位，支付职工的工资额不得超过核准后的工资总额；用人单位支付职工的工资报酬不得低于企业所在地的最低工资标准。用人单位的用人行为能力受财产因素、技术因素、组织因素的制约，如为职工提供工资、福利等待遇水平及提供相应的劳动保护。

（二）劳动法律关系的客体

劳动法律关系的客体是劳动权利和劳动义务的指向对象，即劳动力。劳动法律关系建立在劳动者将劳动力的使用权让渡给用人单位，而劳动力所有权主体依然是劳动者，基于此，劳动者的人格和人身不能作为劳动法律关系的客体。劳动者具有如下特征：

（1）劳动力存在于人体之中。劳动力的载体是劳动者，它存在劳动者的肌体中，劳动力的消耗过程就是劳动者的生命的实现过程。

（2）劳动力形成的成长期长。劳动力生产和再生产的时间比较长，一般在16年以上。形成体力脑力的劳动能力需要大量的投资。

（3）劳动能力一旦形成无法存储，过一定时间后就会自然消失。

（三）劳动法律关系的内容

1. 劳动者的权利与义务

劳动者与用人单位建立劳动关系后成为用人单位的一名职工，作为劳动关系中的劳动主体，有资格依法享有劳动权利和承担劳动义务。

劳动者的权利主要包括：

（1）参加劳动的权利。劳动者有权参加用人单位组织的劳动，有权请求用人单位依法或按合同约定为其安排劳动岗位并提供必要的劳动条件，有权拒绝各种形式的强制性劳动。

（2）获得劳动报酬的权利。劳动者有权要求用人单位按自己提供劳动的数量和质量支付劳动报酬，有权获得最低工资保障、工资支付保障和实际工资保障。

（3）休息的权利。劳动者有权要求在法定工作时间外免予履行劳动义务，依法休息、休假和修养，并拒绝违法的加班加点劳动。

（4）获得劳动安全卫生保护的权利。劳动者有权获得用人单位提供的符合劳动安全卫生标准的劳动条件和接受安全卫生知识教育；孕期、哺乳期女职工和未成年人有权获得劳动过程中的特殊保护。

（5）享受社会保险的权利。劳动者有权要求用人单位按规定为其缴纳养老、医疗、工伤、失业、生育等项社会保险费，并有权享受社会保险待遇。

（6）享受社会福利的权利。劳动者有权享受用人单位的集体福利设施和公共福利设施，有权要求用人单位支付规定的福利津贴和补贴。

（7）接受职业教育的权利。劳动者有权利用用人单位提供的条件，参加用人单位组织的职业教育与技能培训，提高自己的劳动能力。

劳动者的义务主要包括：劳动者应当完成劳动任务，提高职业技能，执行劳动安全卫生规程，遵守劳动纪律和职业道德等。

2. 用人单位的权利与义务

用人单位的权利主要包括：

（1）录用职工方面的权利。用人单位有权按国家规定和本单位需要录用职工，还可自主决定招工时间、条件、方式、数量和用工形式等。

（2）劳动组织方面的权利。用人单位有权按国家规定和实际需要确定机构设置、编制任职（上岗）资格条件；有权任免、聘用管理人员和技术人员，对职工进行内部调配和劳动组合；有权给职工下达生产和工作任务，并对职工的劳动实施指挥和监督。

（3）劳动报酬分配方面的权利。用人单位有权制定和实施劳动报酬分配的方案，有权决定对职工的奖惩。

（4）决定劳动法律关系存续方面的权利。用人单位有权与职工通过协商方式续订、变更、暂停或解除劳动合同，有权在具备法定或约定条件时单方面解除劳动合同。

用人单位的义务主要包括：依法录用、分配、安排职工的工作；保障工会和职代会行使其职权；按劳动质量、数量支付劳动报酬；加强对职工思想、文化、业务的教育和培训；改善劳动的条件，做好劳动保护和环境保护等。

四、劳动法律关系的运行

劳动法律关系的运行是劳动关系形成和存续的动态过程。它表现为劳动关系的建立、延续、变更、终止等一系列环节，以及在这些环节之间劳动者和用人单位相关权利和义务的实现。

（一）劳动法律关系的建立

劳动法律关系要以劳动合同的形式明确固定下来，才能受到法律的保护。《中华人民共和国劳动法》第十六条明确指出："劳动合同是劳动者与用人单位确立劳动关系、明确双方权利和义务的协议。建立劳动关系应当订立劳动合同。"

（二）劳动法律关系的终止

劳动法律关系的终止通常为劳动合同的终止或解除。劳动合同的终止是指劳动合同的法律效力依法破灭，以及劳动合同所确立的劳动关系由于一定法律事实的出现而终结，劳动者与用人单位之间原有权利和义务不复存在。劳动合同的解除即合同当事人依法提前终止劳动合同关系的法律效力。劳动合同解除既有劳动者与用人单位双方协商解除，也有劳动者或用人单位单方解除。劳动者单方依法解除劳动合同称为辞职；用人单位单方依法解除劳动合同称为辞退。

1. 劳动者辞职

辞职是指劳动者根据本人意愿，并经用人单位同意批准，与所在单位解除劳动合同关系的行为。它是建立在劳动者自愿基础上的，是劳动者自由择业权利的一种体现。对于劳动者的辞职行为，用人单位一般应予以尊重。

从总体上说，辞职制度的建立有利于人才的合理流动，有利于岗位与人员更好的配置。不过，具体到用人单位来说，它的影响既可能是积极的也可能是消极的。例如，员工因能力或健康状况不能胜任工作要求辞职时，可以减轻企业的负担；辞职人数保持在正常的范围内，还可以促进企业吸收新生力量，保持员工队伍正常的新陈代谢。但是如果辞职人数超过正常范围，或者骨干的管理人员、专业技术人员辞职，往往会给正常的生产经营带来不利的影响。

劳动者辞职的原因是多方面的、复杂的：有的可能是个人原因，如个人能力或健康状况不能胜任工作、现有的工作不符合自己的职业取向以及家庭原因等；有的可能是其他用人单位以更优越的条件吸引人才，从而促使劳动者辞职；还有的则是由于管理原因即由于管理不善导致劳动者的不满情绪，促使劳动者辞职等。用人单位对于劳动者的辞职应予以高度的重视，要针对不同的原因采取相应的措施，特别是应尽量避免由于员工不满情绪引起的辞职。劳动者预告解除劳动合同，应当提前 30 日以书面形式通知用人单位。劳动者随时解除劳动合同必须在以下情形下：在试用期内的；用人单位以暴力、威胁或者非法限制人身自由的手段强迫劳动的；用人单位未按照劳动合同约定支付劳动报酬或者提供劳动条件的。

2. 用人单位辞退

用人单位即时辞退劳动者的许可性条件是：试用期间被证明不符合录用条件的；严重违反劳动纪律或者用人单位规章制度的；严重失职、徇私舞弊，对用人单位利益造成重大损害的；被依法追究刑事责任的。

用人单位预告辞退需要提前 30 日通知劳动者本人。其许可性条件包括：劳动者患病或者非因公负伤，医疗期满后，不能从事原工作也不能从事由用人单位另行安排的工作的；劳动者不能胜任工作，经过培训或者调整工作岗位，仍不能胜仍工作的；劳动合同订立时所依据的客观情况发生重大变化，致使原劳动合同无法履行，经当事人协商不能就变更劳动合同达成协议的。此外，用人单位濒临破产进行法定整顿期间或生产经营状况发生严重困难，确需裁减人员的，应当提前 30 日向工会或者全体职工说明情况，听取工会或者职工的意见，经向劳动生产部门报告后，可以裁减人员。禁止性条件包括：劳动者患职业病或者因工负伤并被确认丧失或者部分丧失劳动能力的；患病或者负伤，在规定的医疗期内的；女职工在孕期、产期、哺乳期内的；法律、行政法规规定的其他情形。

五、劳动法律关系的协调机制

在劳动关系中，主体双方的关系既合作又对立。现代人力资源管理的核心是激发员工潜能，提高员工的工作积极性，使员工对企业产生归属感，将自己的工作目标与企业发展目标相结合，个人与组织互惠互利、共同发展、共同合作。但是劳动关系从本质来看也具有对立性，劳动者追求工资报酬、福利的最大化，用人单位追求利润的最大化，而资源是相对有限的，一个"蛋糕"双方都渴望多切势必会产生矛盾。在劳动关系管理中，劳动者与用人单位在劳动过程中产生的权利与义务的纠纷被称为劳动争议。

（一）劳动争议的处理原则

我国处理劳动争议适用的主要法律法规有《中华人民共和国劳动法》《〈中华人民共和国企业劳动争议处理条例〉若干问题解释》《企业劳动争议调解委员会组织及工作规则》《劳动争议仲裁委员会办案规则》《劳动人事争议仲裁办案规则》等。

根据这些法律法规，处理劳动争议应当遵循下列原则：

（1）着重调解，及时处理。

（2）在查清事实的基础上依法处理。

（3）当事人在法律面前一律平等。

（二）劳动争议的处理程序

我国劳动争议的处理程序主要包括劳动争议调解、劳动争议仲裁、劳动争议审理。

1. 劳动争议调解

劳动争议调解是指调解委员会在查明事实、分清责任的基础上，促使争议当事人根据法律法规、秉持相互谅解的原则达成协议的处理方法。调解机构是用人单位设立的劳动争议调解委员会（由职工代表、用人单位代表和工会代表组成，主任由工会代表担任）。

2. 劳动争议仲裁

劳动争议仲裁是指由劳动争议仲裁委员会在查明事实、分清责任的基础上，根据国家法律法规对纠纷事实和当事人责任的认定和裁决。劳动争议仲裁的机构是劳动争议仲裁委员会（由劳动行政部门代表、同级工会代表、用人单位方面的代表组成，主任由劳动行政部门代表担任）。

3. 劳动争议审理

劳动争议审理是指人民法院对不服仲裁裁决而起诉的劳动争议进行审理并作出判决。

劳动争议当事人不能直接向法院起诉，必须先申请仲裁，不服仲裁裁决时才可以进入诉讼程序。劳动争议的审理机构是人民法院。

复习思考题

一、选择题

1. 主管人员的工作质量是通过（　　）了解的。

A. 选人　　　　B. 用人　　　　C. 育人　　　　D. 评人

2. 管理学中的人员配备，是对（　　）的配备。

A. 全体人员　　B. 主管人员　　C. 非主管人员　　D. 高层管理者

3. "对主管职务及其相应人员的要求越是明确，培训和评价主管人员的方法越是完善，主管人员工作的质量也就越有保证"是人员配备工作的（　　）原理。

A. 用人之长　　B. 职务要求明确　　C. 责权利一致　　D. 公开竞争

4. 主管人员的用人艺术之一是知人善任，这也反映了人员配备工作的（　　）原理要求。

A. 公开竞争　　B. 责权利一致　　C. 不断培养　　D. 用人之长

5. 选拔主管人员的方式，既可以考虑从内部提升也可以考虑从外部招聘，但无论从内部提升还是从外部招聘都要鼓励（　　）。

A. 首先搞好群众关系　　　　B. 毛遂自荐

C. 尽展所能　　　　　　　　D. 公开竞争

6. 下列原理中，属于人员配备工作原理的是（　　）。

A. 许诺原理　　B. 目标统一原理　　C. 责权利一致原理　D. 命令一致原理

7. 在组织中，最有潜力、最为重要的资源是（　　）。

A. 人力　　　　B. 物力　　　　C. 财力　　　　D. 信息

8. 在选拔主管人员时，重点应放在候选人在实践中所表现出来的（　　）方面。

A. 个人素质　　B. 知识结构　　C. 管理能力　　D. 工作热情

9. 合理安排、使用和调配人员的基本依据是（　　）。

A. 人事选拔　　B. 人事监督　　C. 人员培训　　D. 人员考评

10. 下列关于贡献考评的说法不正确的是（　　）。

A. 贡献考评是指考核和评估管理人员在一定时期内担任某个职务的过程中对实现企业目标的贡献程度

B. 应尽可能把管理人员的个人努力和部门的成就区别开来

C. 能力的大小与贡献的多少存在着严格的一一对应的关系

D. 贡献往往是努力程度和能力强度的函数，因此，贡献考评可以成为决定管理人员报酬的主要依据

11. 根据每个人的能力大小安排合适的岗位，这就是人员配备的（　　）原则。

A. 因人设职　　　　B. 量才使用　　　　C. 任人唯贤　　　　D. 因事择人

12. 采取工作轮换的方式来培养管理人员，其最大的优点是有助于（　　）。

A. 提高受训者的业务专精能力　　　　B. 减轻上级领导的工作压力

C. 增强受训者的综合管理能力　　　　D. 考察受训者的高层管理能力

二、判断题

1. 采用外部来源选聘管理人员，有利于鼓舞士气、调动组织成员的积极性。（　　）

2. 管理人员的工作主要是从事资源协调和管理，没有必要掌握具体的业务知识。（　　）

3. 在管理人员考评时，由上级人员填写的考评表主要是考核管理者的领导能力和影响能力。（　　）

4. 管理人员要与各种人相处，可能遭遇各种事件，因此需要具有良好的心理素质，这样才能冷静地处理好意外和突发事件。（　　）

5. 让管理人员依次分别担任同一层次不同职务或不同层次相应的职务，该方法能全面培养管理者的能力，这就是管理人员培训方法中的职务培训。（　　）

6. 中层主管人员有大量的信息沟通、人际交往、组织协调及决策等工作要做，所以培训的重点应该是领导艺术和管理技能的提高。（　　）

三、简答题

1. 不同层次的管理人员应具有哪些基本素质？

2. 试比较管理人员内部晋升与外部招聘的优点和局限性。

3. 员工培训的目的是什么？

4. 员工培训的方法有哪些？

知识拓展

一、法定节假日及相关纪念日放假的法律规定

根据 2013 年 12 月 11 日《国务院关于修改〈全国年节及纪念日放假办法〉的决定》第三次修订：

第一条　为统一全国年节及纪念日的假期，制定本办法。

第二条　全体公民放假的节日：

1. 新年，放假 1 天（1 月 1 日）；

2. 春节，放假 3 天（正月初一、初二、初三）；

3. 清明节，放假 1 天（农历清明当日）；

4. 劳动节，放假 1 天（5 月 1 日）；

5. 端午节，放假 1 天（农历端午当日）；

6. 中秋节，放假 1 天（农历中秋当日）；

7. 国庆节，放假 3 天（10 月 1 日、2 日、3 日）。

第三条 部分公民放假的节日及纪念日：

1. 妇女节（3 月 8 日），妇女放假半天；

2. 青年节（5 月 4 日），14 周岁以上的青年放假半天（15～34 岁的人为青年）；

3. 儿童节（6 月 1 日），不满 14 周岁的少年儿童放假 1 天；

4. 中国人民解放军建军纪念日（8 月 1 日），现役军人放假半天。

第四条 少数民族习惯的节日，由各少数民族聚居地区的地方人民政府，按照各该民族习惯，规定放假日期。

第五条 二七纪念日、五卅纪念日、七七抗战纪念日、九三抗战胜利纪念日、九一八纪念日、教师节、护士节、记者节、植树节等其他节日、纪念日，均不放假。

第六条 全体公民放假的假日，如果适逢星期六、星期日，应当在工作日补假。部分公民放假的假日，如果适逢星期六、星期日，则不补假。

二、加班工资报酬的法律规定

《中华人民共和国劳动法》第四十四条规定，有下列情形之一的，用人单位应当按照下列标准支付高于劳动者正常工作时间工资的工资报酬：

1. 安排劳动者延长工作时间的，支付不低于工资的百分之一百五十的工资报酬；

2. 休息日安排劳动者工作又不能安排补休的，支付不低于工资的百分之二百的工资报酬；

3. 法定休假日安排劳动者工作的，支付不低于工资的百分之三百的工资报酬。

因此，对于实行标准工时制的劳动者，如果在"五一"等法定节假日加班，加班费应当以不低于日工资基数的 3 倍支付加班工资，而在 5 月 2 日、3 日加班应当以公休日加班的标准给予双倍支付工资。

日工资基数的计算方法为：月工资除以一个月计薪的天数。

此外，对于经过劳动保障部门批准，可以在明确工作量的前提下自主安排工作、休息时间的"不定时工作制"岗位，用人单位可以不支付加班工资。

三、劳动合同试用期的法律规定

1995 年的《中华人民共和国劳动法》对劳动合同试用期的规定是"劳动合同可以约定试用期。试用期最长不得超过六个月"，2008 年 1 月 1 日开始实施的《中华人民共和国劳动合同法》在此框架内对劳动合同试用期进一步细化。现行《中华人民共和国劳动合同法》对劳动合同试用期的规定如下：

1. 劳动合同期限三个月以上不满一年的，试用期不得超过一个月；

2. 劳动合同期限一年以上不满三年的，试用期不得超过二个月；

3. 三年以上固定期限和无固定期限的劳动合同，试用期不得超过六个月；

4. 同一用人单位与同一劳动者只能约定一次试用期；

5. 以完成一定工作任务为期限的劳动合同或者劳动合同期限不满三个月的，不得约定试用期；

6. 试用期包含在劳动合同期限内；

7. 劳动合同仅约定试用期的，试用期不成立，该期限为劳动合同期限。

案例分析一

福特汽车公司

亨利·福特二世对于职工问题十分重视。他曾经在大会上发表了有关此项内容的讲演："我们应该像过去重视机械要素取得成功那样重视人性要素，这样才能解决战后的工业问题。而且，劳工契约要像两家公司签订商业合同那样，进行有效率、有良好作风的协商。"

亨利二世说到做到，他启用贝克当总经理，来改变他在接替老亨利时公司职员消极怠工的局面。首先贝克以友好的态度与职工建立联系，使他们消除了怕被"炒鱿鱼"的顾虑，也善意批评他们不应该消极怠工、互相扯皮。为了共同的利益，劳资双方应当同舟共济。他同时也虚心听取工人们的意见，并积极耐心地着手解决一个个存在的问题，还和工会主席一道制订了一项"雇员参与计划"，在各车间成立由工人组成的"解决问题小组"。

工人们有了发言权，不但解决了他们生活方面的问题，更重要的是对工厂的整个生产工作起到了积极的推动作用。兰吉尔载重汽车和布朗Ⅱ型轿车的空前成功就是其中突出的例子。投产前，公司大胆打破了那种"工人只能按图施工"的常规，把设计方案摆出来，请工人们"评头论足"提出意见，工人们提出的各种合理化建议共达749项，经研究，采纳了其中542项，其中有两项意见的效果非常显著。在以前装配车架和车身时，工人得站在一个槽沟里，手拿沉重的扳手，低着头把螺栓拧上螺母。由于工作十分吃力，因而往往干得马马虎虎，影响了汽车质量。工人格莱姆说："为什么不能把螺母先装在车架上，让工人站在地上就能拧螺母呢？"这个建议被采纳，既减轻了劳动强度，又使质量和效率大为提高。另一位工人建议，在把车身放到底盘上去时可使装配线先暂停片刻，这样既可以使车身和底盘两部分的工作容易做好，又能避免发生意外伤害。此建议被采纳后果然达到了预期效果。正因为如此，他们自豪地说："我们的兰吉尔载重汽车和布朗Ⅱ型轿车的质量可以和日本任何一种汽车一比高低了。"为了把"雇员参与计划"辐射开来，福特还经常组织由工人和管理人员组成的代表团到世界各地的协作工厂访问并传经送宝。这充分体现了员工参与决策的重要性。

一、团结一致共建福特

20世纪70年代到90年代，日本汽车大举打入美国市场，势如破竹。1978—1982年，福特汽车销量每年下降47%。1980年福特公司出现了34年来第一次亏损，这也是当年美国企业史上最大的亏损。1980—1982年，福特公司三年亏损总额达33亿美元。与此同时工会也是福特公司面临的一大难题，工会工人举行了一次罢工，使当时的生产完全陷入瘫痪状态。面对这两大压力，福特公司却在5年内扭转了局势。原因是从1982年开始，福特公司在管理层大量裁员，并且在生产、工程、设备及产品设计等几个方面都作了突破性改革，即加强内部的合作性和投入感。

鉴于福特员工一向与管理层处于对立状态，对管理层极为不信任，因而公司管理层把努力团结工会作为主要目标，经过数年努力，将工会由对立面转为联手人，化敌为友，终于使福特有了大转机。

福特公司内部形成了一个"员工参与计划"，员工投入感、合作性不断提高。福特一辆车的生产成本减少了195美元，大大缩短了与日本的差距，而这一切的改变就在于公司上下能够相互沟通，内部管理层、工人和职员改变了过去相互敌对的态度。领导者关心职工，也因此引发了职工对企业的"知遇之恩"，从而努力工作促进企业发展。从亨利二世重振雄风的事例中我们也可以得到许多关于职工管理的启示。

（一）尊重每一位职工

这个宗旨就像一条看不见的线，贯穿福特公司的管理活动之中，同时也贯穿企业领导的思想。这个基本信念对于其他任何企业领导来说都是不能忘记的，不但不能忘记，而且还应该扎扎实实地将它付诸实施。如果口是心非，受到惩罚的不是别人，只能是企业本身。

"生产率的提高，不在于什么奥秘，而纯粹在于人们的忠诚，他们经过成效卓著的训练而产生的献身精神，他们个人对公司成就的认同感，用最简单的话说，就在于职工及其领导人之间的那种充满人情味的关系。"

这段话揭示了这样一点："人是最宝贵的资源，对人尊重使工作成为一种新型的具有人情味的活动——爱你的职工，他会加倍地爱你的企业。"

尽管绝大多数经理都能够意识到人的重要性，但在现实中并不一定能做到真正地尊重人。那么，怎样才算是尊重人呢？我们从福特公司所获得的巨大成功中，大致可以发现一些适合于所有企业的一般性原则。

1. 要使职工真正地感到自己是重要的

在人类社会中，每一个人都是重要的，在企业中也并不例外。因此，企业领导不论是在制订计划还是在日常的交往中，都必须发自内心地记住这一原则，并且要把这一原则处处体现在自己的行动上。

贝克经理在谈到自己对于职工的态度时说："当我每次看到某个人的时候，我都要一丝不苟地对待他，使他认识到自己的重要性。心不在焉只会给他带来伤害。"所以他在与工人相处时，都以友好、平等的态度来倾听他们的谈话，帮助他们解决各种困难。这样一来，职工们会以更加高昂的士气去工作。

俗话说得好，人心都是肉长的。一个人对那些对自己友好并尊重自己的人，是不会以怨报德的。这样一来，企业就会招揽更多的人才。一个会揽才的企业，总会比只知对财、物斤斤计较的企业更兴旺发达的。

2. 要认真倾听职工意见

工作在装配线上的工人们由于天天与生产线接触，因而往往比领导更熟悉生产情况，他们完全可能想到经理们所想不到的办法来提高劳动生产率。此时，领导是否能够倾听工人意见便至关重要。

如果当职工来找你谈关于公司生产经营等方面的建议或其他有关企业的事宜而被你拒绝的话，则会使他（她）的自尊心受到伤害，从而对工作感到心灰意冷，最终影响企业劳动生产率。特别是青年人，往往会因为受到上级的责难怀恨在心而怠工，或生产次品来进行报复。

所以作为一个企业领导，即使不从人情的角度来考虑，也应当从企业经济效益得失的角度考虑，认真倾听职工的意见。"士为知己者用"，如果连坐下来听听对方的谈话都做不到，那就更说不上使人才为你所用了。

3. 对每一位职工都要真诚相待，信而不疑

人与人之间最宝贵的是真诚，只有建立在彼此推心置腹、真诚相待、信而不疑基础上的友谊才经得起考验。管理人员要是真正尊重职工，就必须和职工建立起这种经得起考验的友谊。但要做到这一点，并不是一件很容易的事，这要求管理者无论身居何职都要坚持不耻下问，与部属兄弟般相处。

福特公司曾经向职工公开账目，这一做法使职工大为感动。实际上这种做法对职工来说无疑产生了一种强大的凝聚力，它使职工从内心感到公司的盈亏与自身利益息息相关，公司繁荣昌盛就是自己的荣誉。分享成功使他们士气更旺盛，而且也会激起他们奋起直追。这就是坦诚相待的妙用。

（二）全员参与生产与决策

这是福特公司在职工管理方法中最突出的一点。公司赋予了职工参与决策的权利，缩小了职工与管理者的距离；职工的独立性和自主性得到了尊重和发挥，积极性也随之高涨。"全员参与制度"的实施激发了职工潜力，为企业带来巨大效益。"参与制"不仅在福特公司，而且在美国许多企业以至世界各地使用和发展着。实践证明：一旦劳动者参与管理，生产效率将成倍提高，企业的发展将会获得强大的原动力。

"参与制"的最主要特征是将所有能够下放到基层的管理权限全部下放，对职工报以信任的态度并不断征求他们的意见。这使管理者无论遇到什么困难，都可以得到职工的广泛支持。那种命令式的家长作风被完全排除。

同时，这种职工参与管理制度，在某种程度上缓和了劳资间势不两立的矛盾冲突，改变了管理阶层与工人阶级泾渭分明的局面，大大减轻了企业的内耗。

如今是企业分权、授权与自由的时代，我们更应该紧握时代的脉搏，给职工权利，赋予义务，从而获得更多的支持与帮助。

二、造就新一代汽车工人

人才是成就事业的支柱，没有人才就是空谈。在当今新技术革命中，世界各国之间或一个国家各企业间竞争的焦点已经集中在人才上。这里的人才不仅仅指高水平的专业人才，而且也有一大批作为生产基础的高素质职工队伍。所以福特公司期望对工人进行更换，这些工作将由受过高等教育而又干劲十足的人担任。

当福特公司决定招聘工人时，应聘者众多，远高于计划招聘人数。面对众多应聘者，福特公司采取了雇员筛选法，应聘者参加了3个小时的考试。这些考试包括数字、阅读技术材料并回答问题，在各种手艺测验中选择一项，随后在分数较高而且有扎实工作经验的1 000名应聘者中进行初选。至少由两名公司雇员对候选人进行面试，选择最有前途的求职者。最后，候选人还必须通过吸毒检查和体检，由医生确定他们是否能胜任工作。

由于福特公司注意网罗受到过高等教育的人员，因此其新工人的整体情况呈现出受过高等教育的人的比例上升的趋势：上过大学的约占1/3，有4年本科学位的约占4%，

都高出原有工人的比例。

制造业现在也不像过去那样被人瞧不起了，不少受过高等教育的人也乐意在组装线上拧螺丝。例如，威廉·沃德是一个获得历史学位的大学毕业生，却进入了福特公司的一个装配厂。虽然福特公司不指望雇用的新工人都是大学毕业生，但他们在工厂不断发展之际无疑想招聘到一些可以节省培训和再培训费用的工人。

同时福特公司正大幅度裁减管理人员，让工人自己负起某种责任，并且重新改进生产程序和改进产品。无疑，在此方面，教育程度高的人具有一定优势。

受过更高教育的人进入福特公司显示着新一代美国汽车制造工人正在出现。对于造就新一代工人队伍这一方面，公开招聘、严格筛选是应该令我们注意的。公开招聘制度是对人事管理上的权力主义、官僚主义的一种冲击和抑制，也是对个人主动精神的激励。

从以上对福特公司人事管理的分析中，我们可以看到，能否采用正确的用人之道是一个企业成败的关键所在，管理不善是最大的浪费，即使拥有最先进的科学技术也不能发挥作用。所以我们必须从正确的人力资本的角度看问题，组织和管理好人才，只有这样才能保证我们的事业欣欣向荣。

问题：

1. 福特汽车公司在人力资源管理上有哪些好的做法？
2. 福特汽车公司的做法符合人力资源管理的哪些基本原理和理念？

案例分析二

试用期解除劳动合同

小李是某大学的经济学博士毕业生，在一次校园招聘会上，某跨国集团公司向他伸出橄榄枝。经双方商定，小李毕业后到该公司担任技术部经理，试用期2个月，月薪1.8万元。后小李顺利毕业并和该公司签订2年期限的劳动合同，约定2个月的试用期。在试用期即将结束前一周，小李接到上级通知要其主动离职，并被暗示如果不主动离职将通不过公司的试用期考核，理由是小李的求职简历中存在误导公司的描述。小李认为，自己的简历真实，公司理解错误是公司的问题，不接受要求主动离职的建议。

问题：

该跨国集团公司可以在试用期随便找理由和小李解除试用期劳动合同吗？为什么？

学习目标

熟悉领导的概念及作用；
掌握职位权力的类型；
了解领导的原理；
掌握领导的权变理论；
熟悉领导者的修养与领导艺术。

第一节　领导概述

一、领导的概念

一般来说，"领导"一词有两个含义：一是名词，指领导者，即组织中确定和实现组织目标的首领。一个组织的领导者，犹如一个乐队的指挥，能影响每个成员，并把他们的才能充分发挥出来。在他的指挥和引导下，整个乐队才能相互配合，演奏出和谐优美的乐章。二是动词，指的是对工作进行管理，行使管理职能。通过该职能的行使，领导者能促使被领导者努力地实现既定的组织目标。

本书将领导定义为：领导是指在社会共同活动中，具有影响力的个人和集体，对组织内每个成员（个体）和全体成员（群体）的行为进行引导和施加影响的活动过程。它涉及领导活动的前提、主体、结构、手段和目标。领导活动是存在于群体之中的，一个人不能形成领导，群体活动成为领导诞生的前提。领导活动的主体是由领导活动的发动者、组织者与执行者共同组成的，包括两个要素，即领导者与被领导者。领导活动的结构是领导者发动和组织领导活动所依存的体制或规则，任何组织中的领导活动都是在一种制度化的规则中展开的。领导活动的手段是领导者调动和激励下属的方式。领导活动的目标是领导活动的归宿，没有目标的领导活动不仅没有成效而且会迷失方向。

在谈到领导与管理时，我们常把领导者与管理者混为一谈，其实它们并不完全相同。领导与管理的联系在于领导是管理的基本职能之一，因此，管理的范畴要大于领导。领导和管理都是在组织内部通过影响他人的协调活动，实现组织的目标。领导者和管理者都是组织层级的岗位设置结果。领导与管理的区别主要体现在：管理是对下属的命令行为，领导是对下属的影响力。管理者是负责把事情做正确，领导者是带领大家做正确的事情。领导者必然是管理者，而管理者不一定是领导者。

二、领导的作用

（一）指挥作用

领导者是领导活动的主体，对领导活动的成败起着决定性的作用。在组织的集体活动中，需要头脑清醒、胸怀全局、高瞻远瞩、运筹帷幄的领导者，帮助组织成员认清所处的环境和形势，指明活动的目标和达到目标的途径。领导就是引导者、指挥者、指导者，领导者应该帮助组织成员最大限度地实现组织目标。领导者不是站在群体的后面去推动群体中的人们，而是站在群体的前面，指引组织的发展方向，促使人们前进并鼓舞人们去实现目标。

（二）激励作用

领导的激励作用是指领导者通过科学的方法来激发人的动机、开发人的能力、充分调动人的积极性和创造性，使被领导者焕发工作热情。

领导的任务就是把组织目标和个人目标结合起来，引导组织成员满腔热情、全力以赴地为实现组织目标作出最大贡献。领导者为了使组织内的所有员工最大限度地发挥其才能，实现组织的既定目标，就必须关心、爱护、尊重员工，激发和鼓舞员工的工作斗志和热情，充分发掘员工的潜力，不断地充实和增强人们积极进取、奋发努力的工作动力。

（三）协调作用

领导的协调作用是指领导者为实现领导目标，采取一定的措施和方法，使其所领导的组织同环境、组织内外人员等协同一致、相互配合，高效率地完成工作任务。简单地说，领导协调是实现领导活动中人与人、部门与部门之间协调配合，发挥最佳整体效能的活动。领导活动主要用来解决组织内部的各种矛盾，保证各个方面都朝着既定的目标前进。

（四）沟通作用

领导者是组织的各级首脑和联络者，在信息传递方面发挥着重要作用，是信息的传递者、倾听者，是发言人和谈判者，在管理的各个层次中起着上传下达的作用，以保证管理决策和管理活动顺利进行。

三、领导的权力

一个领导者要实现有效的领导，关键在于他的影响力。而影响力，就是一个人在与他人的交往中影响和改变他人心理和行为的能力。领导者的影响力主要通过权力得以体现。换句话说，权力是领导者对他人施加影响的基础。

所谓权力，是指一个人主动影响他人行为的潜在能力。这里"潜在"的意思是，一个人拥有一定的权力，尽管他可能根本就未行使这种权力。例如，一个篮球教练有权开除表现不好的球员，但是球员由于意识到教练拥有这种权力因而严格要求自己，这样教练实际上就很少真正行使这方面的权力。没有行使权力，并不意味着他不拥有这种权力。

在组织内部，领导者的权力一般可以分为职位权力和非职位权力。

（一）职位权力

职位权力，就是指领导者由于居于组织内某一职位而拥有的权力，包括法定权力、奖赏权力和强制权力。

1. 职位权力的类型

（1）法定权力，指组织赋予的各领导职位所固有的合法、正式的权力。这种权力通过领导者利用职权向下属人员发布命令、下达指示来直接体现，有时也借助于组织内的政策、程序和规则等而得到间接体现。

（2）奖赏权力，指提供奖金、理想的工作和其他任何令人愉悦的东西的权力。被领导者由于感觉到领导者有能力使他们的需要得到满足，因而愿意追随和服从。

（3）强制权力，指给予扣发奖金、降薪、降职、开除等惩罚性措施的权力。这种权力建立在下级的恐惧感上：下级认识到，如果不按照上级的指示办事，就会受到上级的惩罚。与正面强化的奖赏权力相比，强制权力是一种负面强化手段，主要作用是禁止某些行为的发生。

2. 构成职位权力影响力的主要因素

在领导活动中，领导者运用权力的目的是对被领导者施加影响，使其心理和行为发生预期的改变。因此，权力是影响的基础，影响则是权力的核心实施过程。一般来说，构成职位权力影响力的主要因素是：

（1）传统观念因素。传统观念是在人们长期的社会生活和实践中形成的，认为组织中处于较高地位的人就是权威，享有支配他人的当然权力，职位低的人理所当然地服从职位高的人。在企业管理中，借助建立在法定权力基础上的传统观念的影响，可以使员工对企业领导者产生敬畏感，自动听从其指挥命令，从而有助于增强领导者影响力的强度。

（2）职位因素。居于领导地位的人，组织授予他一定的权力，而权力使领导者具有强制下级的力量，凭借权力可以左右被领导者的行为、处境、前途乃至命运，使被领导者产生敬畏感。领导者的地位越高，拥有的权力也就越大，因而组织中职位较低的人就对他越敬畏，他的影响力就越强。

（3）资历因素。由领导者的资格和经历对被领导者产生的心理影响叫资历因素。资历因素是指个人历史性的东西，一般人对资历深的领导比较敬重，由此产生的影响力也属强制性的。

（二）非职位权力

非职位权力，是与职位权力相对应的权力，包括专家权力和感召权力。

1. 非职位权力的类型

（1）专家权力，指由个人的特殊技能或某些专业知识而产生的权力。由于领导者具有某些符合本组织需要的专业知识、特殊技能、知识创新能力、管理能力、交际协调能力、组织指挥能力等，因而能赢得同事和下级的尊敬。

（2）感召权力，指与个人的品质、魅力、经历、背景等相关的权力。这些关联因素可以引起拥戴心理，通过模仿方式形成或加大领导者的影响力，激起人们的忠诚和热忱。

2. 构成非职位权力影响力的主要因素

（1）品德因素。领导者必须具备较高的政治思想素质，准确地把握组织发展的方向，确保组织发展的方向与国家和政府指引和鼓励的方向一致。同时，领导者较高的政治思想素质也是对组织进行政治思想教育的基础。

（2）才能因素。领导者必须具有相应的知识文化素养与领导技能素养，这是培养创新能力的基础。而且现代组织正在向知识型组织转变，知识型员工将成为组织的主力员工，这对现代组织的领导者产生了更高的知识要求。

（3）感情因素。感情是联结人和人的稳固的纽带，也是影响他人心理和行为的有效途径。在组织中，当员工感受到领导者的关心、尊重时，就会产生一种亲密感、知己感，因而从感情上自愿接受、支持其领导。

（三）职位权力与非职位权力的区别

1. 两者的来源不同

无论什么人，只要取得了某一领导职位，就可以获得与这个职位相关的权力。而非职位权力是由职位以外的个体内在因素而获得的权力。

2. 两者的作用范围不同

职位权力的影响范围受时间与空间的限制，既受任职时间的限制，也受任职部门或地域的限制。从这个意义上来说，没有一种可以在任何时间与任何空间范围内控制任何人的万能的职位权力。但是非职位权力与此相反，它不受时间与空间的限制而具有超时空、超地域的特点。

3. 两者的作用方式不同

职位权力是以命令、强制、服从为前提的，是一种行政指挥，下级必须顺从。而非职位权力不同，其影响力是通过领导者的自身素质和自身品行起作用的，其前提是信任、热爱与自觉接受。

对于领导者来说，职位权力和非职位权力是对立统一的、是相互依存的。只有职位权力而无非职位权力，叫作"有权无威"；只有非职位权力，而无职位权力，叫作"有威无权"。职位权力和非职位权力的关系是：如果一个领导者的非职位权力较大，他的职位权力也会增大；反过来，如果领导者职位权力较大，他的非职位权力影响力也会有所提高。两者相互作用、缺一不可，缺少了任何一方都不能实现有效地用权。

四、领导的原理

（一）指明目标原理

指明目标原理，是指领导工作越是能够使全体人员明确理解组织的目标，则人们为实现组织目标所作的贡献就会越大。

尽管指明目标不是有效的领导工作所能单独完成的,但是这个原理表明,使人们充分理解组织目标和任务是领导工作的重要组成部分。这一工作越有效,就越能使组织中的全体人员知道应该怎样完成任务和实现目标。

(二)目标协调原理

目标协调原理,是指个人目标与组织目标能取得协调一致,人们的行为就会趋向于统一,从而工作效率就会越高、效果就会越好。

如果个人和组织的目标相辅相成,如果大家都能信心十足地、满腔热情地、团结一致地去工作,就能够最有效地实现这些目标。所以在领导下级时,管理者必须注意利用个人的需要动机去实现集体的目标。

(三)命令一致原理

命令一致原理,是指管理者在实现目标的过程中下达的各种命令越是一致,个人在执行命令中发生的矛盾就越小,领导与被领导双方对最终成果的责任感也就越强。

命令一致又称统一指挥,强调的是一个人越是完全地只接受一个上级的领导,在上级之间相互抵触的指示就越少,从而个人对成果的责任感就会越强。

(四)直接管理原理

直接管理原理,是指领导者同下级的直接接触越多,所掌握的各种情况就会越准确,从而领导工作就会更加有效。

尽管一个领导者有可能使用一些客观的方法来评价和纠正下级的活动以保证计划的完成,但这不能代替面对面的接触。通过面对面的接触,领导者往往能够用更好的方法对下级进行指导、同下级交换意见,特别是能够听取下级的建议,以及体会存在的各种问题,从而更有效地采用适宜的工作方法。

(五)沟通原理

沟通原理,是指领导者与下属之间越是有效地、准确地、及时地沟通,整个组织就越会成为一个真正的整体。

管理过程中所产生的大量信息、情报,包括组织外的信息、情报,领导者必须自己或组织他人进行分析整理,从而了解组织内外动态和变化。进行沟通,就是为了适应变化和保持组织的稳定,这是领导工作所采用的重要手段。

(六)激励原理

激励原理,是指领导者越是能够了解下属的需求和愿望并给予满足,就越能调动下属的积极性,使之能为实现组织的目标作出更大的贡献。

在进行激励时,如果只是笼统地去确定人们的需要并以此建立对下属的激励方法,往往是不能奏效的。必须考虑在一定时间、一定条件下的多种因素,不能把激励看作是一种与其他因素不相干的、独立的现象。

第二节 领导理论

一、人性的假设理论

领导是涉及组织中人的问题的职能。领导者为了有效地影响个人或群体，达到组织的目标，就必须研究各种领导方式的效果。因此领导者必须了解人，了解人性及人的行为模式，揭示人的活动规律，从而探索相关的管理方式。

（一）从"经济人"到"复杂人"的假设

随着管理实践的发展，人们对管理中人性的认识也不断深化，先后经历了"工具人""经济人""社会人""自我实现人""复杂人""理念人""主权人""知识人"等假设。由于种类繁多，这里主要讨论对管理发展影响较为深远的"经济人"假设、"社会人"假设、"自我实现人"假设以及"复杂人"假设。

人性即领导者对人工作动机的根本看法，是管理者管理人的指导思想。

1. "经济人"假设

"经济人"假设理论认为组织中人的行为主要是追求自身利益，工作动机是为了最大限度满足自己的经济利益。持"经济人"假设的人认为，大多数人天生懒惰，尽量逃避工作；多数人没有雄心大志，不愿负责；多数人工作是为了满足物质需要，只有物质和金钱刺激才能激励他们工作。

最早提出"经济人"假设的，是英国早期的经济学家亚当·斯密。他认为：在自由经济制度中，经济活动的主体是体现人类利己主义本性的个人。每个人都在不懈地追求经济收入，同时不得不考虑别人的利益。在这样的过程中，建立起社会秩序，创造出财富。

泰罗把"经济人"假设作为他理论体系的基石，他的一切管理制度都着眼于如何根据工人的劳动量给予恰当的报酬。他认为：企业中成员的积极性问题，也都是经济原因造成的。

对于符合"经济人"假设的员工，需要相应地采取重视物质刺激、实行严格监督控制的管理方式。

2. "社会人"假设

在霍桑实验中，梅奥发现"经济人"假设不能解释组织中员工积极性波动的原因，影响人们工作积极性的原因另有所在，于是梅奥总结出了"社会人"假设。"社会人"假设认为人有强烈的社会心理需要，集体伙伴的社会力量要比上级主管的控制力量更加重要。如果人们在工作、家庭、企业中与其他人的关系不协调，其工作情绪就会受到影响。职工的"士气"是提高生产率最重要的因素。因此，管理者要调动员工的工作积极性，不仅仅要靠物质利益，更重要的是要考虑工作中员工的社会心理需要的满足程度。管理者要重视人际关系，以培养员工的归属感来鼓励员工参与组织管理。

3. "自我实现人"假设

随着行为科学的盛行和马斯洛需要层次理论的提出，又出现了"自我实现人"假设。"自我实现人"假设认为：人特别重视自身社会价值，以自我实现为最高价值。员工重视的是工作的挑战性，只要工作能发挥他的主观能动性、达到他认为的自我价值的实现就可以了。因此，组织所能做的就是赋予员工更有意义、更有吸引力的工作，以引起员工的成就感、实现其自我价值。对于这类员工，要采取鼓励贡献、员工自我控制的管理方式，而不需要其他外来的激励。

4. "复杂人"假设

"自我实现人""社会人""经济人"都从某一个角度反映了人的一些本质属性，具有其合理性，但仍不能全面地解释员工积极性源泉问题。一方面员工的价值取向是多种多样的，没有统一的追求；另一方面，同一个人是在不断变化的，今天是"经济人"，明天可能追求良好的人际关系。因此，有学者提出了"复杂人"假设。"复杂人"假设认为人的需要是多种多样的，人的行为会因时、因地、因条件而异。因此，不存在一套适用于任何时代、任何组织和个人的普遍有效的管理方式，只能因地制宜、灵活机动地采取合适的激励方法。

（二）X 理论和 Y 理论

在关于人性的研究中，有一个基本的分类，即人的积极性究竟是主动的还是被动的，实际上是对"人究竟有没有积极性"的探讨。这个问题类似于哲学史上关于人性的善恶之争。倾向于性善论者认为，职工有内在的积极性，只要通过适当的激励方式，员工就会自觉地去实现组织目标；倾向于性恶论者认为，员工没有内在积极性，如果没有外在压力，他们是不会为组织作出贡献的。

X 理论和 Y 理论是由美国心理学家、麻省理工学院的教授道格拉斯·麦格雷戈提出的。X 理论，是古典管理理论的人性假说。这种观点认为人的行为在于追求本身的最大利益，工作的动机是为获得劳动报酬。其要点是：

（1）多数人生来懒惰，总想少工作。

（2）多数人没有工作责任心，宁可被别人指挥。

（3）多数人以我为中心，不关心组织目标。

（4）多数人缺乏自制能力。

结论是，多数人不能自我管理，因此需要用强烈的外部刺激、严管重罚来迫使人们工作，完成工作目标。

麦格雷戈提出的 Y 理论认为：

（1）工作和娱乐一样。

（2）人会主动要求责任。

（3）人能够自我控制和自我指导。

（4）个人目标与组织目标没有根本冲突。

基于此，领导者不能局限于发布命令，而要关心满足人的交往、归属需要，重视员工之间的关系，沟通上下级之间的感情，培养和形成员工的归属感和集体感。

显然，以 X 理论指导和以 Y 理论指导的管理方式正好是相反的。X 理论类似于哲学史上的性恶论，强调"人之初，性本恶；要他干，就得压"。Y 理论倾向于性善论，强调"人之初，性本善；引导好，努力干"。现代管理实践越来越倾向于 Y 理论。从 X 理论到 Y 理论的变化，与从"经济人"到"自我实现人"假设的变化趋向是一致的。

二、现代领导理论

（一）领导特质理论

领导特质理论主要是研究领导者个人最有效的品质特征，即与领导过程的有效性相联系的领导者的品质特征和个人特征。

1. 传统领导特质理论

传统领导特质理论认为，领导者的品质应该是与生俱来的，如果人生来不具有领导特质就不可能成为领导者。美国心理学家吉普认为，领导者必须具有 7 个基本条件：善言、外表英俊潇洒、智力过人、具有自信心、心理健康、有支配他人的倾向、外向而敏感。而美国心理学家斯托格狄尔认为，领导者的先天特征是：有良心、可靠、勇敢、责任感强、有胆略、有判断力、力求革新进步、直率、自律、有理想、有良好的人际关系、风度优雅、身体强壮、智力过人、有组织能力。

一个成功的领导者必须具有一些有效的品质特征，这是实践证明了的。但是，传统观念立足于特质是天生的，显然是错误的。事实上，有许多优秀的领导者都是通过后天的培养和训练而形成这些品质特征的。

2. 现代领导特质理论

现代领导特质理论认为，领导是一个动态发展过程，领导者的品质是在实践中逐步形成的，可以通过后天教育培养。美国企业界普遍认为，一个优秀的领导者必须具有合作精神、决策才能、组织能力、精于授权、善于应变、勇于负责、敢于求新、敢担风险、尊重他人、品德超人等 10 种品质。日本企业界认为，有效的领导者必须具备使命感、信赖感、积极性、诚实、合作精神、进取心、忍耐、公平、热情、勇气等 10 项品德，以及决策力、规划力、判断力、创造力、洞察力、劝说力、理解力、解决力、培养力、调动力等 10 种能力。

（二）领导行为理论

由于领导特质理论的缺陷，在解释领导行为有效性问题上出现了困难，不仅出现了对领导者特质的内容及相对重要性的认识很不一致，更重要的是忽视了被领导者及其他情境因素对领导效能的影响。于是人们把研究重点转到领导的行为本身，谋求从工作行为的特点来说明领导的有效性，从而产生了领导行为理论。领导行为理论侧重于对领导行为的分析，它关心的两个基本问题是：第一，领导是怎么做的，即领导的行为表现是什么；第二，领导是以什么方式领导一个群体的。

1. 领导作风理论

领导作风也称领导风格，是领导在实施其职权的过程中所表现出来的特点和倾向。据此，将领导风格分为专制式、民主式、放任式三种基本形式以及仁慈专制式和支持式两种变异形式。

（1）专制式领导作风。专制式又称专权式或者独裁式，这种领导者独自负责决策，然后命令下属予以执行，并要求下属不容置疑地遵从命令。专制式领导的主要优点是：决策制定和执行速度快，可以使问题在较短时间内得到解决；主要缺点是：下属依赖性强，领导者负担较重，容易抑制下属的创造性和工作积极性。

（2）民主式领导作风。民主式又称群体参与式，指领导者在采取行动方案或作出决策之前听取下属的意见，或者吸取下属参与决策的制定，在下属没有达成一致的情况下往往不采取行动。这种领导风格的好处在于集思广益，能制定出质量更好的决策，同时还能使决策得到认可和接受，减少执行阻力。另外，由于让下属充分参与决策，令下属感到得到尊重，能提高他们的工作热情和积极性。其主要缺点在于：决策制定过程长，耗用时间多，容易造成领导周旋于各种意见之间难以下决定。

（3）放任式领导作风。放任式领导作风的领导者很少行使自己的职权，而给予下属充分的自由度，让下属自行处理问题。这类领导者大都处于被动地位，很少或基本上不参加下属的活动。这种风格有助于培养下属的独立性和管理能力，但由于领导者不闻不问，下属各自为政，容易造成意见分歧，决策难以统一。因此，这种领导作风在组织中很少采用，除非下属的管理能力很强并具有高度的工作热忱。

（4）仁慈专制式领导作风。这种领导作风的领导者虽然在作出决策时可能仔细听取下属的意见、宣布执行命令时允许下属提出疑问并以说服方式使下属接受决策，但在作出最终决策的时刻往往表现得非常专断，不顾意见的不统一毅然作出自己的决定。

（5）支持式领导作风。支持式领导作风比较接近民主式领导作风。这种领导者对下属抱有相当大但并不是完全的信任，允许下属作出具体问题的决策，并在某些总体的、主要的决策中进行协商，鼓励下属积极参与决策制定，并且尽最大的可能帮助下属完成任务。这种领导作风对于容易有挫折感的员工会起到较大的支持和引导作用。

2. 领导四分图模式

按照领导者"关心任务"和"关心人员"的不同组合，可以将领导者分为四种不同的组合类型。"关心任务"就是指把工作重点放在组织绩效上；而"关心人员"则是指信任尊重下属，关爱员工，关注员工的发展，通过良好的人际关系推动工作任务的完成。据此，形成了不同的领导方式，如图7-1所示。

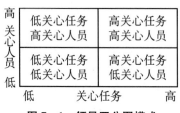

图7-1 领导四分图模式

3. 管理方格理论

管理方格理论是由罗伯特·布莱克和简·莫顿提出的。该理论认为，领导者主要是通过处理人与工作的关系来体现价值的。他们从对人的关心和对工作的关心两个方面去研究领导风格，通过99方格图加以表述，从而创立了管理方格理论，如图7-2所示。

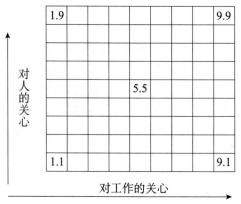

图7-2 管理方格图

管理方格理论指出，以任务为中心和以人为中心这两个方面并不是相互排斥、非此即彼的，它们可以按不同的程度结合在一起。有五种典型的管理风格：

（1）放任式管理（1.1）。领导者对人与工作都不关心，放任自流，既对工作完成不利，又不能处理好与下属的关系。显然这种方法是不可取的。

（2）任务式管理（9.1）。领导者只关心工作的完成情况而不关心下属的个人因素，不利于调动下属的工作积极性，进而影响工作效率。

（3）俱乐部式管理（1.9）。领导者只关心下属而不关注工作的完成情况，在营造的和谐环境中，每个人都轻松、友好并且快乐，谁也不关心作出协同努力去实现组织目标。

（4）团队式管理（9.9）。领导者既关心工作又关心下属，通过调动每个人的工作积极性，激励他们自觉、自愿地为实现组织目标而协同努力，在完成任务的同时也能实现自身的价值。

（5）中间道路式管理（5.5）。领导者对工作和人都是同等程度的关心，在完成工作任务和维持一定的团队士气中寻求平衡。

管理方格理论在应用时要注意：既要关心人，也要关心工作，忽视任何一方都会影响组织目标的有效实现；要根据不同环境和条件而有所侧重两个"关心"。9.9是领导者追求的目标，5.5是合格领导者的基本要求，大多数领导者都是处于中间状态的各种混合型的。

4. 影响领导风格的因素

（1）领导者的个性特征。主要有价值取向、性格特征、行为习惯、兴趣爱好、对下属的信任程度等。

（2）下属的个性特征。主要包括下属的追随度、知识、经验、技能、责任感、进取精神、与领导的性格相似性等。

（3）组织环境。主要体现在领导权力的稳固程度、规章制度的完善与执行情况、企业文化、工作性质、工作环境等方面。

（三）领导权变理论

领导权变理论主要是探讨各种环境因素怎样影响领导者行为及其有效性。其认为在不同的情况下需要不同的素质和行为，才能达到有效的领导。

1. 领导行为连续统一体模式

美国管理学家坦南鲍姆和施密特所表述的领导行为连续统一体模式如图7-3所示。该模式描述了从主要以领导者为中心到以下属为中心的一系列领导方式，这些方式因领导者把权力授予下属的大小程度而不同，因此不是在两种领导方式之间进行选择。领导行为连续统一体模式提供的是一系列的领导方式，说不上哪一种方式是正确的而哪一种是错误的。

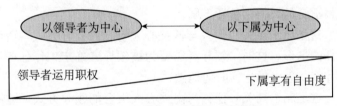

图7-3 领导行为连续统一体模式

2. 菲德勒的权变理论

菲德勒（Fred E. Fiedler）提出的权变理论意味着领导是一种过程。在这个过程中，领导者施加影响的能力取决于群体的工作环境、领导者的风格和个性，以及领导方法对群众的适合程度。菲德勒提出，对一个领导者的工作最有影响的三个因素是职位权力、任务结构和上下级关系。

（1）职位权力。职位权力指的是与领导者职位相关联的正式职权以及领导者从上级和整个组织各方面所取得的支持程度。这一职权是由领导者对下属的实有权力所决定的。当领导者拥有一定的明确的职位权力时，会更容易使下属成员遵从他的指导。

（2）任务结构。任务结构指的是任务的明确程度和人们对这些任务的负责程度。任务明确，个人对任务负责，则领导者对工作质量更易于控制，群体成员也有可能比在任务含混不清的情况下更明确地担负起他们的工作职责。

（3）上下级关系。从领导者的角度看，上下级关系是最重要的因素。因为职位权力与任务结构大多可以置于组织的控制之下，而上下级关系可影响下级对一位领导者的信任和爱戴，从而影响追随他的程度。

菲德勒根据这三个影响因素的情况，把领导者所处的环境从最有利到最不利分成八种类型，如表7-1所示。其中，三个条件齐备的是领导者最有利的环境，三者都缺的是最不利的环境。领导者所采取的领导方式，应该与环境类型相适应，才能获得有效的领导。实践证明，在最不利和最有利的两种情况下，采取"以任务为中心"的指令型领导方式效果较好；而对处于中间状态的环境，采取"以人为中心"的宽容型领导方式效果较好。

表7-1　菲德勒权变理论模型

状态	最有利———————————————最不利						
上下级关系	好				差		
任务结构	明确		不明确		明确		不明确
职位权力	强	弱	强	弱	强	弱	强	弱

3. 领导生命周期理论

领导生命周期理论同样认为关心人和关心工作决定领导风格，但是，这里又增加了第三个影响因素，即被领导者的成熟程度。据此，将被领导者按成熟程度分为四个阶段，即很成熟、比较成熟、初步成熟和不成熟。面对不同成熟度的被领导者，领导风格要作相应的调整，用最适合的风格去领导下属。

（1）命令式。这是属于高关心任务与低关心人组合的领导方式，适用于下属无能力也无意愿承担责任的情形。这时，领导者需要为被领导者确定工作任务，并以下命令的方式告诉他们做什么、怎么做、何时何地做。

（2）说服式。这是属于高关心任务与高关心人组合的领导方式，适用于下属有意愿承担责任但缺乏应有的能力的情形。这时，领导者需要对工作任务作出决策，但在决策下达过程中宜采取说服的方式让被领导者了解所作出的决策，并在决策执行过程中给予下属大力的支持和帮助，使其高度热忱又充满信心地产生预期的行为。

（3）参与式。这是属于低关心任务与高关心人组合的领导方式，适合于下属有能力但不愿意承担责任的情形。这时，领导者需要让被领导者参与作出决策，领导者从中给予支持和帮助。

（4）授权式。这是属于低关心任务与低关心人组合的领导方式，适合于下属有能力也有意愿承担责任的情形。这时，领导者既不下达命令也不给予支持，而是让被领导者自己决定和控制整个工作过程，领导者只起到监督的作用。

领导生命周期理论认为，随着下属从不成熟走向成熟，领导者不仅可以逐渐减少对工作的控制而且还可以逐渐减少关心行为，领导者能相应地改变自己的领导方式。

第三节　领导者的修养与领导艺术

一、领导者的修养

一个有修养的领导者能极大地改善领导者与被领导者之间的人际关系，因此，领导者的修养显然比单纯的知识更为重要。一般来说，领导的修养有如下内容。

（一）知识是领导者的工作基础

作为领导者，必须懂得可使领导更有效果的种种因素和随机应变的各种领导方式；要成为更为有效的领导者，而不是机械地去执行一些例行公事。

当然，有关领导的理论和方法很多，不可能让每个管理者都全部精通，但他们至少要学习与领导有关的基本知识。另外，只学习这些知识是不够的，作为一个领导者还必须具备将这些知识应用于实际的能力。

（二）思想是领导者的最大资本

在知识经济时代的市场竞争中，企业的取胜主要靠领导者的思想。员工的思想、思路不正确只会影响个人至多是部门的发展，而领导者的思想会影响整个组织的发展。因此，当组织完成由低级到高级、由传统到现代的转变之后，领导者首先应当做的是：以思想制胜，以思想夺取发展空间。

（三）热忱是领导者力量的源泉

热忱是一种意识状态，能够鼓舞及激励一个领导者对手中的工作采取行动。不仅如此，热忱还具有感染力，会对自己的下属和其他相关人员产生影响。热忱是成功的领导者共有的美德和魅力基因。

（四）魅力是领导者的个性体现

在前面我们谈到过，领导的感召权力来源于领导者的个人魅力。显然，领导者的形象不同，他所领导的组织给人留下的形象自然也不同，他对下属的影响作用也不一样。领导者的威望来源于他崇高的理想、高尚的情操、博大的胸怀、坚强的意志和卓越的领

导才能，而这些内在素质如果通过某些外在形式反映出来，便成为领导者的特有风度，使之有相对独立的意义。

二、领导艺术

现代社会中的组织常常是由多种要素组成的比较复杂的社会性组织，它不可能脱离整个社会，这对组织中的领导者的领导方法提出了更高的要求，同时决定了领导者的工作在很大程度上是创造性的。在履行领导职能的过程中，领导科学是与艺术相互结合、彼此交织在一起的。管理者只有具备灵活运用各种领导方法和原则的能力与技巧，才能率领和引导人们克服前进道路上的障碍，顺利实现预定的目标。

领导艺术的内容，大体上有三种：一是履行职能的艺术，主要包括沟通、指挥和激励艺术；二是授权艺术、决策艺术、用人艺术等；三是提高领导工作有效性的艺术。除上述内容外，还包括合理安排时间、处理好各方面的关系以及吸引职工参加管理等艺术。这里重点介绍以下几种领导艺术。

（一）授权艺术

在不同的主客观条件下，不同程度地把领导权力下放给下级管理者或其他人员，并对其进行指导与监督，使每项工作都能在最适当的层次得到较好的处置，既利于充分发挥下属的积极性、主动性，又能帮助上级领导者集中精力研究和解决主要问题，维护和加强整个组织的统一指挥。

（二）决策艺术

管理者的决策能力，在非程序化的决策过程中起着重要的作用。领导者在一定的经验基础上，对未来事件的判断具有远见和洞察力，主要表现在及早察觉组织发展的有利和不利条件，依靠自己的周密考虑和集中群众的意见作出既有事实根据又先于别人的不寻常的战略决策，促使组织取得重大的成就与改进。

（三）用人艺术

在充分了解和发挥员工长处的基础上，把工作的需要和个人能力结合起来，使每位员工在各自的岗位上努力工作、积极进取；把发挥每位员工的长处与组织目标很好地结合起来，使员工的长处同集体的长处相得益彰；使每个员工的短处同集体和别人的长处结合起来而不至于有损于组织；在组织中创造一种气氛，使作出显著成绩的人受到应有的尊重和提拔；能顺利履行职责，依靠和利用平凡人的聪明才智作出不平凡的业绩，促使组织的目标实现。

（四）指挥和激励艺术

这主要是指在实践中树立和维护必要的权威，使员工自觉地团结在领导者的周围并接受其指挥；在管理过程中，领导者要善于运用各种通信手段进行沟通，认真听取下属实践得到的信息，及时对所属人员进行必要的教育或发布必要的指令；指令的内容力求切合实际，详略深浅适度，方法和形式能为有关人员所理解和乐于接受；根据加强思想政治教育和物质利益原则的精神，使组织中的鼓动工作和激励制度、方法等能适应广大职工多种多样的、经常变化的需要，进而起到维护纪律、鼓舞士气、充分挖掘潜力、克服各种困难、提高效益和效果的作用。

（五）集中精力抓主要环节的艺术

在组织各项生产、工作任务中，找出对实现组织目标具有重要作用的某项工作或某个环节，在突出重点的基础上统筹全局，正确决定每个时期、阶段的工作秩序，科学地分配自己的时间和组织资源，并把这种决定坚持贯彻下去。

（六）领导变革的艺术

组织在发展过程中不断革新技术、改进管理，必然引起人们的思想认知和组织行为的变革。这就要求管理者因势利导，正确处理变革过程中革新与守旧的矛盾，达到既促进变革又稳定局面的目的。

（七）合理安排时间的艺术

在实际工作中，许多领导者经常抱怨自己的时间不够用，甚至有些领导者利用自己90%的时间来解决公司内部的混乱与矛盾，仅用10%的时间来思考公司的发展思路和企业的核心竞争力，这显然是不够的。一个卓越的领导者需要科学、合理地安排自己的时间，而时间的管理效率基本能够决定领导者的事业理想能否实现。所以领导者必须在研究本国以及全球发展趋势、调整企业核心竞争力和企业战略、充电学习、了解市场信息、与战略伙伴交流、与客户沟通、与企业的核心团队和人才沟通、传播企业文化、处理内部事务和危机等各个方面进行合理的时间分配，这样才能使企业的各项工作有条不紊地进行，最终实现企业的目标。

复习思考题

一、选择题

1. 提出权变理论的是（　　）。

A. 波特　　　　　B. 菲德勒　　　　　C. 布莱克　　　　　D. 麦格雷戈

2. 以下均属于典型的领导权变理论，除了（　　）。

A. 领导行为连续统一体模式　　　　B. 领导生命周期理论

C. 管理方格理论　　　　　　　　　D. 菲德勒的权变理论

3. 领导的过程是（　　　）。

A. 领导者利用职权的过程　　　　　B. 领导者为职工服务的过程

C. 职工为领导服务的过程　　　　　D. 激励、权力和服务相统一的过程

4. 在菲德勒模型中，下列哪种情况属于较好的领导环境？（　　　）

A. 上下级关系差，任务结构复杂，职位权力强

B. 上下级关系差，任务结构简单，职位权力强

C. 上下级关系好，任务结构复杂，职位权力弱

D. 上下级关系好，任务结构复杂，职位权力强

5. 管理方格图中，9.9型对应的是（　　　）领导方式。

A. 任务式　　　　　B. 俱乐部式　　　　　C. 团队式　　　　　D. 放任式

6. 提出管理方格理论的是（　　　）。

A. 布莱克与莫顿　　B. 菲德勒　　　　　C. 利克特　　　　　D. 谢恩

7. 李教授到某企业进行管理咨询，该企业总经理热情地接待了李教授并介绍公司的具体情况，才说了15分钟就被人叫了出去，10分钟后回来继续，不到15分钟又被叫了出去。这样，整个下午3个小时总经理一共被叫出去10次之多，使得企业情况介绍时断时续。这说明（　　　）。

A. 总经理不重视管理咨询

B. 该企业可能这几天遇到了紧急情况

C. 总经理可能过度集权

D. 总经理重视民主管理

8. 某公司总裁行伍出身，崇尚以严治军，注重强化规章制度和完善组织结构。尽管有些技术人员反映总裁的做法过于生硬，但几年下来企业还是得到了很大的发展。根据管理方格理论，该总裁的作风接近于（　　　）。

A. 1.1型　　　　　B. 1.9型　　　　　C. 9.1型　　　　　D. 9.9型

9. 以下哪项属于专制式的领导作风？（　　　）

A. 经理允许下属在规定的界限内行使职权

B. 经理提出问题，征求意见，作出决策

C. 完全由经理自己作出各种决策

D. 经理极少运用其权力，给下属以高度的独立性

二、判断题

1. 在理想情况下，所有的管理者都是领导者。（　　　）

2. 沟通是关于如何使领导方式和激励行为保持一致的问题，其目的是激励或影响人的行为。（　　　）

3. 妥善处理冲突的办法有回避、迁就、强制、妥协。（　　　）

4. 情境理论与管理方格理论基本上是一致的，没有什么区别。（　　　）

5. 道格拉斯·麦格雷戈的 X 理论是从人性的积极角度来研究的。（　　　）

三、简答题

1. 领导与管理有什么区别和联系？
2. 领导的职位权力和非职位权力有哪些内容？它们有什么区别？
3. 领导工作有哪些基本原理？
4. 领导作风有哪些类别？
5. 什么是领导权变理论？

案例分析

看球赛引起的风波

东风机械厂发生了这样一件事：金工车间是该厂唯一进行倒班的车间。一个星期六晚上，车间主任去查岗，发现二班的年轻人几乎都不在岗位。据了解，他们都去看直播的足球比赛去了。车间主任气坏了，在星期一的车间大会上一口气点了十几个人的名。没想到他的话音刚落，人群中不约而同地站起了几个被点名的青年，他们不服气地异口同声地说："主任，你调查了没有，我们并没有影响生产任务，而且……"主任没等几个青年把话说完，就严厉地警告说："我不管你们有什么理由，如果下次再发现谁脱岗去看球赛，扣发当月的奖金！"

谁知，就在宣布"禁令"的那个星期的星期六晚上，车间主任去查岗时又发现二班的10名青年中竟有6名不在岗。主任气得直跺脚，质问当班的班长是怎么回事。班长无可奈何地从口袋中掏出三张病假条和三张调休条说："昨天都好好的，今天一上班都送来了。"说着，班长瞅了瞅车间主任，然后朝围上来的工人挤了挤眼，凑到主任身边说："主任，说真的，其实我也是身在曹营心在汉，那球赛太精彩了，您只要灵活一下，看完了球赛大家再补上时间，不是两全其美吗？上个星期的二班，据我了解，他们为了看球赛，星期五就把活提前干完了，您也不……"车间主任没等班长把话说完，一声不吭地向车间对面还亮着灯的厂长办公室走去。剩下在场的几个人，你看看我，我看看你，都在议论着这回该有好戏看了。

问题：

1. 车间主任会采取什么行动？
2. 你认为二班年轻人的做法合理吗？
3. 在一个组织中，如何采取有效措施解决群体需要与组织目标的冲突？
4. 如果你是这位车间主任，应如何处理这件事？

第八章 激励

✦ 学习目标

理解激励的定义与激励的要素；

说明激励的过程；

明确激励的原则；

掌握激励的需要层次理论、期望理论、公平理论、强化理论的主要内容；

了解激励的双因素理论、成就需要理论、归因理论的主要内容；

熟悉激励的技巧与方法。

第一节 激励概述

在组织中，员工能否保持旺盛的士气、高昂的工作积极性，对于企业目标的实现具有至关重要的作用。领导者不仅需要有领导组织的本领，更要能够激发员工的士气和斗志。因此，一个有效的管理者，必须掌握激励理论、技巧，对员工进行激励，才能实现组织的目标。

一、激励的定义

激励是指管理者运用各种管理手段，刺激被管理者的需要，激发其动机，使其朝着所期望的目标前进的心理过程。

一般来说，激励与以下几个内容有关：

（1）激励的目的性。任何激励行为都具有目的性，这个目的可能是一个结果，也可能是一个过程，但必须是一个现实的、明确的目的。所以从这个意义上说，虽然一般来说激励是领导者的工作，但任何希望达到某个目的的人都可以将激励作为手段。

（2）激励通过人们的需要或动机来强化、引导或改变人们的行为。人们的行为来自动机，而动机源于需要。激励活动正是对人的需要或动机施加影响，从而强化、引导或改变人们的行动。因此，从本质上说，人们因激励所产生的行为是主动、自觉的行为，而不是被动的、强迫的行为。

（3）激励是一个持续反复的过程。激励是一个由多种复杂的内在、外在因素交织起来的持续作用和影响的复杂过程，而不是一个互动式的即时过程。

二、激励的要素与过程

（一）激励的要素

激励是"需要—欲望—满足"的连锁过程。

从心理学的角度看，人的行为是由动机所支配的，动机是由需要引起的，行为的方向是寻求目标、满足需要。一般而言，激励具有以下四个基本要素：

（1）需要。需要是激励的起点与基础，人的需要是人们积极性的源泉和实质。

（2）动机。动机是推动人从事某种行为的心理动力。激励的核心要素就是动机。

（3）外部刺激。这是激励的条件，是人们所处的外部环境中诸种影响需要的条件与因素。

（4）行为。在动机和外部刺激的作用下，被管理者采取有利于组织目标实现的行为，这是激励的目的。

（二）激励的过程

一个行为的基本心理过程如图8-1所示。

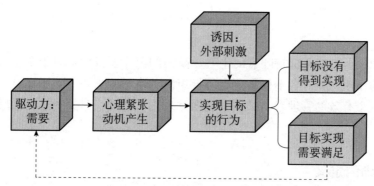

图8-1　行为的基本心理过程

图8-1表明：当人产生需要而未得到满足时，会产生一种紧张不安的心理状态，在遇到能够满足需要的目标时，这种紧张不安的心理就会转化为动机，并在动机的驱使下向目标前进，目标达到后，需要得到满足，紧张不安的心理状态就会消除。随后，又会产生新的需要，引起新的动机和行为。行为的基本心理过程就是一个激励过程：通过有意识地设置需要，使被激励的人产生动机，进而引发行为，满足需要，实现目标。

需要指出的是，现有的需要不一定会得到满足，此时就不会产生新的需要，只有在现有需要得到满足后，人们才会去追求新的需要。另外，当员工没有内在需要的时候，领导者需要借助于外部刺激以引起员工的需要，从而调动员工为组织工作的积极性和主动性。

三、激励的原则

（一）与目标结合

激励是为了鼓励员工向实现组织目标方向作出努力，是实现组织目标的一种手段。因此，判断激励是否有效，必须分析激励所产生的积极性是否有利于完成组织任务、实现组织目标。激励目标的设定还必须能够满足员工的需要，否则无法提高员工的目标效价，达不到促使员工做出有效行为的目的。因此，只有将组织目标与个人目标结合好，使组织目标包含较多的个人目标，同时个人目标的实现离不开为实现组织目标所做的努力，才会收到满意的效果。

（二）按需激励

激励的起点是满足员工的需要，但员工的需要存在着个体差异性和动态性，因人而异，只有满足最迫切需要（主导需要）的措施，其效果才最好，激励强度也最大。

（三）公平、公正

一个人对他所得的报酬是否满意不是只看其绝对值，而是要进行社会比较或历史比较，即看相对值。每个人都把个人报酬与贡献的比率同他人的比率做比较，判断自己是否受到了公平的对待，从而影响自己的情绪，控制自己的工作行为。

（四）应全面调动员工的积极性

激励应当针对全体员工。企业的组织目标需要全体员工共同努力方能实现，因此，应当把各层次、各方面的积极性都调动起来。

（五）要考虑员工的应激程度

员工的情况千差万别，每个员工对各种激励的反应程度是不一样的，所以，采取激励措施应考虑员工各自的情况，分别对待。在同一时间、同一地点，对不同的人应运用不同的激励手段。对同一个人在不同的时间，也要采用不同的办法才能起到激励的作用。

（六）应注意降低激励成本

企业采取激励措施，必须支付一定的费用，如组织活动、发放奖励都需要资金支持，这些资金支出构成了激励成本。激励措施的收益是在激励措施生效后给企业带来的好处，这些好处使激励活动产生绩效。在采取激励措施时，应注意降低激励成本。

 第二节　激励理论

一、需要层次理论

这一理论是由美国著名社会心理学家亚伯拉罕·马斯洛于1943年提出来的，因而也称为马斯洛需要层次理论。该理论提出后引起了管理学界的广泛重视，对管理实践产生了重要的影响。

马斯洛认为人的需要可以分为生理、安全、社会交往、尊重以及自我实现五个层次，由低到高呈梯形排列。

（一）生理需要

生理需要是人类最原始、最基本的需要，表现为衣食住行的需要，如食物、水、住所等。当这些需要得不到满足时，人类将无法生存。在组织中，足够的薪金、舒适的环境、适宜的时间等均属于该层次的需要。

（二）安全需要

安全需要是保障及维持日常生活稳定性的需要，如生存安全、财产安全、职业安全、生活稳定等，即有保障、受保护、没有焦虑和恐惧。实际中，工作保障、退休保障、福利保障等均属于该层次的需要。

（三）社会交往需要

人是社会人，每个人都希望自己有很好的人际交往关系。该层次的需要包括两个方面：一是爱的需要，即伙伴之间、同事之间关系融洽、互敬互爱；二是归属的需要，即每个人都有要求归属于一个集团的感情，希望得到关心和帮助。在组织中，上司的关怀、同事的友善以及构建的联谊小组都可以满足员工的社会交往需要。

（四）尊重需要

人们在满足了社会交往需要后，就有了自尊和受到别人尊重的需要。自尊是一种取得成绩以后的自豪；受到别人尊重，是指当自己作出贡献时能得到他人的承认。

（五）自我实现需要

自我实现需要是最高层次的需要。每个人都希望自己能实现个人的理想、抱负，能发挥自己的全部能力，以成为自己所期望的人物。可惜的是，在实际生活中，很少有人能达到这个层次。富有挑战性的工作、工作的自主权以及决策权等是达到自我实现需要的前提和保证。

马斯洛认为，生理需要和安全需要属于较低层次的需要，而社会交往需要、尊重需要以及自我实现需要属于较高层次的需要。人们应考虑先满足较低层次的需要，再满足较高层次需要；维持生存所必需的低层次需要应立即和持续予以满足；人们在满足较低层次需要时所采取的活动方式基本相同；人们的低层次需要比高层次需要更易确认、更有限度；各需要层次之间可相互影响；人类基本需要被满足的程度与健康状况成正比。

需要层次理论告诉我们，要正确认识人们需要的多层次性，要善于找出受时代、环境及个人条件差异影响的优势需要，有针对性地进行激励。

二、双因素理论

双因素理论又称为"激励-保健理论"，是由美国心理学家弗雷德里克·赫茨伯格于

20世纪50年代后期提出的。他认为影响人们工作积极性的因素有两类：一是保健因素，这属于和工作环境或条件相关的因素。当人们得到这些方面的满足时，只是消除了不满，却不会调动人们的工作积极性。比如，工作条件、工资、个人生活、地位、安全、同事关系等基本属于保健因素。二是激励因素，这属于和工作本身相关的因素。当人们得到这些方面的满足时，会对工作产生浓厚的兴趣，产生很大的工作积极性。比如，成就、个人发展、晋升、责任感等基本上属于激励因素。

双因素理论告诉我们，领导者要善于区分管理实践中存在的两类因素，要用各种手段，增加员工对工作的兴趣，使员工满意自己的工作。不同国家、不同地区、不同时期、不同阶层、不同组织，乃至不同人，最敏感的激励因素也是不相同的，应灵活地加以确定。

三、成就需要理论

成就需要理论是由美国管理学家大卫·麦克利兰提出来的。他认为人的需要除了生理需要外，还有三种需要：成就需要、归属需要、权力需要。

成就需要是对成就的强烈愿望和对成功及目标实现的执着。高成就需要者与其他人的区别在于他们想把事情做得更好。高成就需要者不喜欢靠运气获得成功，他们喜欢接受困难的任务，能够承担成功或失败的个人责任，而不是将结果归于运气或其他人的行为。更重要的是，他们逃避那些他们认为是非常容易或非常困难的任务。他们想要克服困难，但希望感受到成功或失败是由于他们的行为。这意味着他们喜欢具有中等难度的任务。组织中，管理者一般都有高水平的成就需要。

归属需要是指被人喜欢和接受的愿望。有高归属需要者喜欢合作而不是竞争的环境，希望彼此间顺利沟通和理解。有强烈归属需要的人是成功的"整合者"，具有过人的人际关系技能，能够与他人建立积极的工作关系。

权力需要是影响和控制他人的愿望。具有高权力需要的人喜欢承担责任，喜欢处于竞争性环境和令人重视的地位。权力需要常常表现为"双刃剑"：当这种需要表现为对他人恶意的控制和利用时，对组织来说是一种不利的"个人化权力"；如果权力需要可以促使组织和社会的建设性改进，那么它就是一种积极的"社会化权力"。

高成就需要同工作的高绩效相联系，高成就需要的人往往把自己工作的业绩摆在第一位，因此，高成就需要的管理者并不一定就是好的管理者。与高成就需要的员工不同，高归属需要感的员工喜欢安定、保险系数高和可预见的工作场所。而高权力需要的人只有在提升到某种具有高于他人的权力层次时才能得到满足。

四、期望理论

美国心理学家维克多·弗鲁姆于1964年系统地提出了期望理论。该理论认为，人们对某项工作积极性的高低，取决于他们对这种工作能满足其需要的程度及实现可能性大小的评价，即取决于效价和期望值，用公式表示为：

激励力量＝效价×期望值

效价是指目标对于满足个人需要的价值，即目标对于个人的重要程度。这是个体对成果或目标的有用性的主观估计。当个人对成果或目标漠不关心时，效价值为零；当个人不希望出现这种结果时，效价值为负值；当个人希望达到这种结果时，效价值就为正值；当个人强烈期待出现预期结果时，效价值就很高。总之，只有在效价值大于零时，个人才会有一定的动力。效价值越高，动力也越大。

期望值是指采取某种行为可能导致的结果合乎某种需要的概率，即采取某种行为对实现目标可能性的大小。期望是一种概率，范围由 0 到 1。与效价概念类似，当期望值等于 1 时，个人认为有完全成功的把握，动力最大。

期望理论告诉我们，领导者一定要给予员工感兴趣、评价高的即认为效价大的工作；凡是想引起广泛激励作用的工作项目，都应是大多数人经过努力能实现的。

五、公平理论

美国心理学家亚当斯于 1965 年提出了公平理论。公平理论认为，人的工作积极性不仅受其所得的绝对报酬的影响，更重要的是受其相对报酬的影响。这种相对报酬是指个人付出劳动与所得到的报酬的比较值。一般来说，比较方法有两种：一种是横向比较，即拿自己在同一时间段所取得的报酬与其他员工的相比较，又称为社会比较；另一种是纵向比较，即拿自己现在的报酬与过去的报酬进行比较，又称为历史比较。

（一）横向比较

用公式表示为：

$$OP/IP = OC/IC$$

其中，OP（OC）为自己对个人（他人）所获报酬的感觉；IP（IC）为自己对个人（他人）所做投入的感觉。当 $OP/IP < OC/IC$ 时，员工会感觉到组织对自己不公平，此时可以通过两种方法来实现公平：要求增加收入或减少今后努力程度；要求减少比较对象收入或让其增大努力程度。当 $OP/IP > OC/IC$ 时，可以要求减少自己的报酬或多做工作，但之后会重新评估自己，认为应当这样。

（二）纵向比较

用公式表示为：

$$OP/IP = OH/IH$$

其中，OP（OH）为自己对现在（过去）所获报酬的感觉；IP（IH）为自己对个人现在（过去）投入的感觉。当 $OP/IP < OH/IH$ 时，员工将产生不公平感，工作积极性下降。当 $OP/IP > OH/IH$ 时，人不会产生不公平感，但也不会觉得自己多拿了报酬从而主动多做工作。

公平理论告诉我们：人们不仅关心自己经过努力所获得的报酬的绝对数量，也关心自己的报酬和其他人报酬的关系。因此，领导者必须将相对报酬作为有效激励的方式。另外，公平理论还着眼于分配公平，即个人间可见的报酬的数量和分配的公平。

六、强化理论

美国心理学家斯金纳认为，个体对外部事件或情境所采取的行为或反应，取决于特定行为的结果。当行为的结果对他有利时，这种行为会重复出现。当行为的结果对他不利时，个体可能会改变自己的行为以避免这种结果。强化理论认为，领导者可以通过对工作环境、员工行为结果和系统管理来修正员工的行为，使得其行为符合组织目标。有四种主要的强化方式：

（1）正强化。正强化就是运用有价值的结果从正面鼓励符合组织目标的行为，以使所希望的行为更多地发生。正强化包括表扬、推荐信、加薪等。

（2）负强化。负强化就是员工改变自己的行为以力图避免得到不合意的结果。负强化是事前的规避，它通常表现为组织的规定所形成的约束力，员工为了避免不希望的结果而对自己的行为进行约束。

（3）惩戒。惩戒就是运用消极的结果以使人得到不合意的结果。惩戒包括对员工批评、斥责、处分、降级等。

（4）自然消退。自然消退又称为冷处理，即对于行为不给予强化行为也会逐渐消退。比如，对出色的员工不给予表扬。

强化理论认为，在塑造组织的过程中，重点应当放在积极的强化而不是简单的惩罚上。惩戒往往会对员工的心理产生不良的副作用。创造性地运用强化手段对于管理者是十分必要的。

七、归因理论

归因理论是美国心理学家凯利等人提出的。人们的行为是获得成功还是遭受失败可以归因于四个要素：努力、能力、任务难度、机遇。这四个因素可以按以下三个方面划分：一是内因或外因。努力和能力属于内因，任务难度和机遇属于外因。二是稳定性。能力和任务难度属于稳定因素，努力和机遇属于不稳定因素。三是可控性。努力是可控因素，能力在一定条件下是不可控因素，但人们可以提高自己的能力，这种意义上的能力又是可控制的；任务难度和机遇是不可控制的。

人们把成功和失败归因于何种因素，对以后的工作态度和积极性有很大影响。例如，把成功归因于内部原因会使人感到满意和自豪，归因于外部原因会使人感到幸运和感激等。

归因理论有助于领导者了解下属的归因倾向，以便正确指导和训练正确的归因倾向，调动下属的积极性。

第三节 激励方式

一、物质激励

物质激励是指以物质利益为诱因，通过调节被管理者的物质利益来刺激其物质需要，以激发其动机的方式与手段。其主要包括金钱激励和惩罚激励。

（一）金钱激励

在知识经济时代，人们的生活水平已经显著提高，金钱与激励之间的关系呈弱化趋势，然而物质需要始终是人类的第一需要、是人们从事一切社会活动的基本动因，所以物质激励仍然是激励的主要形式。要使金钱能够成为一种激励因素，管理者应该记住以下几点：第一，对于不同的人，金钱的价值不同。相同的金钱，对不同收入的员工有不同的价值。第二，金钱激励必须公正。一个人对他所得的报酬是否满意不是只看其绝对值，而要进行社会比较或历史比较，通过相对比较判断自己是否受到了公平对待。第三，金钱激励必须反对平均主义，平均分配等于无激励。第四，物质激励应与相应制度结合起来，才能起到更好的作用。

（二）惩罚激励

激励并不全是鼓励，它包含许多负激励措施。在经济上对员工进行处罚是一种管理上的负激励，属于一种特殊形式的激励。按照激励中的强化理论，激励可采用处罚方式，即利用带有强制性、威胁性的控制技术，如批评、降级、罚款、降薪、淘汰等，来创造一种令人不快或带有压力的条件，以否定某些不符合要求的行为。

二、精神激励

物质激励自身也存在一些缺陷。重赏可能会带来副作用，会使大家彼此封锁信息，影响工作的正常开展。精神激励能在较高层次上调动员工的工作积极性，激励深度大，维持时间也较长。其主要有以下几种类型。

（一）目标激励

目标激励就是确定适当的目标，诱发人的动机和行为，达到调动人的积极性的目的。

当目标明确并具有挑战性时，它能更有效地激励个人或团队行动。当员工亲自参加目标确定时，士气会更高，也会产生更大的责任感来完成目标。对员工的行动作出准确的反馈，可以帮助他们调整工作方法，鼓舞他们为实现目标进行坚持不懈的努力。

目标设定需要一定的管理技术，更具体的、有挑战性的、可实现的目标问题总是在某些条件下更有效。在群体之中，当成员之间的相互协作对群体的绩效至关重要时，个体的绩效目标就可能是无效的，因为追求个体绩效目标可能会降低合作，所以绩效目标要根据群体的需要来设定。管理者不断延伸目标会进一步激发员工产生更大的积极性和更高的绩效。

（二）工作激励

为了更好地发挥员工的工作积极性，管理者要善于调整和运用各种工作因素，进行工作设计，并创造良好的工作环境；还可通过员工与岗位的双向选择，使员工对自己的工作有一定的选择权等。通过一系列措施，使工作本身更具意义、更具挑战性，让下属满足于自身的工作，给员工一种自我实现感，以实现最有效的激励。

（三）参与激励

现代管理实践突出了员工参与对员工绩效的激励意义，员工参与计划成为企业的普遍形式。管理者鼓励员工的参与是基于这样的理念：在不同程度上让职工和下属参与组织决策和各级管理工作的研究和讨论，调动职工和下属的积极性和创造性。

（四）荣誉激励

荣誉是众人或组织对个体或群体的崇高评价，荣誉激励是满足人们自尊需要、激发人们奋力进取的重要手段。它可以调动人们的积极性，形成一种内在的精神力量。从人的动机上看，人人都有荣誉感，有自我肯定、争取荣誉的需要。因此管理者要设法让员工们感觉到、认识到荣誉的崇高性。

（五）关心激励

作为管理者，关心和体贴员工是对员工最好的激励方式之一。

1. 关心下属的身体

"身体是革命的本钱"。管理者应经常关心下属的身体状况，为下属提供良好的有利于身体健康的工作环境。

2. 祝贺下属的生日

领导者应抓住机会给下属庆祝生日，当然如果买个蛋糕、送点小礼物效果会更好。

3. 关心下属的家庭和生活

作为领导者，应该急下属所急，帮他们解决一些实际生活问题。这就是对下属最大的关怀。

4. 抓住欢迎和送别的机会

当下属离职时，不能简单地认为是换个人，一定要抓住送别的机会表达自己对员工

的关心。对待员工既要有个好的开头，也要有个好的结尾。

（六）赏识激励

1. 及时赞扬下属的成绩

对员工进行赞扬，要将赞扬的事项予以简洁的描述，赞扬的话语要恰如其分，不能太夸张。最为关键的是，赞扬要及时，不要等到年终总结回顾时才来赞扬，最好看见就说。

2. 感谢下属为公司作出的贡献

领导者要有感恩的心，即使员工完成了分内的事情，也要真诚表达自己的谢意。每个员工都会对真心的感谢作出积极的回应，员工会为向自己表达感激的上司更加努力地工作。

3. 给下属提供更多的机会

领导者要给下属提供新的机会，让他们能以一种更有意义的方式去奉献并学到新的技能，给下属的工作更大的自由度和控制权。这些源于机会的赏识，会使下属更加愿意为领导者和整个组织的成功而尽心尽力。

4. 尊重员工的意见和想法

员工都希望因为自己是员工而不仅仅是因为自己所能做的事情而被重视，如果上司在作决策时能够考虑到员工的需求、听取员工的想法和建议，那上司其实就是对员工的价值给予了认可和赏识。

✦ 复习思考题

一、单选题

1. 提出公平理论的是（　　）。

A. 马斯洛　　　　　B. 布莱克　　　　　C. 弗鲁姆　　　　　D. 亚当斯

2. 提出期望理论的是（　　）。

A. 马斯洛　　　　　B. 麦格雷戈　　　　C. 弗鲁姆　　　　　D. 亚当斯

3. 处于需要最高层次的是（　　）。

A. 生理需要　　　　　　　　　　　B. 安全需要

C. 尊重需要　　　　　　　　　　　D. 自我实现需要

4. 下列关于强化理论的说法正确的是（　　）。

A. 强化理论是美国心理学家马斯洛首先提出的

B. 所谓正强化就是惩罚那些不符合组织目标的行为，以使这些行为削弱甚至消失

C. 连续的、固定的正强化能够使每一次强化都产生很好的效果

D. 实施负强化，应以连续负强化为主

5. 为了激发员工内在的积极性，一项工作最好授予哪类人？（　　）

A. 能力远远高于任务要求的人　　　　B. 能力远远低于任务要求的人

C. 能力略高于任务要求的人　　　　　D. 能力略低于任务要求的人

6. 老张在一家研究所工作，该所拥有一流的研究设备。根据双因素理论，你认为下列哪一种措施最能对老张的工作起到激励作用？（　　）

A. 调整设计工作流程，使老张可以完成完整的产品设计而不是总重复做局部的设计

B. 调整工资水平和福利措施

C. 给老张配备性能更为先进的个人电脑

D. 以上各条都起不到激励作用

7. 从期望理论中，我们得到的启示是（　　）。

A. 效价的高低是激励是否有效的关键

B. 期望值的高低是激励是否有效的关键

C. 存在着负效价，应引起领导者注意

D. 应把效价和期望值进行优化组合

8. 企业中，常常见到员工之间在贡献和报酬上会相互参照攀比，你认为员工最可能将哪一类人作为自己的攀比对象？（　　）

A. 企业的高层管理人员　　　　　　　B. 员工们的顶头上司

C. 企业中其他部门的领导　　　　　　D. 与自己处于相近层次的人

9. 根据马斯洛的需要层次理论，可得如下哪些结论？（　　）

A. 对于具体的个人来说，其行为主要受主导需求的影响

B. 越是低层次的需要，其对于人们行为所能产生的影响也越大

C. 任何人都有五种不同层次的需要，而且各层次的需求程度相等

D. 层次越高的需要，其对于人们行为产生的影响也越大

10. 根据赫茨伯格的双因素理论，下列哪些因素可激励员工？（　　）

A. 报酬、成就、认可、责任

B. 报酬、工作条件、良好的工作环境

C. 成就、责任、良好的人际关系和成长

D. 成长、成就、责任

二、简答题

1. 激励的要素和原则分别包括哪些？

2. 简述激励的过程。

3. 激励理论包括哪些？

4. 激励方式有哪些？

 案例分析

赵副厂长该怎么办

赵林德是某汽车零件制造厂的副厂长，分管生产。一个月前，他为了搞好生产、掌握第一手资料，就到第一车间甲班去蹲点调查。一个星期后，他发现工人的劳动积极性不高，产量多的工人每天生产二十几只零件，少的生产十几只零件。

赵林德和厂长等负责人分析原因，认为主要是奖金太低，于是决定搞定额奖励试点，每天每人以生产 20 只零件为标准，超过 20 只零件后每生产一只零件奖励 2 元。这样，全班 23 个人都超额完成了任务，最少的每天生产 29 只零件，最多的每天生产 42 只零件。这样一来，第一车间甲班的工人奖金额比较大，使其他班、其他车间的工人十分不满。

为了平衡班组关系，厂里后来又修改了奖励标准，每天超过 30 只零件后每生产一只零件奖励 2 元。这样一来，全班平均生产每天只维持在 33 只左右，最多的人不超过 35 只。赵林德观察后发现，工人并没有全力生产，离下班还有一个半小时左右，只要 30 只任务已完成，他们就开始休息了。他不知道该如何进一步来调动工人的积极性。

问题：
赵林德在激励员工时有哪些不妥之处？该如何改正？

学习目标

熟悉控制的含义及种类；
掌握控制的过程；
掌握控制的基本方法；
了解全面质量管理；
学会价值分析。

第一节　控制概述

一、控制的含义

所谓控制，是指施控主体对施控对象施加的一种能动影响或作用，以保持或改变对象的某种状态，使其达到施控主体预期的目标。简单地说，系统（或系统要素）之间有目的的影响或干扰就是控制。所谓管理控制，是指监视各项活动以保证它们按计划进行，并纠正各种重要偏差的过程。管理者在对已经完成的工作与计划所应达到的标准进行比较之前，并不知道部门的工作是否进行得正常。一个有效的控制系统可以保证各项行动是朝着组织目标方向的。控制系统越是完善，管理者实现组织的目标就越容易。

尽管计划可以制订出来，组织结构可以调整得非常有效，员工的积极性也可以调动起来，但是这仍然不能保证所有的行动都按计划进行，不能保证管理者追求的目标一定能达到。由于主、客观等多方面的原因，计划在实施过程中常常会出现偏差，如外部环境的变化、制订计划时对内部条件的估计不足、管理权力的分散和管理人员能力的差异造成的理解偏差，或者由于任务执行者的机会主义行为等，都会引起计划执行时发生偏差。为了保证计划目标的实现，必须实施控制。控制的目的是限制偏差的累积和适应环境的变化。控制工作的重要性可从两个方面来解释：

（1）任何组织、任何活动都需要进行控制。控制工作，能够为主管人员提供有用的信息，使之了解计划的执行进度和执行中出现的偏差以及偏差的大小，并据此分析偏差产生的原因。

（2）控制工作的重要性还表现在它在管理的四个职能中所处的地位及其相互关系。控制工作通过纠正偏差行为与其他三个职能紧密地结合在一起，使管理过程形成一个相对封闭的系统。一旦计划付诸实施，控制工作就必须穿插其间进行。它对于衡量计划的执行进度、发现并纠正计划执行中的偏差，都是非常必要的。

组织、领导与控制是保证计划目标的实现所不可缺少的。从某种意义上来说，它们同属于管理的"维持职能"，其任务是保证系统按预定的方向和规则运行。但是，管理是在动态环境中生存的社会经济系统，仅有维持是不够的，还必须不断调整系统活动的内容和目标，以适应环境变化的要求。控制是管理工作最重要的职能之一，它是保证企业计划与实际作业动态相适应的管理职能。

二、控制的种类

控制可以从不同角度进行分类,下面仅对从管理角度进行的分类作一简单说明。

(一)按控制结构分类

按控制结构可将管理控制分为集中控制和分散控制。

(1)集中控制是在系统中只设一个控制机构,上层主管领导授权给下级部门的领导,由下级部门的领导在各自的管辖范围内实施控制。

(2)分散控制也称多级控制,即在系统中设有多层和多个控制机构,上层控制机构对下一级控制机构进行控制,各下级控制机构则对本身系统进行控制。如在实行事业部制的企业中,各事业部对自己的进货、销售价格等均有自主决策的权力,这对总公司来说就是一种分散控制。由于分散控制必然形成权力结构和组织结构上的多层次,所以也是多级控制。

(二)按控制在计划执行过程中的时刻分类

根据控制作用的环节不同,可将控制分为事前控制、事中控制和事后控制。

(1)事前控制,也称预先控制或前馈控制,是一种在工作开始之前就进行的控制。前馈控制旨在获取有关未来的信息,依此进行反复认真的预测,将可能出现的执行结果与计划要求的偏差预先确定出来,或者事先察觉内外环境条件可能发生的变化,以便提前采取适当的处理措施预防问题的发生。事前控制由于采取了防患于未然的行动,因而可以克服反馈控制系统的滞后性问题。例如,司机驾车上坡前踩油门加速,学生上课前预习,企业质量管理首先控制原材料质量,要求工作人员"持证上岗"确保能力素质,对设备进行预防维修等,都是事前控制。

事前控制有明显优点:首先,事前控制是针对某项计划行动所依赖的条件进行的控制,不针对具体的人员,不会造成心理冲突,易于被员工接受并付诸实施;其次,事前控制是工作开始之前进行的控制,因而可防患于未然,避免事后控制对已铸成的差错无能为力的弊端。但是,实施事前控制的前提条件也较多,例如它要求管理者拥有大量准确可靠的信息,对计划行动过程有清楚的了解,懂得计划行动本身的客观规律并要随着行动的开展及时了解新情况、新问题,否则就无法实施前馈控制。由于事前控制所需要的信息常常难以获得,所以在实践中还必须依靠其他两类控制方式。

(2)事中控制,也称现场控制,是一种在工作正在进行的同时进行的控制。现场控制的职能主要有指导和监督两项。指导是管理者针对工作出现的问题,根据自己的经验指导下属改进工作,或与下属共同商讨矫正偏差的措施,以使工作人员能正确地完成所规定的任务;监督是按照预定的标准检查正在进行的工作,以保证目标的实现。管理者亲临现场观察就是一种最常见的现场控制活动。在现场控制中,组织机构授予主管人员的权力使他们能够使用经济和非经济的手段来影响其下属。控制活动的标准来自计划工作所确定的活动目标和政策、规范和制度。控制工作的重点是正在进行的计划实施过程。

控制的有效性取决于主管人员的个人素质、个人作风、指导的表达方式以及下属对这些指导的理解程度。

现场控制具有指导职能，它有助于提高工作人员的工作能力和自我控制能力。但是，现场控制也存在一些弊端：首先，运用这种控制方法容易受到管理者的时间、精力、业务水平的制约。同时，管理者也不可能时时对任何事都进行现场控制，只能偶尔使用或在关键项目上使用。其次，现场控制的应用范围比较窄。对生产工作容易进行现场控制，而对一些问题难以辨别、成果难以衡量的工作，如科研、管理工作等，就很难进行现场控制。最后，现场控制容易在控制者与被控制者之间形成心理上的对立，容易损害被控制者的工作积极性和主动性，从而降低工作效率。

（3）事后控制，也称反馈控制，是一种在工作结束之后进行的控制。反馈控制把注意力主要集中于工作结果上，通过对工作结果进行测量、比较和分析，采取相应的措施，进而矫正今后的行动。反馈控制可用来控制系统的最终成果，例如产量、销售收入、利润等；也可用来控制系统的中间结果，即局部反馈，例如生产计划、生产过程、工序质量、在制品库存量等。通过各种局部反馈，可以及时发现问题、排除隐患，避免造成严重后果。

事后控制的优点在于总结规律，为进一步改进实施创造条件，实现良性循环，提高效率。但事后控制类似于成语所说的"亡羊补牢"，它的最大弊端是在采取矫正措施之前偏差就已经产生，往往难以挽回损失。事后控制能为管理者评价计划的制订与执行提供有用的信息，人们可以借助反馈认识组织活动的特点及其规律，为进一步实施事前控制和现场控制创造条件，实现控制工作的良性循环，并在不断的循环过程中提高控制效果和计划质量。

（三）按信息反馈分类

按控制过程中是否存在信息反馈，可将控制分为开环控制和闭环控制。在管理控制中，大量的是闭环控制。如通过用户对商品质量的反映来决定对供货厂商的选择，通过销售月报反映出的销售收入下降，商店及时采取促销手段以增加销售，这些均属于闭环控制。

在现实的组织管理活动中，常常不是单一地采用一种控制方式，而是多种控制方式同时进行，构成一个复合控制系统。

三、控制的对象

组织活动的成果应成为控制的重点对象。管理者必须分析组织活动想要实现什么样的目标，分析对组织有影响的重点因素。为了确保组织的预期成果，就必须在成果形成之前对影响成果形成的各种因素进行分析，找出重点因素并把这些因素作为控制的对象。

（一）人员

管理者是通过他人的工作来实现其目标的。为了实现组织的目标，管理者需要而且也必须依靠下属员工，因此，管理者要求员工按照他所期望的方式去工作是非常重要的。为了达到这一点，最简明的方法就是直接巡视和评估员工的表现。

在日常工作中，管理者的工作是管理员工的工作并纠正出现的问题。比如，一名车间小组组长发现一名员工操作机器不当时，就应该演示正确的操作方法，并告诉员工在以后的工作中按正确的方式操作。

管理者对员工的工作进行系统化的评估，是一种非常正规的方法。这样每位员工的近期绩效都可以得到鉴定。如果绩效良好，员工应该得到奖励，如增加工资，从而使之工作得更好；如果绩效达不到标准，管理者就应该想办法解决，根据偏差的程度予以不同的处分。

（二）财务活动

企业的首要目标是获取一定的利润。在追求这个目标时，管理者要借助于费用控制。比如，管理者可以仔细查阅每季度的收支报告，以发现多余的收支。管理者也可以进行几个常用财务指标的计算，以保证有足够的资金支付发生的各种费用，保证债务负担不至于太重，并使所有的资产都得到有效的利用。这就是财务控制如何降低成本并使资源得以充分利用的例子。表9-1中概括了一些组织常用的财务比率指标，管理者可以利用这些指标考察组织在利用其资产、负债、库存等方面的效率。

表9-1 常用财务比率指标

目的	比率	计算公式	含义
流动性检验	流动比率	流动资产/流动负债	检验组织偿付短期债务的能力
	速动比率	（流动资产—存货）/流动负债	对流动性的一种更精确的检验
财物杠杆检验	资产负债比	全部负债/全部资产	比值越高，组织的杠杆作用越明显
	利息收益比	税前利润/全部利息支出	当不能偿付利息支出时，利润下降的程度
运营检验	存货周转率	销售收入/存货	比值越高，存货资产的利用率越高
	总资产周转率	销售收入/总资产	比值越高，组织利用全部资产的效率越高
营利性检验	销售利润率	税后净利润/销售收入	说明各种资产产生的利润
	投资收益率	税后净利润/总资产	度量资产创造利润的效率

（三）作业

一个组织的成功，在很大程度上取决于它在生产产品或服务上的效率和效果。作业控制方法是用来评价一个组织转换过程的效率和效果的。

典型的作业控制包括：监督生产活动以保证其按计划进行；评价购买能力，以尽可能低的价格提供所需质量和数量的原材料；监督组织的产品或服务的质量，以保证满足预定的标准；保证所有的设备都得到良好的维护。

（四）信息

管理者需要信息来完成他们的工作，不精确、不完整、过多的或延迟的信息将会严重阻碍他们的行动。因此，应该开发出这样一种信息管理系统，能在正确的时间、以正确的数量、为正确的人提供正确的数据。管理信息的方法在最近几年发生了很大的变化。技术进步，特别是网络技术的发展，使管理者通过计算机就可以随时输入他们的要求，随时调出按地区划分的销售结果和所需的各类数据等。过去需要几天才能得到的数据，现在只需要几秒钟。

（五）组织绩效

为了维持或改进一个组织的整体绩效，管理者应该关心控制。但是衡量一个组织的绩效并没有一个单一的衡量指标。生产率、效率、利润、员工士气、产量、适应性、稳定性，以及员工的旷工率等，都是衡量组织整体绩效的重要指标。

第二节 控制的过程

控制过程由四个单独而不同的步骤所组成：建立绩效标准；衡量实际绩效；比较标准绩效与实际绩效的差异；评估差异结果并采取必要的修正行动。

一、建立绩效标准

绩效标准的依据是衡量成果的特定目标，而这些特定目标是在进行规划时设定的。目标应尽可能地具体并可以证实与衡量，因为模糊的目标只能产生模糊的标准，模糊的目标也无法评估目标实际所完成的程度。例如，"追求最大利润"便是一种模糊的标准，因为"最大"应该如何界定就缺乏明确的说法；而"追求每年 2 亿元的利润"就明确了很多。

控制标准有定性和定量两大类。

定性标准只是用于某些不能用数量来衡量的方面，它们只能用一些定性的描述，有时有一定的弹性，如某个企业的信誉、某人的职业素质和能力等。

定量标准分为五类：（1）实物量的标准，如企业中的产品产量、单位台时定额、单位产品工艺消耗定额等；（2）货币标准，如产品成本、销售收入、利润、应交税金等；（3）质量标准，如产品等级、合格率、次品率等；（4）时间标准，如生产线的节拍、生产周期、交货期、产品的保修期等；（5）综合标准，如劳动生产率、废品率、市场占有率、投资回报率等。

管理控制标准要求简单明了，可以定量，容易测定。例如，中国虽有博大精深的饮食文化，是个饮食王国，但洋快餐"麦当劳""肯德基"等却大举进攻国内市场，取得节节胜利，同时有许多中式快餐如"荣华鸡""红高粱"等却节节败退甚至全军覆没，为什么？其中的原因有许多，但主要原因就是管理问题，尤其是控制问题。以麦当劳为例，它实行的是特许经营，形成了一整套计划周密、有条不紊的筛选程序来选择特许经营者，而且经营者必须通过"汉堡包大学"的专门培训。一本几百页的操作手册规定了严格的标准，其中包括食物配置、烹饪程序、店堂布置甚至职员着装，这些都有详细标准；食品的制作完全是标准化的，一磅肉的脂肪含量必须少于19%，小面包的宽度只能是3.5英寸（8.89厘米）等；每种食品的制作时间有明确的规定，而且食品出炉后的存放时间也有详细的规定，油炸食品7分钟，汉堡包10分钟，咖啡30分钟，超过规定时间，所有的食品都将扔掉。所有这些标准都要严格执行，并有严密的监督体制，每家分店有审查员，公司有不定期的暗访调查，发现不符合规定的坚决查处。通过这一整套严密的控制体系，消费者能在世界各地坐在熟悉的店堂里吃到相同质量、口味的食品，享受到相同周到的服务。而中国的一些企业和它相比，管理是粗线条的，控制是不到位的。

然而，并非所有目标都能通过量化来明确，例如，"提升员工对组织的向心力与士气"便很难予以特定化与明确化，此时便需以较接近原先目标的指标来作为衡量的基准。

由于标准的建立与设定来自目标，很多目标设定的相关概念自然也都适用于控制标准的建立。例如，若能让员工参与标准的设定，则员工对于标准的认同与接受程度便会较高。基本上，管理者在建立绩效标准这一步骤时，主要面临的决策为：绩效标准的明确度与特定化必须达到何种程度？绩效标准的挑战性必须达到何种程度？绩效标准的明确度与特定化程度越高，当然越容易评估，但若涉及目标本身的特性与目标设定的成本，其定夺便相对困难。绩效标准设定得太高或太低，都缺乏激励性。因此，如何决定绩效标准对管理者而言是一大挑战。

二、衡量实际绩效

衡量实际绩效，包括衡量的方式和内容，即我们要知道"如何衡量"和"衡量什么"。管理者如何取得实际绩效的信息？取得实际绩效信息的方式，当然会受实际绩效的内容影响，不外乎是直接观察、统计资料、口头汇报、书面汇报及电子回馈五种信息来源。管理者可以单一或同时运用这五种方式。

直接观察是管理者亲临现场得来的第一手信息，如调查访问、现场观察等。例如，现在发达国家的一些成功企业提倡"转悠管理"，就是要求管理人员走出办公室到现场去巡视，亲自了解实际情况，在现场发现问题、解决问题。

直接观察真实、快捷，每个管理者都能从自己喜好的角度去观察，但所得的信息需要去伪存真、分析判断，也存在因个人偏好的影响及观察时间不同所得出的结论不同等问题。

统计资料也是常用的一种信息来源。管理者可以通过人力资源部门编制的员工考评方案、员工在绩效衡量期内对工作绩效及行为表现的自我评价、员工日常目标完成程度、管理日志记录、考勤记录等统计资料对员工实际绩效进行较为客观、公正的衡量。

口头汇报分正式汇报和非正式汇报，正式汇报往往在某些公共场合上，如会议等；非正式汇报往往是一对一的情况通报和信息沟通式的汇报，如电话交谈、个别交谈等。口头汇报方便、快捷，还可以通过语气、用词和身体动作来表达某些信息，但不易保存，容易误传。

书面汇报往往在计划结束后或告一段落后形成，如工作总结、会计报表、有关统计报表等。它比较全面和准确，易于保存，但在时间上显得有些滞后。

随着计算机使用的普及，信息还可以通过计算机获得，从中可得到相关数据和统计报表。它丰富全面、易于查询、便于分析、及时快捷，但其效率取决于信息系统的完善程度和数据分析功能，因为产生过多的无序的数据反而会让人无所适从。

三、比较标准绩效与实际绩效的差异

管理者通过比较的程序，来确定标准绩效和实际绩效之间的差距。由于要求标准绩效和实际绩效完全相符是不切实际的，因此管理者必须容忍一定范围的变动区间，而比较的步骤则包含决定标准绩效和实际绩效之间可接受的变动范围。决定标准绩效与实际绩效的变动区间是非常重要的，因为过度狭窄的区间会使指标过度敏感，过分宽广的区间则失掉了控制的意义。利用变动区间时，管理者只对脱离此容忍范围的差距加以注意，而这正是"例外管理"的含义。

四、评估差异结果并采取必要的修正行动

控制程序的第四项也是最后的步骤，则是采取修正行动。管理者面对差异必须先判定偏差的来源，再根据偏差的原因采取修正行动。一般造成偏差的原因有三大类：计划操作原因、计划不合理原因以及外部环境发生重大变化的原因。

（一）计划操作原因

当偏差是由于计划执行者自身原因造成时，如工作不认真、缺乏责任心，或能力不够、不能胜任工作等，可采取以下措施：重申规章制度，明确责任，明确激励措施，按规定处罚有关人员；或调整工作人员，加强员工培训，改组领导班子等。

（二）计划不合理原因

有时制订计划时不切实际、好高骛远、盲目乐观，把目标定得过高，根本达不到，如制定过高的利润目标、市场占有率目标，这时应根据具体情况及时调整目标，使之在合理的水平上；也有时在制定目标时过于保守，低估自己的实力，把目标定得太低，不能起激励作用，这时也应进行调整。当然，应注意不能凭一时冲动随意更改计划，否则，计划将失去存在的意义，也就谈不上有效控制了。

（三）外部环境发生重大变化的原因

外部环境有时会发生重大变化，导致偏差。例如：国家政策法规发生变化；国际政

治风云突变，像美国的"9·11"恐怖事件；某个大客户或大供应商突然破产；自然界发生不可抗拒的灾害，像 2004 年发生的印度洋海啸等。由于这些因素往往是不可控的，因此只能在仔细分析的基础上采取一些补救措施，以尽量消除不良影响，然后改变策略避开锋芒，或变换目标另辟蹊径。

评估差异结果后，如果没有偏差，或偏差在允许范围内，则不需要采取什么行动；但如果有偏差，并且超出范围，则要采取必要的修正行动。修正行动可分为治标和治本两种。这时，管理者要决定是仅仅现场改正就行了，还是分析产生偏差的原因彻底纠正，也就是说，是治标还是治本。例如，1998 年夏天中国长江流域和松花江流域发生严重洪涝灾害，许多大堤发生险情，这时只能采取应急措施，哪里有险情就补救哪里，有时甚至需要拆东墙补西墙，以确保控制险情，这是治标；但在冬季，相关部门对大堤进行了彻底修整，有的提高防洪标准，有的重新修建，以做好日后防汛的准备，这就是治本。有效率的管理者会针对造成偏差的真正原因，采取彻底的治本的行动。

第三节 控制方法

控制方法是一个涵盖范围很广的概念，可以说组织管理的绝大多数方法都属于控制方法。例如，劳动人事管理中的制定劳动定额、考核劳动绩效，商品经营中确定"经济采购批量"、盈亏平衡分析以及经营单位组合矩阵（BCG）、管理信息系统（MIS）等都是一些具体的控制方法。本章主要介绍三种比较有代表性的控制方法，这些控制方法有的是以某种经营要素为控制对象的，有的则是以经营要素整体为控制对象的。

一、预算控制

预算是对一定时期内资金来源和资金使用的计划，是用货币量来表示的数字化的计划。

（一）预算的作用

预算是广泛运用的传统财务控制方法。在任何组织中，资金都是举足轻重的因素之一，组织中的所有活动几乎都要与资金发生联系。预算内的各项活动都会得到相应的资金保证，而预算外的各项活动就难以获得必要的资金来源。因此，预算作为一种重要的杠杆，调节和控制着组织各项活动的轻重缓急和规模大小。另外，由于预算是以货币量来表示的，从而为各项工作的完成提供了一个清晰的标准，并有利于对管理者和各部门的工作进行客观评价。

（二）预算的种类

综合考察不同特点的组织，可归纳出六种预算形式。

（1）收支预算。这是指组织在预算期内以货币单位表示的收入计划和经营费用支出的计划。收入来源一般包括商品销售收入、资产出售收入等，费用支出有原材料费、管理费等。

（2）实物量预算。许多预算用实物单位表示比用货币单位表示更好。如大多数公司要预算其产品的产量，企业有关部门要预算它们在最终产品的零部件中所占的份额，劳动力的预算中要用人/时或人/日等，都是采用实物量单位比较方便。

（3）投资预算。投资预算包括投资于厂房、机器、设备等有关设施以增加固定资产的各项支出。由于其数额较大，回收时间长，因此需要慎重考虑，单独列出。这项预算应和组织的长远规划一并考虑。

（4）现金预算。现金是指现实的、可随时使用的资金。有些资金，或处于实物形态，或只是挂在账上，虽然都属于组织的资产，但很难自由使用；而现金则可作为"一般等价物"，给管理人员交换所需物资或投入其他用途带来方便。现金的预算，就是要估算计划期可能提供的现金和所需要的现金，以便求得平衡。

（5）负债预算。负债经营是组织保持财务收支平衡的重要措施，包括向银行贷款、社会集资、发行股票。负债预算要考虑一定时期的资产、债务和资本账户的状况，需要多少资金，需要借多少，是否能还，何时能还等。防止"资不抵债"是负债预算的重要任务。

（6）预算汇总。由各种预算汇合起来的总预算，其主要内容已由资产负债预算作了表达，因此往往可以用资产负债预算来代替总预算。总预算中包括了资产负债预算中所说明的财产、债务和其他资产，还应说明总预算收入、拨款和支出，并要包含对可能出现的情况分析和预算编制的其他说明。

（三）预算的程序

预算程序一般应包括以下六个步骤：

（1）组织下属各职能部门制定本部门的预算方案，呈交给归口负责人审批。

（2）各归口负责人对所属部门的预算草案进行综合平衡，并制定本系统的总预算草案。

（3）各系统将其预算草案呈交预算委员会（一般由高层领导和有关专家组成）。

（4）预算委员会审查各系统预算草案，并进行综合平衡。

（5）预算委员会与最高决策人磋商，拟订出整个组织的预算方案。

（6）预算委员会将整个组织的预算方案提交总经理或董事会审批，审批后再逐级返回。下属各部门得到的是经过平衡的有所变动的最终部门预算。

（四）预算的编制方式

编制预算，从具体操作上看，有以下三种基本方式：

（1）可选预算，即为可能出现的各种事件编制可供选择的预算。一个公司常常分别按上、中、下三种不同的经营水平编制预算，并把这三种预算都批准为整个公司和各个部门未来半年或一年的预算，然后在规定的时候告诉各有关主管人员在他们的计划和控制工作中要使用哪一个预算。可选预算会加强预算方案的合理性。

（2）补充预算，也称"每月补充预算"。首先，提出半年或年度预算，以表明企业的计划纲要和明确部门的目标；然后，在预测企业该月产量的基础上来编制补充预算。如果说短期计划在一定程度上证明是正确的话，那么月度补充预算就使每个主管人员有权在基础预算的基础上安排产量进度和所要使用的资金。

（3）零基预算。与传统的增量或减量预算法不同，零基预算的基本原理是：对任何一个项目费用的开支，都不是从原有的基数出发，即根本不考虑各项基期的费用开支情况，而是一切都以零为基础，从零开始考虑项目费用的必要性及其预算的规模。这种预算不受某种既定框架的束缚，能促使各级管理人员精打细算，量力而行，合理使用资金。但是，由于零基预算是以零为起点来观察分析一切生产经营活动费用情况的，因而其工作量比较大。

二、全面质量管理

全面质量管理，是指依靠全体员工综合运用现代管理思想、管理方法、管理技术对组织全体人员、组织活动的全过程及影响组织活动的全部因素实行标准化、目标化和规范化封闭式的管理。

（一）全面质量管理的内容

对于一个组织而言，全面质量管理的内容主要包括以下三个方面。

1. 实行全员管理

所谓全员管理，就是组织内部所有部门、所有人员，人人做好本职工作，个个关心工作质量，全体人员都参加质量管理活动，从而形成一个质量管理的有机整体。由于分工的不同，一般一个组织内部所有部门及其人员大致可划分为三个层次：领导决策层、组织协调层（又可叫作管理执行层）和贯彻落实层（基层）。实行全员管理，也就是包括上述三个层次的所有人员要加入质量管理中来。

2. 实行全过程管理

全过程管理，就是对工作的整个过程、所有环节自始至终的管理。以商业零售企业为例，应包括售前服务、售中服务（即销售服务）和售后服务三个环节。商业服务质量问题常常表现为售中阶段，而决定售中服务质量的关键往往是在售前就存在的。为了搞好售中的服务工作，必须在售前做好准备，给售中服务打好基础。而对售中服务工作的不足，也需要通过售后服务给予完善和补充。因此，商业零售企业要保证服务质量，不仅要做好服务中的质量管理，还要做好售前的准备过程和售后的延续过程的质量管理，也就是对商品流转所形成的全过程各个环节加以管理，形成一个综合性的质量管理体系。

3. 实行全因素的管理

质量管理的好坏，受很多复杂因素的影响与制约。所谓全因素管理，就是在全面分析影响质量的各种因素的基础上，找出主要因素，采取有效措施加以严格控制和管理，努力控制质量事故的发生，使优质长期保持下去。如当前影响商业企业服务质量的因素主要有以下几种：（1）经营思想；（2）人员素质；（3）商品经营；（4）组织机构；（5）分配制度；（6）基础设施；（7）劳动条件；（8）生活福利；（9）社会影响和人际关系等。

（二）全面质量管理的工作方法

全面质量管理的最基本的工作方法就是 PDCA 循环管理法。我们做任何事情都有这样一条规律，即先有个设想，根据设想来安排计划，然后按照计划去执行，在执行过程中进行检查和调整，完成计划后再做一番总结和处理。美国管理学家戴明把这种工作法的规律总结为 PDCA 循环法，也称"戴明环"。具体而言，PDCA 循环管理法包括：（1）计划阶段（Plan）；（2）执行阶段（Do）；（3）检查阶段（Check）；（4）处理阶段（Action）。

三、价值分析

1947 年，美国通用电气公司的设计师麦尔斯（L. D. Miles）从研究材料的代用问题开始，总结出了一套保证在同样功能的前提下降低成本的科学分析方法，后被称为"价值工程"，也被称为"价值分析"。

（一）价值分析中的价值、功能和成本

1. 价值

价值分析中的"价值"的概念具有特定的含义，它不同于政治经济学中有关价值的概念。这里的"价值"是作为一种"尺度"提出来的，可以概括为"评价事物（产品或作业）有益程度的尺度"。价值高说明有益程度高、效益大、好处多。价值低说明有益程度低、效益小、好处少。价值分析中用"价值"评价事物的有益程度是以事物的效用与取得这种效用所投入资源的比值来进行的，其公式为：

价值＝效用/投入资源

2. 功能

功能是指系统（产品或作业）所具有的特定用途和使用价值。价值分析认为：人们购买产品是为了获得它的"功能"，而不是要买到某种产品本身，比如买电视机是为了获得它的"收看电视节目"的功能，而不是买它的具体线路和电子元器件。因此，不同产品只要有人们需要的同一功能，则它们之间是完全可以相互代替的。

3. 成本

价值分析中的成本是指系统的寿命周期成本。产品的寿命周期成本是在其寿命周期

内发生的全部费用，它包括制造费用（如研制、设计、制造、销售等费用）和使用费用（如保养、维修、能耗、备件等费用）。产品寿命周期成本与产品功能有内在联系，一般在技术经济条件不变的情况下，制造费用随功能的提高而增长，而使用费用则随功能的提高而下降。

（二）价值分析的基本原理

价值分析是以最低的寿命周期成本可靠地实现必要的功能、着重于产品或作业功能分析的有组织的活动。

价值分析中价值、功能、成本之间的关系可以用以下表达式来表示：

$$价值（V）＝功能（F）/成本（C）$$

上式说明，价值与功能成正比，与成本成反比。功能越高，成本越低，则价值越大；反之，则价值就小。用户在购买商品时都希望价廉物美，在挑选的时候，质量相同则比较价格的高低，价格相同则比较质量的优劣。总之，只有价值高的产品，才会受到用户的欢迎。因此，企业要想提高产品的"价值"、提高产品的竞争力，不外乎以下几种途径：

（1）功能不变，成本降低（$V\uparrow=F\rightarrow/C\downarrow$）。

（2）成本不变，功能提高（$V\uparrow=F\uparrow/C\rightarrow$）。

（3）功能提高，成本降低（$V\uparrow=F\uparrow/C\downarrow$）。

（4）成本略有提高，功能有更大提高（$V\uparrow=F\uparrow\uparrow/C\uparrow$）。

（5）功能略有下降，成本大幅度下降（$V\uparrow=F\downarrow/C\downarrow\downarrow$）。

总之，价值分析并不单纯追求降低成本，也不片面追求提高功能，而是要求提高功能和成本之间的比值，辩证处理好二者的关系。

✦ 复习思考题

一、选择题

1. 控制工作的一般过程是（   ）。

A. 建立控制标准→分析差异产生的原因→采取矫正措施

B. 采取矫正措施→分析差异产生的原因→建立控制标准

C. 建立控制标准→采取矫正措施→分析差异产生的原因

D. 分析差异产生的原因→采取矫正措施→建立控制标准

2. 控制工作得以开展的前提条件是（   ）。

A. 建立控制标准　　B. 分析偏差原因　　C. 采取矫正措施　　D. 明确问题性质

3. 进行控制的根据是（　　）。

A. 计划工作　　　　B. 组织工作　　　　C. 指挥工作　　　　D. 协调工作

4. 控制工作的基础是（　　）。

A. 命令统一　　　　B. 协调关系　　　　C. 信息沟通　　　　D. 有效激励

5. 控制活动应该（　　）。

A. 与计划工作同时进行　　　　　　　B. 先于计划工作进行

C. 在计划工作之后进行　　　　　　　D. 与计划工作结合进行

二、简答题

1. 控制的概念是什么？

2. 什么是全面质量管理？

3. 一般的控制过程有哪几个步骤？

4. 控制有哪些方式、方法？

案例分析

客户服务质量控制

美国某信用卡公司的卡片分部认识到高质量客户服务非常重要。客户服务不仅影响公司信誉，也和公司利润息息相关。比如，一张信用卡每早到客户手中一天，公司就可获得33美分的额外销售收入，这样一年下来，公司将有140万美元的净利润。及时地将新办理的和更换的信用卡送到客户手中是客户服务质量的一个重要方面，但这远远不够。

决定对客户服务质量进行控制来反映其重要性的想法，最初是由卡片分部的一个地区副总裁凯西·帕克提出来的。她说："一段时间以来，我们对传统的评价客户服务的方法不太满意。向管理部门提交的报告有偏差，因为它们很少涉及有问题但没有抱怨的客户，或那些只是勉强满意公司服务的客户。"她相信，真正衡量客户服务的标准必须能够反映持卡人的见解。这就意味着要对公司控制程序进行彻底检查。第一项工作就是确定用户对公司的期望。对信件的分析指出了客户服务的三个重要特点：及时性、准确性和反应灵敏性。持卡者希望准时收到账单、快速处理地址变动、采取行动解决抱怨。

了解了客户期望，公司质量保证人员开始建立控制客户服务质量的标准。所建立的180多个标准反映了诸如申请处理、信用卡发行、账单查询及账户服务费代理等服务项目的可接受的服务质量。这些标准都基于用户所期望的及时性、准确性和反应灵敏性，同时也考虑了其他一些因素。

除了客户见解，服务质量标准还反映了公司竞争性、能力和一些经济因素。比如：一些标准因竞争引入，一些标准受组织现行处理能力影响，还有一些标准反映了经济上的能力。考虑了每一个因素后，适当的标准就成型了，所以开始实施控制服务质量的计划。计划实施效果很好，比如处理信用卡申请的时间由35天降到15天，更换信用卡从15天降到2天，回答用户查询时间从16天降到10天。这些改进给公司带来的潜在利润更是巨大的。例如，办理新卡和更换旧卡的时间缩短会给公司带来1 750万美元的额外收入。另外，如果用户能及时收到信用卡，他们就不会使用竞争者的卡片了。

　　该质量控制计划对公司还有其他的益处，该计划使整个公司都注重客户期望，各部门都以自己的客户服务记录为骄傲，而且每个雇员都对改进客户作出了贡献，使员工士气大增。每个雇员在为客户服务时都认为自己是公司的一部分，是公司的代表。

　　信用卡部客户服务质量控制计划的成功，使公司其他部门纷纷效仿。无疑，它对该公司的贡献是非常巨大的。

问题：

1. 该公司控制客户服务质量的计划是前馈控制、反馈控制还是现场控制？
2. 找出该公司对计划进行有效控制的三个因素。
3. 为什么该公司将标准设立在经济可行的水平上而不是最高可能的水平上？

✦ 学习目标

了解创新管理与维持管理的关系；
了解创新的类别与特征；
熟悉创新的基本内容；
了解创新的原则与支柱；
熟悉创新的基本方法。
了解创新的策略；
熟悉创新的过程。

第一节　创新概述

一、作为管理基本职能的创新

"创新"对我们来说并不是陌生的词汇，它经常出现在各类管理学著作、教材之中。人们通常将它与设备的更新、产品的开发或工艺的改进联系在一起。无疑，这些技术方面的革新是创新的重要内容，但不是全部内容。创新首先是一种思想及在这种思想指导下的实践，是一种原则以及在这种原则指导下的具体活动，是管理的一种基本职能。创新工作作为管理的职能表现在它本身就是管理工作的一个环节，它对于任何组织来说都是一种重要的活动。创新工作也和其他管理职能一样，有其内在逻辑性。建构在其逻辑性基础上的工作原则，可以使创新活动有计划、有步骤地进行。

（一）创新工作是管理过程的重要一环

从逻辑顺序上来考察，在特定时期内对某一社会经济系统（组织）的管理工作主要包括下述内容：

（1）确立系统的目标，即人们从事某项活动希望达到的状况和水平。

（2）制定并选择可实现目标的行动方案。

（3）分解目标活动，据此设计系统所需要的职务、岗位并加以组合，规定它们之间的相互关系，形成一定的系统结构。

（4）根据各岗位的工作要求，招聘和调配工作人员。

（5）发布工作指令，提供各环节活动所需的物质和信息条件，使系统运行起来。

（6）在系统运行过程中，协调各部分的关系，使它们的工作相互衔接、平衡地进行。

（7）检查和控制各部门的工作，纠正实际工作中的失误和偏差，使之符合预定的要求。

（8）关注内外条件的变化，寻找并利用变革的机会，计划并组织实施系统的创新和发展。

上述管理工作可以概述为：设计系统的目标、结构和运行规划，启动并监视系统的运行，使之按预定的规则操作；分析系统运行中的变化，进行局部或全局的调整，使系统与内外环境保持动态的一致。显然，管理过程是由两个部分构成：维持与创新。任何

组织系统的任何管理工作无不包含"维持"和"创新"，维持和创新是管理的本质内容。

（二）创新工作是重要的管理活动

组织作为一个有机体，也和所有的生物有机体一样，都是处于不断进化和演变过程之中的。任何组织管理只有维持工作显然是不够的，它无法实现组织的可持续发展。管理的创新职能就是要突出"物竞天择，适者生存"的基本规律对于组织的作用。

创新对于组织来说是至关重要的，这首先是因为创新是组织发展的基础、是组织获取经济增长的源泉。在过去的一个世纪中，人类的经济获得了迅猛的增长，20世纪大部分组织的增长率超过了第一次工业革命时期。这种发展和增长的根源就是熊彼特所说的"创新"。创新是经济发展的核心，创新使得物质繁荣的增长更加便利。

其次，创新是组织谋取竞争优势的利器。当今社会，各类组织的迅速发展，使得组织间的竞争成为普遍现象，特别是全球化的深入使得工商业的竞争更加激烈。要想在竞争中谋取有利地位，就必须将创新放在突出的地位。竞争的压力要求企业家们不得不改进已有的制度、采用新的技术、推出新的产品、增加新的服务。有数据表明，在创造性思维和组织效益之间具有直接的正相关性。

最后，创新是组织摆脱发展危机的途径。发展危机是指组织明显难以维持现状，如果不进行改革，组织就会出现难以为继的状况。发展危机对于组织来说是周期性的，组织每一步的发展都有其工作重心的转变和新的发展障碍。在创业期间，管理目标主要是对需求的快速、准确反应，资金的充裕和安全问题；进入学步期和青春期，组织管理的目标更多在于利润的增加和销售量与市场份额的扩大；组织成熟期后管理目标转向维持已有市场地位。相应地，在各阶段组织会出现领导危机、自主性危机、控制危机和硬化危机。组织只有不断创新才能渡过各种难关，持续健康地发展。

（三）创新工作具有逻辑的结构

人们对于管理的创新职能存在一些误解，例如有些人会将创新看成是偶然性的活动、是非正常的千奇百怪的事情，认为创新源于个别敢吃螃蟹的人等。事实上，就个体的某次创新活动而言，它可能出自勇于探索的成员，创新的成果也会超出常人的想象，会具有偶然性因素的作用。但是，组织的创新工作并不等于个别的创新活动，而是大量的创新活动表现出的共性的逻辑与原则。作为管理职能的创新工作就是在这种原则指导下的创新活动。

实践和理论研究都表明组织的创新工作经历了内外因素分析、创新计划和决策、组织和实施创新活动等几个环节。内外因素分析就是要分析公司的内外环境因素、分析组织的创新需求、明确组织可创新的问题、认知创新活动的利弊得失。创新的计划和决策的任务是确定公司新的愿景和战略，制订创新的计划，如创新的内容、创新的深度和力度、创新的切入点、创新的时间进度和预期达到的目标；创新的组织和实施阶段包括了组建创新团队，培训创新的骨干，进行组织重构和重新分配资源，进行创新进程的控制和评估创新的成果，并将获得的成果加以推广和应用。于是，组织进入到了新的管理阶段，其目标是保持和巩固创新的结果，使得创新活动带动组织绩效的全面提升。创新工作就是在如此逻辑下持续进行，永无止境。

二、创新管理与维持管理关系

作为管理的基本内容，维持与创新对系统的存在都是非常重要的。

维持是保证系统活动顺利进行的基本手段，也是组织中最常见的工作。根据物理学的熵增原理，原来基于合理分工、职责明确而严密衔接起来的有序的系统结构，会随着系统在运转过程中各部分之间的摩擦而逐渐地从有序走向无序，最终导致有序平衡结构的解体。管理的维持职能便是要严格地按预定的规划来监视和修正系统的运行，尽力避免各子系统之间的摩擦，或减少因摩擦而产生的结构内耗，以保持系统的有序性。没有维持，社会经济系统的目标就难以实现，计划就无法落实，各成员的工作就有可能偏离计划的要求，系统的各个要素就有可能相互脱离、各自为政、各行其是，从而整个系统就会呈现一种混乱的状况。所以，维持对于系统生命的延续是至关重要的。

但是，仅有维持是不够的。任何社会系统都是一个由众多要素构成的，与外部不断发生物质、信息、能量交换的动态、开放的非平衡系统。而系统的外部环境是在不断地发生变化的，这些变化必然会对系统的活动内容、活动形式和活动要素产生不同程度的影响；同时，系统内部的各种要素也是在不断发生变化的。系统内部某个或某些要素在特定时期的变化必然要求或引起系统内其他要素的连锁反应，从而对系统原有的目标、活动要素间的相互关系等产生一定的影响。系统若不及时根据内外变化的要求适时进行局部或全局的调整，则可能被变化的环境所淘汰，或为改变了的内部要素所不容。这种为适应系统内外变化而进行的局部和全局的调整，便是管理的创新职能。

任何社会经济系统，不论是谁创建了它，不论创建的目的是什么，一旦它开始存在，首先必须追求的目标均是维持其存在、延续其寿命、实现其发展。但是，不论系统的主观愿望如何，系统的寿命总是有一定期限的。系统自诞生被社会承认开始到消亡被社会淘汰结束的时期，称为系统的寿命周期。一般社会经济系统在寿命周期中要经历孕育、成长、成熟、蜕变以及消亡五个阶段。

从某种意义上来说，系统的社会存在是以社会的接受为前提的，而社会之所以允许某个系统存在，又是因为该系统提供了社会需要的某种贡献；系统要向社会提供这种贡献，则必须首先以一定的方式从社会中取得某些资源并加以组合。系统向社会的索取（投入资源）越是小于它向社会提供的贡献（有效产出），系统能够向社会提供的贡献与社会需要的贡献越是吻合，则系统的生命力就越是旺盛，其寿命周期则越可能延长。孕育、初生期的系统，限于自身的能力和对社会的了解，提供社会所需的贡献的能力总是有限的；随着系统的成长和成熟，它与社会的互相认识不断加深，所能提供的贡献与社会需要的贡献便倾向和谐；而一旦系统不能跟上社会的变化，其产品或服务不再被社会需要，或内部的资源转换功能退化，系统向社会的索取超过对社会的贡献，则系统会逐步地被社会抛弃而趋向消亡。

根据上面的分析可以看出，系统的生命力取决于社会对系统贡献的需要程度和系统本身的贡献能力；而系统的贡献能力又取决于系统从社会中获取资源的能力、利用资源的能力以及对社会需要的认识能力。要提高系统的生命力、扩展系统的生命周期，就必须使系统提高内部的这些能力，并通过系统本身的工作增强社会对系统贡献的需要程度。由于社会的需要是在不断变化的，社会向系统供应的资源在数量和种类上也在不断改变，系统如果不能适应这些变化，以新的方式提供新的贡献，则可能难以被社会允许继续存在。系统不断改变或调整取得和组合资源的方式、方向和结果，向社会提供新的贡献，这正是创新的主要内涵和作用。

综上所述，作为管理的两个基本职能，维持与创新对系统的生存发展都是非常重要的，它们是相互联系、不可或缺的。创新是维持基础上的发展，而维持则是创新的逻辑延续；维持是为了实现创新的成果，而创新则是为更高层次的维持提供依托和框架。任何管理工作，都应围绕着系统运转的维持和创新而展开。只有创新没有维持，系统会呈现无时无刻、无所不变的无序的混乱状态；而只有维持没有创新，系统则缺乏活力，犹如一潭死水，适应不了任何外界变化，最终会被环境淘汰。卓越的管理是实现维持与创新最优组合的管理。

（1）创新管理与维持管理在逻辑上表现为相互连接、互为延续的链条。组织的管理总是从创新到维持，再到创新和再到维持循环反复的过程。美国管理学者戴维·K.赫斯特运用案例研究的方法揭示了组织管理的维持和创新生态循环过程，这种过程如同森林的产生、成长、毁灭和再生的循环过程。与此类似，阿伯纳西和厄特拜克在产品生命周期理论基础上进一步描述了创新类型的分布。在产品的幼年期，组织中需要重大的产品创新；进入产品成长期，重大的工艺创新占据主导地位；而在成熟期主要是维持活动；在衰退期组织又呼唤着重大的产品创新。

（2）有效的管理是实现维持与创新最优组合的管理。维持与创新在逻辑上的相互连接、互为延续的关系并不意味着两者在空间和时间上的分离。事实上，组织管理活动是维持和创新的相互融合。有效地管理就是要根据组织的结构维度和关联维度来确定维持和创新的组合。过度维持会导致组织的僵化和保守，抑制人的能力的发展，也会忽视市场的竞争和技术的变化，导致组织反应能力的下降，使得组织失去发展的机会；过度的维持往往只是注重短期利益，忽视组织的长期发展战略。另一方面，过度的创新和对创新的采纳消耗大量的物力、财力资源，并不能从创新收益中得到补偿；过度创新会导致对于组织规章制度权威性减弱、结构体系的紊乱、专业化程度的削弱；严重的、过度的创新还会导致组织凝聚力的下降，乃至组织的瓦解。

（3）维持管理与创新管理在目标和方向上的不同也就表现为在基本职能上的差异。就管理使命方面来说，创新管理是力图突破现状，率领所领导的企业抛弃一切不适宜的传统的做法；而维持管理则致力于维持秩序和守业。在计划上，创新是以确定组织未来的经营方向为目标，包括远景目标和实现远景目标的战略；而维持管理一般是编制短期、周密的计划方案和预算。在组织上，创新组织联合所有相关者，形成企业内外相互密切配合的关系网络；而维持管理一般是设计体现合理的工作分工和协作、汇报关系的结构体系，并配备合适的人员执行结构设计所规定的角色任务。在领导上，创新管理通过与所有能提供合作和帮助的人进行大量的沟通交流，并提供有力的激励和鼓舞，率领大众朝着某个共同方向前进；而维持管理借助于指挥、命令，通过上级对下级的指导、监督，使各层次、各部门的人员能按部就班地开展工作。在控制上，创新管理表现为尽量减少计划执行中的偏差，确保主要绩效指标的实现；而维持管理应因环境变化的需要而适时、适度地调整计划目标。总体上来说，维持管理与创新管理在风格上表现出较大的差异性。在组织中，一个管理者往往难以承担起两方面的角色任务。

三、创新的类别与特征

系统内部的创新可以从不同的角度去考察。

从创新的规模以及创新对系统的影响程度来考察，可将其分为局部创新和整体创新。局部创新是指在系统性质和目标不变的前提下，系统活动的某些内容、某些要素的性质或其相互组合的方式，系统的社会贡献的形式或方式等发生变动；整体创新则往往改变系统的目标和使命，涉及系统的目标和运行方式，影响系统的社会贡献的性质。

从创新与环境的关系来分析，可将其分为消极防御型创新与积极攻击型创新。防御型创新是指由于外部环境的变化对系统的存在和运行造成了某种程度的威胁，为了避免威胁或由此造成的系统损失扩大，系统在内部展开的局部或全局性调整；攻击型创新是在观察外部世界运动的过程中，敏锐地预测到未来环境可能提供的某种有利机会，从而主动地调整系统的战略和技术，积极地开发和利用这种机会，谋求系统的发展。

从创新发生的时期来看，可将其分为系统初建期的创新和运行中的创新。系统的组建本身就是社会的一项创新活动。系统的创建者在一张白纸上绘制系统的目标、结构、运行规划等蓝图，这本身就要求有创新的思想和意识，创造一个全然不同于现有社会（经济组织）的新系统，寻找最满意的方案，取得最优秀的要素，并以最合理方式组合，使系统进行活动。但是"创业难，守业更难"，在动荡的环境中"守业"，必然要求积极地以攻为守，要求不断地创新。创新活动更大量地存在于系统组建完毕开始运转以后。系统的管理者要不断地在系统运行的过程中寻找、发现和利用新的创业机会，更新系统的活动内容，调整系统的结构，扩展系统的规模。

从创新的组织程度上看，可分为自发创新与有组织的创新。任何社会经济组织都是在一定环境中运转的开放系统，环境的任何变化都会对系统的存在和存在方式产生一定影响，系统内部与外部直接联系的各子系统接收到环境变化的信号以后，必然会在其工作内容、工作方式、工作目标等方面进行积极或消极的调整，以应付变化或适应变化的要求。同时，社会经济组织内部的各个组成部分是相互联系、相互依存的。系统的相关性决定了与外部有联系的子系统根据环境变化的要求自发地作了调整后，必然会对那些与外部没有直接联系的子系统产生影响，从而促使它们也作相应调整。系统内部各部分的自发调整可能产生两种结果：一种是各子系统的调整均是正确的，从整体上说是相互协调的，从而给系统带来的总效应是积极的，可使系统各部分的关系实现更高层次的平衡——除非极其偶然，这种情况一般不会出现；另一种情况是，各子系统的调整有的是正确的而另一些则是错误的——这是通常可能出现的情况，因此，从整体上来说，调整后各部分的关系不一定协调，给组织带来的总效应既可能为正也可能为负（这取决于调整正确与失误的比例）。也就是说，系统各部分自发创新的结果是不确定的。

与自发创新相对应的是有组织的创新。有组织的创新包含两层意思：

（1）系统的管理人员根据创新的客观要求和创新活动本身的客观规律，制度化地检查外部环境状况和内部工作，寻求和利用创新机会，计划和组织创新活动。

（2）系统的管理人员要积极地引导和利用各要素的自发创新，使之相互协调并与系统有计划的创新活动相配合，使整个系统内的创新活动有计划有组织地展开。只有有组织的创新，才能给系统带来预期的积极的比较确定的结果。

鉴于创新的重要性和自发创新结果的不确定性，有效的管理要求有组织地进行创新。为此，必须研究创新的规律，分析创新的内容，揭示创新过程的影响因素。

当然，有组织的创新也有可能失败，因为创新本身意味着打破旧的秩序、打破原来的平衡，因此具有一定的风险，更何况组织所处的社会环境是一个错综复杂的系统，这个系统的任何一次突发性的变化都有可能打破组织内部创新的程序。但是，有计划、有目的、有组织地创新，取得成功的机会无疑要远远大于自发创新。

第二节　创新的基本内容

创新的内容非常广泛，它涉及管理工作的各个方面。概括地讲，主要有观念创新、目标创新、环境创新、技术创新、组织创新和制度创新等几项基本内容。

一、观念创新

人们的行为总是要受到一定思想观念的支配，思想解放是社会变革的前提，观念创新是一切创新的先导。所以，创新最基本的内容就是观念创新。

（一）观念创新的概念

所谓观念创新就是创造和运用体现现代进步的新思想、新方法处理现实问题的过程。思路决定出路，没有创新的思维就没有创新的方法，没有创新的方法就不可能解决新问题。如果不首先解决思想问题，就不可能最终解决实际问题。无论是组织改革，还是组织发展，首先冲击到的就是组织成员的思想观念。不首先打破传统思维模式的束缚，就难以产生新颖而有意义的行动。观念落后，抱残守缺，组织的一切创新也就无从谈起。但是，观念创新并非是一件容易的事情，因为相对于传统的思想观念和社会生产，观念的创新是一个否定自我、超越自我的过程，是一个改变现有利益格局、重新构建新的利益关系的过程，是一个不断学习、积累和提高的过程，是一个从现有信息和条件出发对未来不确定的事件作出重大决策的过程。因此，观念创新必须具有足够的勇气和无畏的精神。一般来说，观念创新是从领悟与众不同的个性特征开始的。

观念创新既是管理创新的重要内容，也是推动管理创新最直接的动力。在管理的过程中，我们常常能见到这样的情况：一些资金充裕的大公司，由于忽视了市场和科技的发展趋势，缺乏创新观念，不能正确地调整资源配置而跟不上时代的发展。IBM 公司对于 20 世纪 70 年代末期兴起的个人电脑无论从技术还是资金上都有充分的开发能力，但它却沉迷于大型计算机的开发与生产，没能及时进行观念创新，没有调整资源配置，结果在个人电脑市场上却落后于许多小公司。摩托罗拉公司对于开发数字移动通信设备无论在技术还是资金方面都有雄厚的实力，但它却迷恋于模拟技术和已有的市场，结果在技术上一度落后于一些欧洲公司。日本索尼公司由于把大量的资金用于购买美国的电视公司和房地产，造成技术创新后继乏力。1995 年索尼公司被迫承认：20 世纪 90 年代以来，索尼已经拿不出什么创新产品，在数字技术方面已落后于竞争对手。再这样发展下去，索尼将面临创造力枯竭的危险。由此我们可以看出，是观念和意愿在调动着组织的资本运营。观念创新虽然是无形的，但它却是组织的重要资源，是管理创新的重要组成部分与推动力。

（二）观念创新的特点

观念创新是管理创新的重要内容，它具有管理创新的一般特点，但它又具有其他管理创新所不具有的特点。概括地讲，其主要有以下几方面。

1. 观念创新要首先战胜自己

人最大的对手就是自己。对于一个组织来说，情况也是一样。组织的管理思想是组织管理者思想的体现，组织能否抛弃落后的思想而重新建立一种符合时代发展的新思想，关键取决于组织管理者思想更新的程度。这是一个非常痛苦的过程，需要组织管理人员对自己现有的思想进行修正并接纳各种新的思想。这等于给组织管理人员进行一次"洗脑"手术，也等于是给组织进行一次"洗脑"手术。手术的过程是痛苦的，需要管理人员和组织全体职工积极配合。如果组织管理人员不能有效地战胜自己、吐故纳新，那么观念创新就只是空谈。

2. 观念创新必须打破已有的利益格局

观念创新就是不满足于现状，就是要改变过去已经习惯了的工作方式和生活方式，就是要改变现有的利益格局。这必然会对某些人的利益造成损失，或与某些人的利益发生冲突，其阻力和困难可想而知。但是，没有这种旧的平衡的打破，就永远不会建立更高层次的新的平衡。

3. 观念创新的基础在于学习

观念创新和其他所有创新一样是一个过程。在这个过程中，学习是基础。这里所说的学习既包括对前人、别人的思想和经验的学习，也包括创新主体本身在实践中的思考和学习。但是，我们必须注意，学习只是基础，不是创新的本质，更重要的是通过学习产生超前的观念并实现已有观念的突破。

4. 观念创新面临着巨大的风险

任何创新工作都将面临巨大的风险，观念创新也不例外。观念创新所面临的风险主要有两个方面：一方面，观念创新是摈弃原有社会条件下的思想，而创造一种前所未有的新的观念，这种新的观念可能不被组织甚至社会所接受，可能遭受组织以至于社会各方面的排斥和打击，有时候甚至需要付出很大的代价。另一方面，当创新者首次提出一种创新观念时，只是对改变现状、走向未来的一种假说，往往没有什么证据能够证明其观念的正确性与合理性，这种观念是否符合社会发展的需要具有很大的不确定性。

总之，观念创新并不仅仅局限于观念本身，观念创新的指向实际上是现有的利益格局，意味着自己"否定"自己的过去，意味着自己超越自己，加之创新本身具有极大的风险性，更增加了观念创新的难度。这时，创新者不但需要挑战他人的勇气，而且需要挑战自我的勇气，更需要充分的学习和掌握信息，需要决策者的勇气和超人的胆识，甚至需要"冒天下之大不韪"的气魄。

二、目标创新

企业是在一定的经济环境中从事经营活动的，特定的环境要求企业按照特定的方式提供特定的产品。一旦环境发生变化，企业的生产方向、经营目标以及企业在生产过程中与其他社会经济组织的关系就要进行相应的调整。例如，经济体制改革以来，企业同国家和市场的关系发生了变化，企业必须通过其自身的活动来谋求生存和发展。因此，在新的经济背景中，企业的目标就调整为：通过满足顾客需要来获取利润。至于企业在各个时期的具体的经营目标，则更需要适时地根据市场环境和消费需求的特点及变化趋势加以整合，每一次调整都是一种创新。

三、环境创新

组织与人一样都生存在特定的环境之中，环境的好坏对人有着重要的影响，同样，环境的好坏对一个组织的生存与发展也有着重要的影响。离开了环境，组织也就不存在了，更谈不上什么管理了。由于环境对组织、对管理都如此重要，因此，在管理的过程中必须对组织所处的环境有一个清醒的认识，因为管理的成效在很大程度上取决于管理行为符合环境需要的程度，一切脱离环境的管理行为最终都会造成组织的损失。

所谓环境创新就是有效利用组织的资源，突破局部环境的束缚，造就一个有利于组织生存与发展的环境状态的过程。管理必须有效地适应环境的变化，但适应环境变化不是管理的全部，管理同时还是一种改造环境的创造性活动。对组织的外部环境来说，管理人员的改造能力是很有限的，但不是一筹莫展的。管理人员完全可以利用自己的聪明才智，利用组织有限的力量，通过创造市场、战略重组等手段，突破局部环境的束缚，为组织的生存与发展创造一个良好的局部环境。组织的内部环境，管理人员是可以控制和改造的，而且是管理人员发挥自己领导才能的舞台。作为现代管理人员，必须树立起环境创新的思想意识，主动积极地投身到环境的创新之中。

一般来说，环境创新首先是从完善内部条件入手（也就是内部环境创新）。没有良好的内部管理，没有奋发向上的精神文化，没有先进的生产技术和雄厚的技术开发能力等作为基础，环境创新就只是一句空话。其次，环境创新必须有效地利用外部环境变化所提供的机会。对于组织来说，创新环境的能力是很有限的，只有把组织有限的能量与环境变化所提供的机会有机地结合起来，才可能很好地突破局部环境状态，为自己营造一个良好的发展空间。

四、技术创新

技术创新是一项高风险、高回报的科研生产经营活动，是组织实现可持续发展的基础，是一个国家实现经济持续增长的重要来源。没有技术创新，组织生产的产品或提供的服务就难以适应社会需求的变化；而不能适应社会需求变化的组织，最终将被社会所淘汰。对于一个国家来说，没有技术创新，国民经济的增长就缺乏革新技术的保证和支持，难以实现经济增长方式的有效转变，难以提高国家在国际市场上的竞争力。在高新技术激烈竞争的今天，技术创新显得尤为重要。

（一）技术创新的概念

关于技术创新的概念，目前还没有一个完全统一的认识，概括地讲有狭义和广义两种不同的解释。狭义的技术创新是指新产品和新工艺设想的提出和开发。广义的技术创新则是指一个创新的过程。它是从新产品或新工艺设想的提出，经过研究与开发，到实现产业化、商业化生产，而且在市场上获得成功的全过程，是技术与市场的有机结合。我们这里所提到的技术创新，主要是指广义的技术创新。

（二）技术创新的特点

技术创新不同于组织日常性的生产经营活动，与其他形式的管理创新相比较也具有一些不同的特点。一般来说，技术创新有以下几个方面的特点。

1. 技术创新具有信息化的特点

技术创新的信息化特点主要是指技术创新对信息和信息技术的依赖程度。信息是一种能交换、能创造价值或能满足人们某种需要的知识。在工业生产时代，经济组织一般是以物质生产为主，而 21 世纪的经济则是把物质生产和知识生产结合起来，并充分利用知识和信息资源，大幅度提高产品的技术含量和附加值。技术创新是一种人们认识世界和改造世界的活动，而这个活动过程必须不断从外界获得信息，并对信息进行交换、传递、储存、处理、比较、分析、判断和提取。技术创新活动能否成功，在很大程度上取决于信息的获取与利用。

2. 技术创新具有多学科性的特点

纵观历史上几次重大的技术变革，都是由比较单一的技术发展起来的，其中跨学科的技术突破则很少见。比如 18 世纪的几次重大技术突破，纺织机的出现，继而蒸汽机和电力的发明等，这些技术创新虽然带动了其他科学技术的发展，但它们都是以单学科独立的技术形式出现的。而目前的技术创新却不是这样的，是多学科的综合，是以群体形式出现的。比如现代机械产品的开发创新，已经不再是单纯的机械技术的创新了，而是由机、电、光、声、磁等多种学科理论和技术的综合与开发应用。所以，技术创新有多种科学技术融合的特点。这种多学科技术的融合、渗透、互补和合作，赋予了技术创新无穷无尽的生命力。

3. 技术创新具有很大的风险性特点

技术创新的风险性特点是指技术创新具有许多不确定性和高投入性。这是因为技术创新具有许多试验性问题，其中每一个环节都包含了很大的不确定因素，如技术上的不确定性（即技术上的不成熟），新技术的不断涌现和快速变化，市场的激烈竞争，以及预测不准确和技术引进的冲击等。此外，在创新过程中，资金不能及时到位可能导致创新失败；由于缺乏管理经验，管理不善可能造成技术创新失败；外部环境变化，如社会、政治、法律、国家政策等条件的变化，也可能给造成技术创新活动带来风险。调查显示，新产品开发的成功率一般都不太高，即使在美国这样的技术经济强国也只有 30% 左右。由此可见，技术创新成功率低下是其风险的主要因素。此外，与其他管理创新相比较，技术创新的投资较大，技术创新一旦获得成功将会对组织的发展产生极大的促进，但是，如果技术创新失败，给组织带来的冲击也是巨大的。

4. 技术创新具有高收益性特点

高风险与高收益总是联系在一起的。有关资料显示，技术创新有 20% 左右的成功率就可以收回技术创新的全部投入并取得相应的利润。也正是因为技术创新的这一特点，世界上许多国家相继建立了风险投资银行和风险投资公司，向技术创新提供风险性贷款或融资，促进技术创新。现在许多企业也正是以技术创新的高收益为目标进行技术创新，以求得自身的发展。

5. 技术创新具有显著的创造性特点

应该说，创造性是所有管理创新都具有的特点，正是基于这一特点，熊彼特将创新活动形容为"创造性的破坏"。但技术创新的创造性特点更为突出，对社会发展的推动作用更为直接。这是技术创新的基本特征。技术创新是组织的一种创造性行为，是组织创新精神的实践。它要求创新主体——组织，必须具有强烈的创新意识，具有一定的创造性决策能力和勇于承担风险的胆识，具有创造性的组织才能。另外，从技术创新的成果来看，无论创新的程度如何，所有的技术创新都具有一定程度的独创性，或是创造出全新的功能，或是对原有功能、价值的增加或革新。

6. 技术创新具有继承性的特点

从技术创新的发展来看，任何技术创新活动都是建立在以前技术创新成果的基础之上并攀登前进的。技术创新的这种继承性创造了一代又一代不断完善的新产品，如计算机的诞生和发展就是一个明显的例子。自 20 世纪 40 年代后期第一代电子管计算机诞生，到第二代晶体管计算机、第三代小规模集成电路计算机和第四代大规模集成电路计算机的相继问世，都继承了前一代的技术原理；而计算机的性能、结构、速度和规模等等都一代胜过一代。因此，新一代技术创新要善于继承前人的技术成果，并在新的起点上有所发明和创造。

五、组织创新

组织与任何生命体一样，都有自己的生命周期，存在着初生、成长、成熟和衰亡的过程。为了延长组织的生命周期、增强组织的生命活力，就需要不断地进行组织创新。当前我们所处的时代是一个变革的时代，组织面临着更加复杂多变的环境：一方面是现有的组织理论和组织形式面临着巨大的冲击，另一方面是新的管理思想和新的组织形式不断涌现，客观上都要求组织迅速作出反应。因此，组织创新无论是在理论界还是在实业界，都日益受到重视。

（一）组织创新的概念

关于组织创新的概念，目前理论界存在许多不同的看法。有的学者认为，组织创新是指影响创新性技术成果运行的社会组织方式、技术组合形态和制度支持体系的创新。它不是泛指一切有关组织的变革，而是专指能使技术创新得到追加利益的组织变革。还有学者认为，组织创新是指在现行的生产体系中引入新的组织形式，形成新的组织。我们认为，组织创新是指组织根据内外环境的变化，调整内部的若干状态，以维持组织本身的生存与发展的过程。这种调整可以分为两种类型：一是组织的增量式创新，即不改变原有组织结构的性质，而是对组织的机构、手段或程序等的调整，如控制制度的精细化、组织机构的精简、人事上的变更或组织一项交易程序的调整等。二是组织的彻底性创新，即组织结构的根本性变化，如组织机构的基本形态的发展、部门机构职责和权限的发展、组织机构中信息网络重构以及组织机构中人际关系的重新安排等。

（二）组织创新的特点

组织创新无论是在创新的内容、过程，还是在创新的结构上，都表现出一些重要的特点。这些特点集中体现在四个方面：

（1）组织创新的产权难以以专利的方式来进行保护。

（2）要评估组织创新的经济地位及其重要性很困难。

（3）组织创新活动对组织的战略和经济技术实力的依赖很大。

（4）组织创新是组织内部结构的不断优化，或是各种社会组织之间的横向结合，表现为组织功能的不断完善。

六、制度创新

对于经济增长起着决定性作用的因素是制度性因素，而非技术性因素。一个社会如果未能实现经济持续增长，那是因为社会没有为经济创新活动提供激励，也就是说，没有从制度方面去保证创新活动的行为主体得到最低限度的报酬或好处。有效率的组织需要在制度上做出安排和确定产权，以便能对人的经济活动造成一种激励效应。制度创新为技术创新的持续涌现和经济持续增长提供了体制保障。

（一）制度创新的概念

制度是指作为一个有机组织，为了实现组织的既定目标和实现内部资源与外部环境的协调，在财产关系、组织结构、运行机制和管理规范等方面的一系列制度安排。它主要包括产权制度、经营制度（经营机制）和管理制度三个层次不同方面的内容。产权制度是决定组织其他制度的根本性制度，它规定着组织所有者对组织的权力、利益和责任。经营制度（经营机制）是有关经营权的归属及行使权力的条件、范围、限制等方面的原则规定，它构成公司的"法人治理结构"，包括目标机制、激励机制和约束机制等。管理制度是行使经营权、组织日常经营活动的各项具体规则的总称，其中，分配制度是其重要的内容之一。

所谓制度创新就是改变原有的组织制度，塑造适应社会生产力发展的市场经济体制和现代化大生产要求的新的微观基础，建立起产权清晰、权责明确、政企分开、管理科学的现代组织制度的过程。例如产权制度创新、系统化管理制度创新、管理制度的制定方式创新，以及管理制度效用评价体系创新等。

（二）制度创新的作用

制度创新是组织发展的基础，是组织整体创新的前提和条件，同时也是实现一个组织不断创新的保障。没有一个创新的组织制度，组织的其他创新活动就不可能有效和持久。制度创新的作用突出表现在以下几个方面。

1. 适时的制度创新能够使组织站在发展的前沿

组织的外部环境总是处在不断发展变化之中。随着世界经济一体化、国际化、区域化和网络化格局的形成和加深，组织比任何时候都更开放。组织只有和外界保持良好的关系，才能经久不衰、站在发展的前沿。相反，如果组织的体制僵化、创新不足，便会造成毁灭性的打击。

2. 制度创新是搞好组织各项管理工作的基础

从广义的角度讲，组织的制度就是管理的制度化。管理本身就是强制性与艺术性的统一。为了使组织的各项管理工作（如人事管理、生产管理、营销管理以及管理创新工作等）符合组织内外环境变化的需要，并取得良好的管理成效，就必须首先从体制上、制度上为其开路。

3. 制度创新能够为创新过程中的合作提供基础

随着人类创新活动的不断拓展，随着社会化、专业化程度的不断提高，创新活动已经从个人行为转变为集团行为，这就使得不同创新者之间的合作变得越来越重要。但是，不同创新者之间的合作是以"共识"的形成为基础的。这里所说的"共识",就是人们在社会分工与协作过程中经过多次较量而达成的一系列契约的总和,这就是制度。它通过明确人们在什么条件下能做什么、能得到什么、不能做什么,以及违约将要付出的代价等问题,为合作提供了一个基本框架。因此,没有制度的创新,不同创新者之间的这种"共识"就难以形成,创新合作也就不可能。

4. 制度创新将为组织的其他创新活动提供激励机制

任何一种制度的基本任务都是对个人的行为形成一个激励集,通过这些激励,每个人都将受到鼓励而去从事那些对他们有利的经济活动。创新是具有很大风险的活动,如果没有相应的制度激励,创新的动力必将大打折扣。在激烈的市场竞争中,谁胜谁负关键取决于创新,创新已经成为组织生存与发展之本。因此,任何组织都必须不断地进行制度创新,不断地形成新的激励机制,最大限度地刺激组织其他创新活动的开展。

第三节　创新的原则与支柱

为了使创新工作能够顺利进行、提高创新工作的效率,创新主体在创新过程中必须遵循一定的原则。

一、创新的原则

创新的原则是指产生管理创新创意的行为准则。由于它是产生创新创意的行为准则,而创新创意是创新的出发点,因此我们又可以把创新的原则看作是管理创新的基准和出发点。

(一) 第一原则:反向思维

所谓反向思维,是指与一般人、一般企业思考问题的方向不同。人家不想或没有想的、认为是正常的事情,你却加以思考并从中发现问题,这就是一种反向思维;人家对某一问题通常是这样考虑的,然而你却从其他角度去考虑,这又是一种反向思维。通过这样一些反向思维,通常可以得到许多创新的灵感。

汤姆·彼得斯认为:"今天成功的企业领导人将是那些头脑最灵活的人。接受新见解、习惯性地向旧见解提出挑战,与反论(反向思维见解)共处的能力,将是这些领导者的首要品质。"他进一步认为,已有的许多正反相同的状况,正是反向思维发挥创新作用的条件。以下是一系列反向思维的观点。

（1）面对稳定性较低的环境，通常的想法是使企业目标变得更有弹性或灵活性。然而，从另一个角度来看，企业目标似乎应该更稳定些，以稳定对不稳定未必不是一个好的创新。

（2）竞争要求更多的合作。更多的竞争者和竞争者的更多产品要求企业具有更大的灵活性、反应能力和更高的产品质量等，但这反过来会加强企业的一些伙伴关系：公司与其供应商之间的关系；公司和其他能够带来市场区域内（特别是海外）所需关键新技术的公司之间的关系；旨在对要害部门即一线加速采取行动的各职能部门的执行者之间的关系；公司与经销商之间的关系。想要取胜就必须学会与所有这些伙伴合作。

（3）更高的生产力来自更多的人，这一观点与通常企业尽量少雇用人的想法相反。

（4）对企业已成功的产品，一般认为应当抓住不放，反向思维则认为应该减少对它的依附性，一旦有替代产品出现，随时把它放弃。

（5）既要非一体化，又要重新一体化。目前纵向一体化正迅速减少，分包一切项目已成为常规。但更紧密的联系在信息时代又变得尤其重要，因此也应创设新的一体化方式。

（6）大批量低成本的生产方式是目前通用的方式，那么是否可以有"小批量低成本"的生产方式呢？

（7）市场上商品相似时，降价竞争是一个通常的做法，但可通过创造少量附加价值的行为来抬价竞争。

（8）质量赢来低成本。质量与成本通常是同步的，但设计、制造方面的创新能导致高质量与低成本共存。

（9）失败乃成功之母，是否可以通过加速提高失败率来加速提高成功率呢？

（10）认为分权难以控制，这一看法是建立在过去的组织机构之上的，或许既可以分权又能有更严格控制的组织机构。

我们还可以列举现代企业管理方面更多的反向思维点。然而，自己发现的创新意向才是创新成功的真正起点。

（二）第二原则：交叉综合

交叉综合原则是指创新活动的展开或创新意向的获得可以通过各种学科知识的交叉综合得到。目前，科学发展的趋势是综合和边缘交叉，许多科学家都把目光放在这两个方面，以求创新。管理作为一门科学，它的创新发展过程也呈现了这一态势。

例如，心理学在企业管理人际关系方面的引入，导致了行为科学、管理心理学、组织行为学等理论和方法的诞生，这就是著名的行为科学革命。现代数学、运筹学、统计分析等不断发展与成熟，并在第二次世界大战后引入管理学，在企业中获得应用，结果产生了许多现在所谓的现代管理方法、技术。人文科学中社会学、伦理学、文化学等的最新研究成果被结合到企业管理之中，导致了经营理论、企业文化等一系列综合管理模式的变革。

（三）第三原则：加一加二

管理创新的加一加二原则，是指在自己现有的特色管理或在别人先进的管理思想、方式、方法上进行顺应式或逆向式、有新意的进一步提高。在这个定义中，现有的特色管理是指自己独有但尚未系统化或完全成型的管理；所谓顺应式是指顺延别人的发展趋势，而逆向式则是指在别人的基础上逆其发展趋势而行。加一加二就是对上述含义进行大胆探索得出新的管理思路、方式、方法，简单地说就是在现有理论基础上进行有创意的提高。从企业管理诸多领域的创新来看，运用该原则而获得创新成果的企业很多。

例如：在商业企业中，传统的售货方式是售货员站在柜台里面向顾客介绍商品进行销售，这是一种店堂员的管理方式。但后来发现，顾客们在此方式下购买商品会受到售货员态度的影响而减少购买量，且不方便顾客自己仔细观看和挑选。于是在站柜台的方式上进一步（即加一），创造了当今流行的自选商场。自选商场更进一步，推出了"无店铺销售"的售货方式，这又是一种售货方式的创新。

在当今市场竞争非常激烈的条件下，产品或劳务的推销成为了一个重点。为了争取顾客，企业首先想到的方式便是降价。然而，别的企业则在此基础上加一，即在价格便宜的同时实行产品售后"三包"，这显然是营销手段的一种创新。当大家都这么做时，聪明的企业家又在此上面加一，如推出还本销售，即顾客买了该产品后，过若干年可凭发票到厂家领原来的购货款。这又是一种创新，对顾客来说极有吸引力，也给企业带来了很大的收益。

日本的企业管理水平原来是落后的，后来，日本派了大量的人去美国学习企业管理，还邀请许多美国管理专家到日本讲学。日本人善于加一加二，即把美国企业管理的科学性方面统统予以保留，然后加上一，即加上日本传统文化与国民精神，结果创造出了全新的管理流派，即日本模式，最终使美国人意识到现在应当是向日本学习管理的时刻了。实际上，我们如果对日本在第二次世界大战后所取得的经济与管理方面的成绩加以考察的话，会发现日本是一个很能加一加二的民族。

加一加二创新原则由于是在原有的基础上展开，故只需对原有的基础问题加以分析研究，把握深层原因，同时注意自己的特点和长处，进行深层思考，就可以发掘出许多新的创意，进行管理创新。

二、创新的支柱

创新的原则靠创新支柱去掌握、去运用、去遵循。创新的支柱可以理解为创新的主体——创新者、管理者及其下属员工。

创新是社会发展的动力，是知识经济的本质，是人的本能，是企业家的工具，是管理者所能利用的一种特殊资源。关键在于发现它、培养它、利用它、重视它。但创新智慧的外化、创新成果的展现还需要一定的环境。

因此，要努力创造一个适宜于创新者大展宏图、更为宽松的内外环境，可以表现为如下几个方面。

（一）明智地允许有献身精神的创新者去干他们认为可行的事情

之所以有些创新者不得已离开原来的企业而另行高就或另起炉灶，一个重要的原因，就是这些企业对待创新也像对待其他工作一样，并采取家长式的分配、硬性地给他们规定创新任务。而这种模式完全不适合企业家型的创新人才。从根本上说，这种模式没有考虑到创新在大多数情况下的不可预测性。这就是说，创新的出现几乎永远不会像原来所计划的那样，因为没有人能预先准确无误地计划一个全新的事情。恰恰相反，创新的早期，大都包括一个因灵感或直觉因素而引起的向梦想探索的阶段，然后经过反复的试探，才能获得成功。

就多数的创新者来说，都是些"追求梦想的人"，换言之是"骑在丰富想象力上获得冒险成功的人"。因此，他们大都蔑视直接的命令，而酷爱按自己的想法去做，然后才去征得公司领导同意，并取得实现其创新设想的必要手段。即使未获批准，他们也每每固执地从规定的工作中挤时间去"偷偷摸摸"地干。于是便有人总结说，自选任务和有作为的不服从乃是企业中创新的精髓。正是这种自我动机激发出的强烈的创新欲望，会使他们产生百折不挠的毅力与忘我的献身精神。这是创新得以成功的重要力量，也是强制规定创新任务很难见效的。

有鉴于此，一些企业不仅摒弃了在创新上传统的行动模式，而且允许并支持创新者自己确定创新项目。即使高级主管想进行某项创新，为避免直接命令之嫌，也并不匆忙地指定承担者，而是将其想法透露给潜在的创新者，以求有志于此者主动承担。

（二）放松控制

那些在创新上屡屡成功的公司，大都授权其雇员利用公司的资源去进行无法预计或事先证明其正确的工作。

放松控制的最基本形式是，允许创新者使用部分工作时间去探索新的设想，尽管事先也许并不知道其结果如何。如果没有这种可以自由支配的时间，那么新设想便始终只能是一种想法，不付诸行动的想法是要死亡的。而企业家型的创新者在本质上是面向行动的，他们都具有把新设想变成行动的欲望和要求。

放松控制的另一种形式，就是在预算内提供给他们一笔可自由支配的资金用于新设想的探索。大致做法有：在每次预算中增加非计划内的可自由支配资金的比例，指定其中一部分用于创新探索。自由支配的权力下达到具体的人。设置多种计划外资金，可以让创新者支用。譬如美国奥尔-艾达公司，每两年提名5人，每人每年给5万美元预算，供其作创新探索使用。

还有一种形式是尽量避免多层审批。层层审批这种官僚体制不仅会拖延时日而延误创新的成功，严重者还会让竞争者抢先。而且在层层传递中，有关设想的信息往往会大量损失，以致最后的决策者无从作出正确的决断，因此而扼杀了创新。因此，许多公司便充分放权，凡与该项创新有关的事宜，创新者完全有权相机决定处理。

（三）容许冒险、犯错误和失败

任何一项创新，开始时都绝难保证会一帆风顺而无任何风险，更不要说肯定能百分之百的成功。在某种程度上完全可以说，不冒险就不可能创新。奢望创新不犯任何错误、毫无风险，无异于扼杀创新，它只能迫使人们墨守成规、因循守旧。

因此，许多公司都鼓励创新者大胆探索，无须顾虑错误和失败。奥尔－艾达公司研究和发展部的经理拉尔夫·格洛弗就说过："随着公司的成长，人们有了这样一种看法，如果失败了就会受到批评。有了资助计划后，我们对他们说，不必害怕失败，可以从失败中学到东西。"3M公司的董事长卢·莱尔在一次讲演中也讲道："我们在公司创建时就犯过错误。我们现在继续承认错误，认为这是经营事业中的正常现象。我们的高级管理的同事们，每个人都支持过几个前进中的失败者。"大多数风险资本家甚至更情愿投资给那些进行过尝试并失败过的创新者，而不愿给没有风险经验的人。

（四）改善对创新者的奖励制度

如何理解企业家的创新欲望，是决定如何对其创新成功予以奖励的出发点，也是能否留住他们的关键。

一般认为，企业家的创新欲望是由对金钱的贪婪和指挥他人的权力的渴望所驱使。出于这样的看法，在他们创新之始便由误解和偏见而导致缺乏理解和支持，创新成功后的奖励也只是晋级加薪而已。

实际上，对大多数企业家来说，对金钱的追求很少是主要动力，他们固然对钱很关心也很想得到钱，但这并不是他们的主要动力。驱使他们进行创新努力的，主要是个人对成就的深刻要求。"那些对成就不大感兴趣的人，才需要用钱来刺激他们努力工作。而对那些有较高成就欲望的人，只要有获得成功的机会，他们就会努力工作。他们对金钱报酬也感兴趣，但这只是他们工作成果的反馈。"

创新者的主要动机是对成就的追求以及创新成功后获得的心理上的满足。他们需要的主要是理解、尊重、支持、各种可利用的资源及可以放开手脚施展抱负的自由和权利。

基于这样的认识，企业一方面尽量给予创新者与他们的风险和贡献相一致的报酬和提升，因为这样对实现创新是十分必要的；另一方面采取一些更积极的办法，对传统的奖励制度加以改进，以期促进企业的创新并留住创新者。

第四节　创新的方法与策略

创新是一个民族进步的灵魂，是社会经济发展的不竭动力。创新靠人去推动、落实，但在具体的创新实践中，掌握其方法、运用适当的创新策略十分重要，可以促进创新意识、创新思维逐渐成为创新实践。以下具体介绍几种运用较多的创新方法与创新策略。

一、创新方法

创新方法是指人们在创新过程中所具体采用的方法，它包括创新思维和创新技法两方面。

（一）创新思维

大脑是人们进行创新最重要的器官，是创新的物质基础和生理基础。由大脑产生的活动是人创新才能的源泉。在实际的创新活动中，人们运用的创新技巧和方法虽然很多，但其基本原理不外乎逻辑思维、形象思维和灵感思维。

1. 逻辑思维

逻辑思维撇开事物的具体形象而抽取其本质，从而具有抽象性的特征。这是一种运用概念、判断和推理来反映现实的思想过程。如甲＞乙、乙＞丙，则有甲＞丙。这种"甲＞丙"的结论就是运用概念进行逻辑推理得来的判断，这并不涉及具体事物的形象，不管甲、乙、丙是动物还是房屋。这种判断是由甲—乙—丙的顺序，由一个点到另一个点进行的。逻辑思维是一种求同性思维，不论是由个别到一般的归纳法，还是由一般到个别的演绎法，其目的都是求同。如人们看到天上飞的天鹅都是白的，于是得出了"天鹅是白的"这个结论，但后来人们在澳洲发现了黑天鹅。由此可见，"从个别到一般"推理的弱点在于，如果大前提错，后面的推断必然跟着错。所以，在运用逻辑推断时要注意大前提的正确性。

2. 形象思维

这是一种借助于具体形象来展开思维的过程，带有明显的直觉性。形象思维属于感性认识活动，它的特点是大脑完整地知觉现实。日常的形象思维被动复现外界事物的感性形象，而创新性思维则是把外界事物的感性形象重新组织、安排、加工，创造出新的形象。如德国化学家凯库勒在研究有机化合物苯分子的结构时，百思不得其解。一天，他坐在火炉旁沉思，恍然入梦，见很多蛇在眼前晃动，每条蛇咬住前面一条蛇的尾巴组成一个环。这些蛇组成的六角形的"环"使他得到了启发：苯分子的结构可能是由6个碳原子各带1个氢原子组成的六角环形结构。凯库勒正是通过对蛇的形象思维发现了苯环结构，这个设想使有机化学彻底革新。

形象思维按其内容可分为直觉判断、直觉想象和直觉启发三类。

（1）直觉判断。即人们通常所说的思维洞察力，也就是通过主体耦合接通、激活在学习和实践中积累起来并储存在大脑中的知识单元——相似块，对客观事物迅速判断、直觉理解或综合判断。如，甲是如此，乙与甲相似，所以乙也可能如此。直觉理解或综合判断，中间没有经过严密的逻辑推理程序。

（2）直觉想象。与直觉判断相比，直觉想象有潜意识的参与，即已经忘记、下沉到意识深处的知识，通过对潜意识的重新组合，做出新的判断或理解。对于这种判断或理解，当事人往往也说不出其中的原因或道理。

（3）直觉启发。直觉启发是指通过"原型"，运用联想或类比，给互不相关的事物架起"创新"的桥梁，从而产生新的判断和新的意识。如我国古代发明家鲁班从手指被茅草的小齿划破得到启发，发明了锯子。这里，茅草上的小齿就是直觉启发的"原型"。

3. 灵感思维

灵感思维是一种突发式的特殊思维形式，常出现在创新的高潮时期，是人脑的高层活动。1981 年，获得诺贝尔医学奖的斯佩里的研究成果认为，显意识功能主要在左脑，潜意识功能主要在右脑，左右脑相互交替作用，从而产生灵感。但灵感具有突发性和瞬时性，来得快，去得也快，必须及时捕捉。尽管如此，灵感并不是不可捉摸的东西，它的诞生和降临要有以下的条件：

（1）要有执着的追求目标。

（2）要有知识和经验的积累。

（3）要进行长期艰苦的思维劳动。

（4）常需要通过信息或事物的启发。

（5）有潜意识的参与。

总之，创新思维大体上可以分为上述三种类型。但创新思维的形成要满足以下三个条件：

第一，建立创新思维必须使认识形成概念。人们要在原有事物的基础上有创新，必须摆脱原有事物在具体形象、方法等方面对思维的束缚。所以人们必须透过事物的表象抓住其本质。而概念是在人们大量观察同一类现象时形成的。普遍性的概念能概括所有同一类事物，从各种形态的个性中提炼出该事物的共性。因此，使之形成概念是创新思维形成的先决条件。

第二，创新必须借助正确的判断。判断是人们的一种思维形式。正确的判断能反映事物的内在联系及其规律性，它可以使人对未来做出正确的预言。

第三，建立创新思维必须有正确的推理，因为正确的判断来自正确的推理。人类的推理不外乎三种方式，即演绎法、归纳法和类比法。演绎法是从一般到个别的方法；归纳法是从个别到一般的方法；类比法是从一方面的相似推广到其他方面也相似的方法。使用演绎法要注意大前提的满足，使用归纳法要考虑特殊性的存在，而使用类比法则要注意可比性。

（二）创新技法

创新技法是人们在创新过程中所具体采用的方法，常用的主要有以下几种。

1. 列举创新法

列举创新法是创意生成的各种方法中较为直接的方法。按其列举对象的不同可分为特性列举法、缺点列举法、希望点列举法和列举配对法。

（1）特性列举法。该法是通过对研究对象进行分析，逐一列出其特性，并以此为起点探讨对研究对象进行改进的方法。在使用该法进行创新时，所列举的特性应当具体、明确，以便于有针对性地予以改进。

（2）缺点列举法。该法是通过对研究对象进行分析，逐一列出其缺点，然后针对这些缺点寻求改进方案。

（3）希望点列举法。该法是通过对研究对象的需要或他们的希望（要求）进行分析，列举出他们的希望点，来寻求满足他们的需要或希望的方法，从而实现创新。

（4）列举配对法。该法是通过对研究对象进行分析，把其中不同的组成部分任意组合以寻求创新。

2. 联想创新法

联想创新法是依靠创新者从一事物想到另一事物的心理现象来产生创意，从而进行发明或革新的一种方法。按照联想对象及其在时间、空间、逻辑上所受到的限制的不同情况分类，联想创新法可分为以下几种：

（1）非结构化自由联想。非结构化自由联想是在人们的思维活动过程中对思考的时间、空间、逻辑方向等主要方面不加任何限制的联想方法。这种方法在解决某些疑难问题时很有效，往往能产生出新颖独特的解决办法，但不适合于解决那些时间紧迫的问题。

（2）相似联想。相似联想是根据事物之间在原理、结构、功能、形状等方面的相似性进行想象，期望从现有的事物中寻找发明创造的灵感的方法。比如，古人看到鱼在水里用鳍划水就能自由自在地游动，联想到自己如果在水里用手和脚划水不就可以游了吗？于是，人们学会了游泳。并且，人们模仿各种动物游水的动作和姿势，发明了各式各样的泳姿，如蛙泳等。

（3）对比联想。对比联想是指创新者根据现有事物在不同方面具有的特征，反其道而行之，向与之相反的方向进行联想，以此来改善原有的事物，或发明创造出新的东西。

3. 类比创新法

类比创新法的共同特点是，由于两个或两类事物在某一或某些方面具有相同或相似的特点，因而期望通过类比把某类事物的特点复现在另一类事物上以实现创新。类比创新法包含了多种具体的创新方法，现介绍几种常用的方法。

（1）因果类比法。因果类比法是根据已经掌握的事物的因果关系与正在接受研究改进事物的因果关系之间的相同或类似之处，去寻求创新思路的一种类比方法。例如，一个人根据发泡剂使合成树脂布满无数小孔从而使这些泡沫塑料具有良好的隔热和隔音性能，尝试在水泥中加入发泡剂，结果制成了具有隔热和隔音性能的气泡混凝土。

（2）相似类比法。相似类比法是根据类比对象不同但在一些属性上具有相似性，推出它们在其他属性或综合属性上应该相似。相似类比法为改进产品的综合或具体的个别性能提供了参考。比如，为了减少摩擦，人们一直在不断地改进轴承，但正常思路无非是改变滚珠形状、轴承结构和润滑剂等，效果一直不理想。后来人们想到高压空气可以使气垫船漂浮、相同磁性材料会相互排斥并保持一定的距离，于是把这些设想移入轴承中，发明了不用滚珠和润滑剂而只向轴套中吹入高压空气使转轴呈悬浮状的空气轴承，或用磁性材料制成的磁性轴承。

（3）模拟类比法。模拟类比法即模拟法，这是对某一对象进行实验研究时对实验模型进行改进，最后再把结果推广到现实的产品或经营决策中去的一种类比法。模拟法借助于现代计算机技术，应用范围大大扩大，甚至在许多重要决策过程中可以进行全过程模拟。模拟类比法可以使问题在没有出现之前就发现并消灭它们。

（4）仿生法。仿生法模仿的对象是生物界中神奇的生物，创新者试图使人造产品具有自然界生物的独特功能。仿生法可以从原理、结构、形状等多个方面对有关生物进行模仿。比如，人们模仿青蛙的眼睛创制电子蛙眼等。

（5）剩余类比法。剩余类比法是指把两个类比对象在各个方面的属性进行对比研究，如果发现它们在某些属性上具有相同的特点，那么可以推定它们剩余的那些属性也可能是相同或类似的，从而可以根据一事物推定另一事物的属性。

二、创新策略

（一）首创型创新策略

首创型创新是创新度最高的一种创新活动，其基本特征在于首创性。例如，率先推出全新的产品，率先开辟新的市场销售渠道，率先采用新的广告媒介，率先改变销售价格，如此等等，所有这些行为都是首创型创新。

首创型创新具有十分重要的意义，因为没有创新就不会有改创或仿创。每一项重大的首创型创新，都会先后在不同地区引起一系列相应的改造型和仿创型创新活动，从而具有广泛而深远的创新效应。对于企业来说，进行首创型创新，可以开辟新的市场领域、提高企业的市场竞争力、获得高额利润。对于处于市场领先地位的企业来说，要想保持自己的领先地位，也必须不断地进行首创型创新。

一般来说，首创型创新活动风险大、成本高，相应的利润也较高。由于市场需求的复杂性和市场环境的多变性，以及生产、技术、市场等方面的不确定性，使首创型创新活动具有较大的不确定性和风险性。另外，要开辟一个全新的市场，企业必须先进行大量的市场开发投资，包括市场调查、产品开发、设备更新、组织变动、人员培训、广告宣传等市场开发费用。当然，如果首创型创新获得成功，企业便会因此而获得巨大的市场利益。如果首创失败，企业就会蒙受经济损失。

首创型创新活动是一种高成本、高风险、高报酬的创新活动。因此，在采用首创策略时，创新者应根据实际情况，充分考虑各种创新条件的影响，选择适当的创新时机和方式，及时进行创新。

（二）改创型创新策略

改创型创新的目标是对已有的首创进行改造和再创造，在现有首创的基础上，充分利用自己的实力和创新条件，对他人首创进行再创新，从而提高首创的市场适应性，推动新市场的不断发展。这是一种具有中等创新度的创新活动，是介于首创和仿创之间的一种中间型创新策略。

改创性是改创型创新策略的基本特征，改创者不必率先进行创新而只需对首创者所

创之物进行改良和变造，因此改创者所承担的创新成本和风险比较小，而所获创新收益却不一定比首创者少。当然，改创也是一种创造，也具有一定的风险。

首创是重要的，改创也是重要的，如果没有改创便没有其市场发展前景。例如，飞机、汽车、计算机等首创产品，如果没有后来的不断改进和再创新，也就不会有今天这样的市场大发展。

（三）仿创型创新策略

仿创型创新是创新度最低的一种创新活动，其基本特征在于模仿性。仿创者既不必率先创造全新的市场，甚至也不必对首创进行改造。仿创者既可以模仿首创者又可以模仿改创者，其创新之处表现为自己原有市场的变化和发展。一些缺乏首创能力和改创能力的中小型企业，往往采用模仿策略，进行仿创型创新。

一般来说，仿创者所承担的市场风险和市场开发成本都比较低。虽然仿创者不能取得市场领先地位，却可以通过某些独占的市场发展条件来获取较大的收益和竞争优势。例如，仿创者可采取率先紧跟首创者的策略，从而取得市场上的价格竞争优势。

仿创有利于推动创新的扩散，因而也具有十分重要的意义。任何一个首创者或改创者企业，无论它拥有多大实力，也无法在一个比较短的时期内占领所有的市场。因此，一旦首创或改创获得成功，一大批仿创者出现就成为必然。

在制定创新策略时，不同的企业应该选择不同的创新度进行适度创新。所谓适度创新，就是既要适应市场需求的发展情况又要适应本企业的创新条件。只有这样，创新者才能充分利用和发挥本企业的创新优势，减少或避免创新的风险，提高创新的效果，促进企业的发展。

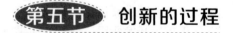

第五节　创新的过程

创造性活动是人类智能活动的最高体现。世界上一切创新成果都是人类创造性思维和劳动的结果。创新思维是一个极为复杂的多因素交互作用的过程。日本创造心理学家高桥浩认为："创造性思维的过程是一种身心的综合性劳动，因而单是掌握方法是不能解决问题的，这里既要具备发现问题的自觉性又不能缺少信息的积累，而更重要的则是身心健康且斗志旺盛。"由此可见，要更好地开发、促进创新思维，更好地从事创新工作，不仅要掌握创新的方法，还应该了解创新工作的过程。

通常，创新工作可分为以下六个步骤。

一、准备阶段

创新不是纯粹的、偶然的"突发奇想",在偶然的背后有必然的因素在起作用。也就是说,创新需要具备一定的前提条件。

(一)要有广博的知识和经验的积累

知识和经验的积累是人们进行创新的基本条件。不管进行哪种创造与革新,所涉及的内容都不可能超出创造者的知识范畴,因为一个人的知识范畴是其思维不可逾越的障碍。著名发明家爱迪生曾说:"天才=1%的灵感+99%的汗水。"这"99%的汗水"就是知识和经验的积累。并且,这种知识和经验的积累要形成合理的结构:既要有扎实的专业知识,又要有较广博的相关知识。因为创新从某种意义上来说是对知识、信息的重组,而仅在本专业知识领域重组是不够的,还要到相关领域甚至完全不同的领域中去重组,才能获得创新需要的灵感。比如,我国著名科学家李四光就是把地质学和物理学中的力学结合在一起,才开创了一个新的研究领域——地质力学。

(二)要有主客观压力

客观压力即社会需要,其越紧迫就越能迫使人们去想办法满足它,就越容易产生创新的思维火花和创新行动。

主观压力实质上就是创新者发自内心的强烈的创新愿望和动机。人的行为是受自己的愿望和动机驱使的。如果没有创新的主动性、积极性和自觉性就不会有创造性。对创新来说,始终需要的是"身心健康"和"斗志旺盛"。只有身心健康并且斗志旺盛的人,才能在创新过程中不畏艰险、知难而进,不屈不挠地去争取最后的成功。

(三)要有强烈的好奇心

强烈的好奇心经常会带来一些意想不到的创新。当你已经在某一领域研究甚深,强烈的好奇心会驱使你去思考一些在别人看来司空见惯的现象和现有理论无法解释的现象。如果能顺着这些现象深入地探究其背后的原因,往往会有令人惊奇的新发现。比如,苹果成熟了掉到地上一般人看来是再平常不过的事,但苹果掉到牛顿的头上却引起了具有强烈好奇心的牛顿的思考:苹果为什么掉到地上而不飞到天上去?通过对这件事的深入研究,牛顿发现了重力,后来又发现了万有引力规律。于是,物理学领域一项重大的创新出现了。总之,好奇心是指引人们探究未知领域的重要力量,强烈的好奇心是创新必不可少的。

(四)敢于推陈出新的心理勇气

创新者应该认识到,一切事物都是不断向前发展的,人类对世界的认识是在不断否定中深化和提高的,如果不敢否定"旧的"那么"新的"就不可能出现,即所谓"不破不立"。因此,在事实的基础上要敢于置疑旧有的"金科玉律",要敢于突破甚至否定那些被一般人视作神圣不可侵犯的所谓"理论""原则"。要知道"真理永远只是相对的"，在创新者眼里没有不可突破的禁区。如果爱因斯坦不敢触动牛顿的质量守恒定律，就不可能有后来的质能关系公式。总之，敢于推陈出新的心理勇气是创新者必须具备的心理条件。否则，创新的幼芽必将被教条主义所扼杀。

二、寻找机会

创新是对原有秩序的打破。原有秩序之所以要打破，是因为其内部存在着或出现了某种不协调的现象。这些不协调对系统的发展提供了有利的机会或造成了某种不利的威胁。创新活动正是从发现和利用旧秩序内部的这些不协调现象开始的。不协调为创新提供了契机。

旧秩序中的不协调既可存在于系统的内部，也可产生于对系统有影响的外部。

就系统的外部来说，有可能成为创新契机的变化主要有：

（1）技术的变化，从而可能影响企业资源的获取、生产设备和产品的技术水平。

（2）人口的变化，从而可能影响劳动市场的供给和产品销售市场的需求。

（3）宏观经济环境的变化，迅速增长的经济背景可能给企业带来不断扩大的市场，而整个国民经济的萧条则可能降低企业产品需求者的购买能力。

（4）文化与价值观念的转变，从而可能改变消费者的消费偏好或劳动者对工作及其报酬的态度。

就系统内部来说，引发创新的不协调现象主要有：

（1）生产经营中的瓶颈，可能影响劳动生产率的提高或劳动积极性的发挥，因而会困扰企业的管理人员。这种卡壳环节，既可能是某种材料的质地不够理想且始终找不到替代品，也可能是某种工艺加工方法的不完善，或是某种分配政策的不合理。

（2）企业意外的成功或失败，如派生产品的销售额暴涨从而其利润贡献出人意料地超过了企业的主营产品；老产品经过精心整顿改进后，结构更加合理，性能更加完善，质量更加优异，但并未得到预期数量的订单……这些出乎企业意料的成功或失败，往往可以让企业从原先的思维模式中走出来，从而可以成为企业创新的一个重要源泉。

企业的创新，往往是从密切地关注、系统地分析社会经济组织在运行过程中出现的不协调现象开始的。

三、提出构想

敏锐地观察到产生的不协调现象以后，还要透过现象究其原因，并据此分析和预测不协调的未来变化趋势，估计它们可能给组织带来的积极或消极后果，并在此基础上努力利用机会或将威胁转换成为机会，采用头脑风暴、德尔菲、畅谈会等方法，提出多种解决问题、消除不协调、使系统在更高层次实现平衡的创新构想。

四、迅速行动

创新成功的秘诀主要在于迅速行动。创新者提出的构想可能还不完善,甚至可能很不完善,但这种并非十全十美的构想必须立即付诸行动才有意义。"没有行动的思想会自生自灭",这句话对于创新思想的实践尤为重要。一味追求完美,以减少受讥讽、被攻击的机会,就可能坐失良机,把创新的机会白白地送给自己的竞争对手。彼得斯和奥斯汀在《志在成功》一书中介绍了这样一个例子:20 世纪 70 年代,施乐公司为了把产品搞得十全十美,在罗彻斯特建造了一座供工商管理硕士(MBA)使用的 29 层高楼。这些 MBA 们在大楼里对第一件可能开发的产品设计了拥有数百个变量的模型,编写了一份又一份的市场调查报告……然而,当这些人继续不着边际地分析时,当产品研制工作被搞得越来越复杂时,竞争者已把施乐公司的市场抢走了 50％以上。创新的构想只有在不断的实践中才能逐渐完善,企业只有迅速行动才能有效地利用"不协调"提供的机会。

五、坚持不懈

构想经过尝试才能成熟,而尝试是有风险的、是不可能"一打就中"的、是可能失败的。创新的过程是不断尝试、不断失败、不断提高的过程。因此,创新者在开始行动以后,为取得最终的成功,必须坚定不移地继续下去,决不能半途而废,否则便会前功尽弃。要在创新中坚持下去,创新者必须有足够的自信心、有较强的忍耐力,能正确对待尝试过程中出现的失败,既要为减少失误或消除失误后的影响采取必要的预防或纠正措施,又不能把一次"战役"(尝试)的失利看成整个"战争"的失败,要知道创新的成功只能在屡屡失败后才姗姗来迟。伟大的发明家爱迪生曾经说过:"我的成功乃是从一路失败中取得的。"这句话对创新者应该有所启示。创新的成功在很大程度上要归因于"最后五分钟"的坚持。

六、形成模式

模式也称范式、范型,是在某种环境下,在组织发展过程中形成的从工作程序到行为方式、管理方式、思维习惯和价值观念都一致的、特定的类型或状态。特定的模式要经过一定时间的积累才可能形成,它是组织内部各方面经过反复探索、学习、调整和适应才能形成的。对某种特定环境而言,组织的模式化是管理水平提高、效率提高、资源浪费和内耗减少的结果,模式的形成意味着相对于某种环境条件而言,组织对它的适应达到了较高的层次。就创新而言,经过在实践中的不断完善,组织将形成一整套适应新环境的新观念、新方法、新体制。创新在最初往往是从组织的某个局部开始的,所以组织还需要把它由点到面地推广开来,以使组织能够最大限度地适应新环境。

复习思考题

一、单选题

1. 下列哪项不属于管理的"维持职能"（　　）。

A. 组织　　　　　　B. 领导　　　　　　C. 控制　　　　　　D. 创新

2. 从创新与环境的关系来分析，可以将创新分为（　　）。

A. 局部创新与整体创新　　　　　　B. 系统初建期的创新与运营中的创新

C. 自发创新与有组织的创新　　　　D. 消极防御型创新与积极攻击型创新

3. 制度创新需要从（　　）角度，来分析企业系统中各成员之间的正式关系的调整和变革。

A. 社会经济　　　　B. 技术　　　　　　C. 组织结构　　　　D. 社会文化

4. （　　）将泰罗的科学管理理论与汽车生产实践相结合而使流水生产线问世。

A. 亨利·福特　　　　　　　　　B. 约瑟夫·熊彼特

C. 哈罗德·孔茨　　　　　　　　D. 彼得·德鲁克

5. （　　）是企业技术创新的核心内容。

A. 要素创新　　　　　　　　　　B. 产品创新

C. 要素组合方法创新　　　　　　D. 流程创新

6. 为适应环境的变化，组织应不断调整系统内部的内容和目标，这在管理上叫作管理的（　　）。

A. 组织职能　　　　B. 维持职能　　　　C. 创新职能　　　　D. 控制职能

7. 能够有效地促进创新的组织通常具有的一个特征是（　　）。

A. 外部的控制较多　　　　　　　B. 成员大都高度自信、勇于冒险

C. 强调目的性与一致性　　　　　D. 组织正规化、集权化程度高

8. 一般来说，组织中的老员工比新员工更加抵制变革、创新，这主要是因为（　　）。

A. 他们认为变革、创新不是为了组织的最佳利益

B. 变革、创新会使已知的东西变得模糊不清和不确定

C. 变革、创新会威胁到他们的利益

D. 一旦变革、创新失败会给企业带来巨大损失

9. "有心栽花花不开，无心插柳柳成荫"，说明（　　）是创新的源泉之一。

A. 不懈的努力和奋斗　　　　　　B. 意外的成功或失败

C. 随机应变的才能　　　　　　　D. 对未来的预见能力

10. 以观念为基础的创新必须（　　）才能给企业带来发展和增长的机会。

A. 尽早组织　　　　B. 及时组织　　　　C. 尽晚组织　　　　D. 随时组织

二、简答题

1. 简述创新职能的内涵。

2. 创新管理与维持管理的关系是什么？

3. 简述观念创新的内涵及特点。

4. 创新的原则有哪些？

5. 创新策略有哪些？

6. 创新工作通常可分为哪几个步骤？

✦ 案例分析

江南春创造楼宇电视新广告媒体

如果有一笔包含两种赚钱方式的业务——一个市场，一年需要近六万块的液晶显示屏，用来安装在商务楼宇、大型超市等场所滚动播放广告，其中制造、销售液晶显示屏的利润率不足10%，且以惊人的速度逐年下降；而数字化户外广告媒体正以不低于20%的利润率逐年递增。你会选择哪一个？答案似乎显而易见，然而难点不在选择，而在创意，并且成为将它付诸实践的传媒商人。

江南春，分众传媒总裁，就是这样的商人。多年来他十分关注液晶显示屏的价格趋势，对于那些下降最多的主流屏进行批量采购，以实现自己听起来并不复杂的商业模式。仅用两年，分众就从月广告营业额100多万元突破至4 000万元。不知液晶电视的制造商对此作何感想？

2002年，在传统广告业做了近8年的江南春，开始对这个行业进行深入细致的思考。他当时领导的永怡传播成了七家知名的互联网客户的广告代理公司，营业额突破亿元，利润却没有同步提升。这个市场一不缺高级管理人才，二不缺有经验的销售人才，但市场的发展却呈下滑趋势。这说明，教科书上推崇的成功模式已经不适应了。一次，江南春在乘坐电梯时，在人们"坐电梯时间过长，若有电视打发时间就好了"的议论中，想到了有学者提到的"无聊经济"的概念，很快发现了践行"无聊经济"的经营模式：在城市各个大写字楼建立LCD—TV平台，卖广告段位给广告主播放。

江南春喜欢看电影《英雄》，分众注册创立之时，正值《英雄》热映。中文科班出身的他与其说喜爱《英雄》的情节，不如说喜爱《英雄》的叙事结构——一种他一直推崇的博尔赫斯型叙事结构：当你对故事中的种种暗示和提示作出常规判断的时候，情节却发生大逆转。或许是出于早期对博尔赫斯作品中这种思维方式的渗透，江南春的分众传媒从形式到内容都是基于逆向多维化思考产生的，他不再关注行销的手段和发掘客户来提升传统业务，而重新回归人性本身来研究广告效率逐渐降低的问题。

江南春花了很多时间思考这个问题，最终他将自己要做的事定义为帮助别人打发无聊的产业。这个令他满意的答案得益于他以文学形式研究非产业观，以人学研究为本的思想是反经验模式的结果。这也是江南春理解的大多数创新商业模式的成功通则。

2002年6—12月，江南春说服了40家写字楼；2003年1月，300台液晶显示屏装进了上海50幢写字楼的电梯旁。2003年5月，江南春正式注册成立分众传媒（中国）控股有限公司。此后两年时间，分众传媒把中国商业楼宇联播网从上海扩展至全国40多座城市，日覆盖数千万中国中高收入人群，使广告以最经济的成本最有效地传播给经过细分后的目标受众。同时，分众传媒也赢得了众多国际知名投资机构的青睐。2005年7月13日，分众传媒登陆纳斯达克。一夜之间，分众传媒CEO江南春身价暴涨至2.7亿美元。

问题：

江南春是如何理解、实践创新商业模式的？

参考文献

1. 周三多. 管理学. 5 版. 北京：高等教育出版社，2018.

2. 刘兆信，魏树麀. 现代企业管理. 2 版. 北京：北京交通大学出版社，2013.

3. 周三多，陈传明，刘子馨，贾良定. 管理学——原理与方法. 7 版. 上海：复旦大学出版社，2018.

4. 方振邦，包元杰. 管理学原理. 2 版. 北京：中国人民大学出版社，2020.

5. 亨利·法约尔. 工业管理与一般管理. 北京：机械工业出版社，2021.

6. 焦叔斌，杨文士. 管理学. 5 版. 北京：中国人民大学出版社，2019.

7. 弗雷德里克·泰勒. 科学管理原理. 北京：机械工业出版社，2021.

8. 斯蒂芬·罗宾斯. 管理学. 15 版. 北京：中国人民大学出版社，2022.

9. 斯蒂芬·P. 罗宾斯，玛丽·库尔特. 管理学原理. 14 版. 北京：清华大学出版社，2021.

10. 曾仕强. 中国式管理（十周年纪念珍藏版）. 北京：北京联合出版公司，2015.

11. 马仁杰，王荣科，左雪梅. 管理学原理. 北京：人民邮电出版社，2019.

12. 李亮，刘洋，冯永春. 管理案例研究：方法与应用. 北京：北京大学出版社，2020.

13. 中国注册会计师协会. 公司战略与风险管理. 北京：中国财政经济出版社，2018.

14. 徐洪灿. 管理学. 南京：南京大学出版社，2016.